法華經講義

——第二十五輯

——平實導師 述

ISBN 978-986-97233-6-7

執著離念靈知心爲實相心而不肯捨棄者，即是畏懼解脫境界者，即是畏懼無我境界者，即是凡夫之人。謂離念靈知心正是意識心故，若離**俱有依**（意根、法塵、五色根），即不能現起故；若離**因緣**（如來藏所執持之覺知心種子），即不能現起故；復於眠熟位、滅盡定位、無想定位（含無想天中）、正死位、悶絕位等五位中，必定斷滅故。夜夜眠熟斷滅已，必須依於**因緣**、**俱有依**緣等法，方能再於次晨重新現起故；夜夜斷滅後，已無離念靈知心存在，成爲無法，無法則不能再自己現起故；由是故言**離念靈知心是緣起法**、**是生滅法**。不能現觀離念靈知心是緣起法者，即是未斷我見之凡夫；不願斷除**離念靈知心常住不壞之見解**者，即是恐懼解脫無我境界者，當知即是凡夫。

——**平實導師**——

一切誤計**意識心為常**者，皆是佛門中之常見外道，皆是凡夫之屬。意識心境界，依層次高低，可略分爲十：一、處於欲界中，常與五欲相觸之離念靈知；二、未到初禪地之未到地定中，暗無覺知而不與欲界五塵相觸之離念靈知，常處於不明白一切境界之暗昧狀態中之離念靈知；三、住於初禪等至定境中，不與香塵、味塵相觸之離念靈知；四、住於二禪等至定境中，不與五塵相觸之離念靈知；五、住於三禪等至定境中，不與五塵相觸之離念靈知；六、住於四禪等至定境中，不與五塵相觸之離念靈知；七、住於空無邊處等至定境中，不與五塵相觸之離念靈知；八、住於識無邊處等至定境中，不與五塵相觸之離念靈知；九、住於無所有處等至定境中，不與五塵相觸之離念靈知；十、住於非想非非想處等至定境中，不與五塵相觸之離念靈知。如是十種境界相中之覺知心，皆是意識心，計此爲常者，皆屬常見外道所知所見，名爲佛門中之常見外道，不因出家、在家而有不同。

——平實導師——

如《解深密經》、《楞伽經》等聖教所言，成佛之道以親證阿賴耶識心體（如來藏）爲因，《華嚴經》亦說**證得阿賴耶識者獲得本覺智**，則可證實：證得阿賴耶識者方是大乘宗門之開悟者，方是大乘佛菩提之眞見道者。經中、論中又說：證得阿賴耶識而轉依**識上所顯真實性**、**如如性**，能安忍而不退失者即是**證真如**、即是大乘賢聖，在二乘法解脫道中至少爲初果聖人。由此聖教，當知親證阿賴耶識而確認不疑時即是開悟眞見道也；除此以外，別無大乘宗門之眞見道。若別以他法作爲大乘見道者，或堅執**離念靈知**亦是實相**心**者（堅持意識覺知心離念時亦可作爲明心見道者），則成爲實相般若之見道內涵有多種，則成爲實相有多種，則違實相絕待之聖教也！故知宗門之悟唯有一種：親證第八識如來藏而轉依如來藏所顯眞如性，除此別無悟處。此理正眞，放諸往世、後世亦皆準，無人能否定之，則堅持離念靈知意識心是眞心者，其言誠屬妄語也。

——**平實導師**——

目次

第九輯：

第十輯：

第十一輯：

第十二輯：

自序

大乘佛法勝妙極勝妙，深奧極深奧，廣大極廣大，富麗極富麗，謂此唯一佛乘妙法，意識思惟研究之所不解，非意識境界故，佛說為不可思議之大乘解脫境界，名為大乘菩提一切種智，函蓋大圓鏡智、成所作智、妙觀察智、平等性智；然而此等極勝妙乃至極富麗之佛果境界，要從因地之大乘眞見道始證，次第進修方得。然大乘見道依序有三個層次：眞見道、相見道、通達位。眞見道者位在第七住；相見道位始從第七住位之住心開始，終於第十迴向位滿心；通達位則是圓滿相見道位智慧與福德後，進修大乘慧解脫果，再依十無盡願的增上意樂而圓滿，名為初地入地心菩薩。眾生對佛、法、僧等三寶修習信心，十信位滿心後進入初住位中，始修菩薩六度萬行，皆屬外門六度之行；逮至開悟明心證眞如時，方入眞見道位中；次第進修相見道位諸法以後，直到通達而得入地時，歷時一大阿僧祇劫，故說大乘見道之難，難可思議。

大乘眞見道之實證，即是證得第八識如來藏，能現觀其眞實而如如之自性，名為證眞如；此際始生根本無分別智，同時證得本來自性清淨涅槃。乃至證悟般若不退而繼續進修之第七住位始住菩薩，轉入相見道位中，歷經第一大阿僧祇劫中三十分之二十有四的長劫修行，同時觀行三界萬法悉由此如來藏之妙眞如性所生所顯，證實《華嚴經》所說「三界唯心、萬法唯識」正理；如是進修眞如後得無分別智，終能具足現觀非安立諦三品心而至十迴向位滿心，方始具足眞如後得無分別智，相見道位功德至此圓滿，然猶未入地。

此時思求入地而欲進階於大乘見道之通達位中，仍必須進修大乘四聖諦，現觀四諦十六品心及九品心後，要有本已修得之初禪或二禪定力作支持，方得相應於慧解脫果；或於此安立諦具足觀行之後發起初禪為驗，證實已經成就慧解脫果；此時已能取證有餘、無餘涅槃，方得與初地心相應，而猶未名初地。而後再依十大願起惑潤生，發起繼續受生於人間自度度他之無盡願，不畏後世長劫生死眾苦，於此十大無盡願生起增上意樂而得入地，方得名為大乘見道之通達位，眞入初地之入地心中，完成大乘見道位所應有之一切修證。此時已通達大乘見道位應證之眞如全部內涵，圓滿大乘見道通達位應有之無生法忍智慧，及慧解脫果與增上意樂，方證通達位之無生法忍果，方得名為始入初地心之菩薩。

然而觀乎如是大乘見道之初證眞如，發起眞如根本無分別智，得入第七住位，成爲眞見道菩薩摩訶薩；隨後轉入相見道位中繼續現觀眞如，實證非安立諦三品心而歷經十住、十行、十迴向位之長劫修行，具足眞如後得無分別智，生起初地無生法忍之初分，配合解脫果、廣大福德、增上意樂，名爲通達見道位眞如而得入地。如是諸多位階所證眞如，莫非第八識如來藏之眞實與如如二種自性，同屬證眞如者。依如是正理，故說未證眞如者，皆非大乘見道之人；證眞如者謂現觀如來藏運行中所顯示之眞實與如如自性故，實相般若智慧依如來藏之眞如法性建立故，萬法悉依如來藏之妙眞如性而生而顯故，本來自性清淨涅槃亦依如來藏之眞如法性建立故。

如是證眞如事，於眞藏傳佛教覺囊巴被達賴五世藉政治勢力消滅以後，由於時局紛亂不宜弘法故，善知識不得出世弘法，三百年間已經不行於人世。及至時局昇平人民安樂之現代，方又重新出現人間，得以繼續利樂有緣學人。然而，縱使末法時世受學此法而有實證之人，欲求入地實亦匪易，蓋因眞見道之證眞如已經極難親證，後再論及相見道位非安立諦三品心之久劫修行，而能一一教授弟子四眾者，更無其類；何況入地前所作加行之教授，而得具足實證大乘四聖諦等安立諦十六品心、九品心者？眞可謂：「善知識者出興世難，至其所難，得值遇難，得見知難，得親近難，得共住難，得其意難，得隨順難。」如是八難，具載於《華嚴經》中；徵之於末法時世之現代佛教，可謂誠言，眞實不虛。

縱使親值如是善知識已，長時一心受學之後，是否即得圓滿非安立諦三品心及安立諦十六品心、九品心而得入地？觀乎平實二十餘年度人所見，誠屬難事；殆因大乘見道實相智慧極難實證，何況通達？復因大乘慧解脫果並非隱居深山自修而可得者，如是證明初始見道證眞如已屬極難，更何況入地進修之後所應親證之初地滿心猶如鏡像現觀，解脫於三界六塵之繫縛；二地滿心猶如光影之現觀，能依己意自定時程及範圍而轉變自己之內相分，令習氣種子隨於自己施設之進程而分分斷除；三地滿心前之無生法忍智慧，能轉變他人之內相分；以及滿心位之猶如谷響現觀，能觀見自己之意生身分處他方世界廣度眾生，而使無生法忍及福德更快速增長。至於四地心後之諸種現觀境界，更難令三賢位菩薩了知，何況未證謂證、未悟言悟之假名善知識，連第七住菩薩眞見道所證眞如都只能想像者？

雖然如此，縱使已得入地，而欲了知佛地究竟解脫、究竟智慧境界，亦仍無法望其項背，實因初地菩薩於諸如來不可思議解脫及智慧仍無能力臆測故。縱使已至第三大阿僧祇劫之修行——已得八地初心者，亦無法全部了知諸佛境界，則無法了知佛法之全貌，如是而欲了知十方三世諸佛世界之關聯者，即無無其分。以是緣故，世尊欲令佛子四眾如實了知三世佛教之亙古久遠、未來無盡，以及十方虛空諸佛世界等佛教之廣袤無垠；亦欲令弟子眾了知世間萬法、出世間法及實相般若、一切種智無生法忍等智慧，悉皆歸於第八識如來藏妙眞如性者，則必於最後演述《妙法蓮華經》而圓滿一代時教；是故 世尊最後演述《法華經》時，一仍舊貫而如《金剛經》稱此第八識心爲「**此經**」，冀諸佛子醒悟此理而捨世間心、聲聞心，願意求證眞如之理，久後終能確實進入絕妙難思之大乘法中。斯則 世尊顧念吾人之大慈大悲所行，非諸凡愚之所能知。

然而法末之世，竟有身披大乘法衣之凡夫亦兼愚人，隨諸日本歐美專作學問之學者謬言，提倡六識論之邪見，以雷同常見、斷見外道之邪見主張，公開否定大乘諸經，謂非佛說，公然反佛聖教而宣稱「**大乘非佛說**」。甚且公然否定最原始結集之四大部阿含諸經中之聖教，妄判為六識論之解脫道經典，公然貶抑四阿含諸經中之八識論正教，令同於常見外道之六識論邪見；全違 世尊依八識論而解說聲聞解脫道之本意，亦令聲聞解脫道同於斷見、常見外道所說之解脫，則無餘涅槃之境界即成為斷滅空而無人能知、無人能證。如是住如來家，著如來衣，食如來食，藉其弘揚如來法之表相，極力推廣相似像法而取代聲聞解脫道正法，最後終究不免推翻如來正法；如斯之輩至今依然寄身佛門破壞佛法，而佛教界諸方大師仍多心存鄉愿，不願面對如是破壞佛教正法之嚴重事實，仍多託詞高唱和諧，而欲繼續與諸多破壞佛教正法者**和平共存**，以互相標榜而**維護名聞利養**。吾人若繼續坐令如是現象存在，則中國佛教復興，以及中國佛教文化之推廣，勢必阻力重重，難以達成；眼見如是怪象，平實不得不詳解《法華經》之眞實義，冀能藉此而挽狂瀾於萬一。

如今承蒙會中多位同修共同努力整理，已得成書，總有二十五輯，詳述《法華經》中 世尊宣示之眞實義，因名《法華經講義》，梓行於世，冀求廣大佛門四眾捐棄邪見，回歸大乘絕妙而廣大無垠之正法妙理，努力求證，共為復興中國佛教文化、抵禦外國宗教文化之侵略而努力，則佛門四眾今世、後世幸甚，中國夢在文化層面即得實現。乃至繼續推廣弘傳數十年後，終能使中國成爲全球最高階層文化人士的歸依聖地、精神祖國；流風所及，百年之後遍於歐美社會各層面中廣爲弘傳，則中國不唯民富國強，更是全球唯一的文化大國。如是復興中國佛教文化之舉，盼能獲得廣大佛弟子四眾之普遍認同，乃至廣有眾人付諸實證終得廣爲弘傳，廣利人天，其樂何如。今以分輯梓行流通在即，因述如斯感慨及眞實義如上，即以爲序。

佛子　**平實**　謹序

公元二〇一五年初春　謹誌於竹桂山居

第二十五輯：

《妙法蓮華經》

〈妙莊嚴王本事品〉第二十七（上承第二十四輯同一品未完內容）

接下來說：「爾時妙莊嚴王，讚歎佛如是等無量百千萬億功德已，於如來前一心合掌，復白佛言：」這是說，妙莊嚴王已經懂得讚歎　如來了，因為他入地了，知道　如來有許多值得讚歎之法，所以作了這一些簡單的讚歎之後，接著作了更多的讚歎；因為入地之後，在無生法忍智慧中，他可以從各方面來讚歎　如來。當這些無量百千萬億的功德，他已經讚歎過了，接著，在　如來之前一心合掌。眾生在　如來面前時，大多是散心合掌，所以在　如來面前上了香合掌時，其實心中一面在想著：「我兒子今天出去，不知賺不賺得到錢？我女兒今天出去，不曉得危不危險？」就是在想東想西，最後突然來一句話求願：「佛祖啊！您得要保佑我兒子、女兒平安無事。」你看他的心多亂。

一般人在　如來面前都是求東求西，我們在　如來面前也求，但我們只求一件事，就是：「趕快把密宗那一些仿冒的假佛法消滅掉，讓他們回歸正統佛教的正法；也要使相似像法永絕於人間，得令正法久住，廣利人天。」我們求的就是這件事情，所以每次來到講堂上香禮拜前，佛就知道我開口要求什麼；然後去到韋陀菩薩面前上了香禮拜時，他也知道我開口要求什麼。但我不斷地強調，我強調的就是這一點：「佛陀您要幫忙弟子，韋陀菩薩您要幫忙我，把這件重要的事情完成。」我永遠都是求這件事。

那妙莊嚴王這時已經知道　如來的功德與智慧了，所以「讚歎佛如是等無量百千萬億功德」之後，在　如來前一心合掌；這時他眞的是一心，因爲專精而無別念；就向　雲雷音宿王華智如來稟白說：「世尊！這眞是以前未曾看見的事情。如來的法，具足成就了不可思議、微妙的功德，」這到底是什麼意思？這是說，如來之所成就的功德，即使連等覺、妙覺菩薩都無法思議，因爲所知永遠都不具足。且不說如來的功德，單說一位第七住明心不退菩薩的智慧功德，俱解脫大阿羅漢們已經無法想像，已經無法思惟議論了。你想，連大阿羅漢都無法思惟議論，那凡夫們呢？更無法思惟議論，所以眞的叫作不可思議。可怪的是，到了末法時代，偏偏那一些凡夫們、外道們，個個都說他們比 釋迦如來還要厲害，眞的叫作心行顚倒！

「教、戒所行，安隱快善；」如來已經把不可思議的微妙功德具足成就了，所以 如來的教導以及授戒後常常訓誡我們所應行的，都是可以使我們獲得安隱而無憂，是可以使我們心中得到快樂的善法，因爲所得之法心中全無負擔。對於一般的學佛人而言，學佛時爲了修證，負擔很重；不是說要護持道場那個錢財的負擔，而是說他心中的負擔也很重。因爲他們所謂的證悟叫作離念靈知，已經被師父蓋了印章，印證爲開悟了，那麼悟後要保任時又該怎麼保任？每天就要時時刻刻注意：不可生起語言文字妄想。那你們想，他們痛苦不痛苦？痛苦啦！所以那個心中的負擔就很重；是因爲：「師父印證我開悟了，可是我如果開口跟人家講話，就變成沒有悟了；因此誰要是來跟我講話，害我離開了悟境，那他就是我的大敵人。」所以，他們希望最好都沒有人來找他們，可以一天到晚一念不生，這樣就不會退失悟境，那他們心裡面負擔就很大了，是不是？

可是咱們不同，咱們無相念佛的憶佛正念在的時候，繼續跟對方講話，沒問題。憶佛的念帶著，老爸來了說：「陪我唱卡拉ＯＫ。」好啊！你就帶著憶佛的念跟他唱卡拉ＯＫ，老爸說：「這兒子不錯，還蠻孝順的，願意陪我唱歌。」因爲他的好朋友們都說自己的兒子不肯陪父母唱歌。可是，有一天他覺得過意不去：「兒子！你在學佛，我老是找你陪我唱歌，有沒有耽誤你的道業啊？」你說：「沒有啊！老爸！我在跟您講話時，心裡仍然在作功夫啊！」「你跟我講話，也能作功夫呵？那你唱卡拉ＯＫ時，也能作功夫嗎？」「可以啊！老爸！沒問題啊！您想要唱，現在就繼續唱啊！」你就用那個憶佛的念，一面跳一面唱，這樣需不需要負擔？都不需要。所以說，「一心」當然是不容易的，這個微妙功德也是難得的；可是一旦得了這動中的定力功夫，依於如來的「教、戒所行」，一定是快樂的善法，不會是覺得有負擔的以定爲禪的惡法。

所以妙莊嚴王這時就說了：「我從今天開始，不再任由我自己覺知心怎麼樣想就怎麼去作，不再隨祂的意了，就把覺知心收攝回來在法上用功。我從今天開始，不會再產生邪見，所以任何不如理作意的思惟以及法義，我全部都丟棄了；從今天開始也不會再生起憍慢之心了，」因爲已得無生法忍，見一切法本來無生；既然一切法本來無生，顯然一切有情同自己一樣也是本來無生，這時不需要起憍慢之心了，因此又發願說：「我從今天開始不生瞋恚諸惡之心。」從這時開始，瞋恚之心或者作惡之心，都不會再出生了。就是說，從現在開始，不會再有惡業或瞋心從他的心中起現行。

如果你當時在那裡，遇到妙莊嚴王，你或許會跟他說：「妙莊嚴王！你講話有點誇口吧？」他也許瞪你一眼，不跟你講話；但也就是瞪那麼一眼就過去了，因爲他的習氣種子還在，這也是正常，但是不會告訴你說：「你給我記住！」因爲他一會兒就過去了；過去就是過去了，不會記掛著，就只是個習氣種子，終究不會有現行。那麼，他說完了這些話，向 雲雷音宿王華智如來禮拜之後出去了。那麼，釋迦如來爲我們敘述無量劫前的這件事情，就敘述到這裡，然後要作一個交代，世尊怎麼交代呢？

經文：【佛告大衆：「於意云何？妙莊嚴王豈異人乎？今華德菩薩是。其

淨德夫人，今佛前光照莊嚴相菩薩是；哀愍妙莊嚴王及諸眷屬故，於彼中生。其二子者，今藥王菩薩、藥上菩薩是。是藥王、藥上菩薩，成就如此諸大功德，已於無量百千萬億諸佛所植眾德本，成就不可思議諸善功德。若有人識是二菩薩名字者，一切世間諸天人民亦應禮拜。」佛說是〈妙莊嚴王本事品〉時，八萬四千人遠塵離垢，於諸法中得法眼淨。】

語譯：這一段經文是〈妙莊嚴王本事品〉最後一段。

【佛陀告訴大眾說：「你們的意下如何呢？妙莊嚴王難道還會是別人嗎？就是眼前這位華德菩薩。而他的淨德夫人，就是佛前這位光照莊嚴相菩薩；因爲哀愍妙莊嚴王以及他的眷屬們的緣故，所以在他們之中出生。那二個兒子，就是如今的藥王菩薩與藥上菩薩。這藥王、藥上二位菩薩，成就了如此種種的大功德，已經在無量百千萬億諸佛所，種植了種種不同的功德作爲佛菩提道的根本，而成就了不可思議的種種善法功德。如果有人認得這二位菩薩的名號，一切世間諸天人民也都應該要禮拜他。」佛陀說完了〈妙莊嚴王本事品〉的時候，就有八萬四千個人

遠離了八萬四千塵勞，遠離了種種垢染，於種種諸法之中得到了法眼淨。】

講義：這一段經文是說明，世尊爲什麼要不問而說這一品的緣由；前面講過〈藥王菩薩本事品〉，這可不是一位簡單的菩薩；如果確實了知他的來歷，猶如布偶戲不是有一句話叫作「轟動武林，驚動萬教」嗎？這一句俗話還不足以形容，因爲還差太遠了。想想看，他們在「**過無量無邊不可思議阿僧祇劫**」之前，雲雷音宿王華智如來的時代，就已經供養過「**六十五百千萬億那由他恒河沙諸佛**」，然後來到現在 釋迦如來示現於人間的這個時節，同樣也在 世尊的《法華》會上出現了，這不是沒有原因的。也就是說，他們悲心特重，因此這時要向大家交代：往昔的那一些人是不是眼前現在的某一些人呢？所以就告訴大家：妙莊嚴王其實不是別人，就是現在眼前大家所看見的這位華德菩薩。那麼，華德菩薩在無量無邊不可思議阿僧祇劫前，雲雷音宿王華智如來的時候已經入地了，竟然修行到現在還沒有成佛。成佛不過三大阿僧祇劫，而他經過那麼多不可計數的阿僧祇劫，如今還在當菩薩，這是何等的大願力？

再來看還有沒有誰是當這樣的菩薩？「其淨德夫人，今佛前光照莊嚴相菩薩是；」往昔妙莊嚴王的夫人淨德，如今也在 釋迦如來跟前，就是光照莊嚴相菩薩。她當初的證量不亞於妙莊嚴王，爲什麼現在也還沒有成佛？那時入地，再進修二大阿僧祇劫便可以成佛了，爲什麼經過無數劫後的現在還沒有成佛？再來看往昔示現爲妙莊嚴王兒子的淨眼、淨藏二位大菩薩，在雲雷音宿王華智如來時已經是七地菩薩了，只要再一大阿僧祇劫就可以成佛了，可是又經過這麼多劫而來到現在，也還在當菩薩，就是眼前的藥王、藥上二位大菩薩，這又是什麼道理呢？然後 世尊又對這二位大菩薩作了一個說明：這藥王、藥上二位菩薩，成就了這麼大的功德，他們已往曾經在無量百千萬億諸佛的所在，種植了各種不同種類的福德，來作爲他們修學佛菩提道的根本，所以成就了不可思議的無量功德。

那麼諸位想一想，在前面《法華經》開始講解不久，世尊不是爲諸大阿羅漢迴心成爲菩薩以後作了授記嗎？除了阿難是最快成佛，他只要再值遇六十二億諸佛親近供養之後就可以成佛了，是因爲他往昔在因地是與 釋迦如來同一個時代開始學佛發心的，就不談他。單說摩訶迦旃延，他只要再供養八千億諸佛，然後再供養二萬億諸佛以後就能成佛；即使慈心少而最慢成佛的須菩提，雖然是最長久才能成佛的人，未來再供養奉侍三百萬億那由他佛以後也可以成佛。可是，藥王、藥上菩薩他們從那時到現在，已經過了無量百千萬億諸佛，是「無量」的百千萬億諸佛都供養奉侍修學了，如今竟然還在當菩薩，這是不是很奇怪？這眞的很奇怪，就因爲他們是一闡提人。

什麼叫作一闡提？諸位聽我這麼說，心中也許嚇了一跳說：「他們都是大菩薩，您怎麼敢說他們是一闡提？」只因爲世尊說一闡提有二種。關於一闡提，我知道你們有些人沒有讀我的《楞伽經詳解》，是因爲有很多人覺得我那套註解太文言，讀不懂，也就不讀了。說的也是，因爲以前寫時的設定是給證悟的人讀的。

在《大乘入楞伽經》卷二〈集一切法品〉中，世尊有開示說：「復次，大慧！此中一闡提，何故於解脱中不生欲樂？大慧！以捨一切善根故，爲無始衆生起願故。云何捨一切善根？謂謗菩薩藏，言：『此非隨順契經調伏解脱之說。』作是語時，善根悉斷不入涅槃。云何爲無始衆生起願？謂諸菩薩以本願方便，願一切衆生悉入涅槃，若一衆生未涅槃者，我終不入。此亦住一闡提趣，此是無涅槃種性相。」

這就是說，一闡提有二種人，這類一闡提人對於解脫不會生起想要求證之心，所以他們願意盡未來際一直當菩薩，這種一闡提人屬於「為無始眾生起願」，地藏王菩薩也屬於這類菩薩，和藥王、藥上菩薩相同。至於一般的一闡提人，那叫作捨一切善根。不管造作了什麼樣的惡業，造了也就造了，終究還會有其他的善根在；可是有一種人，作了一件事情就捨盡一切善根，叫作謗菩薩藏。菩薩藏是專門講解如來藏妙法的經典或者論藏，凡是講解「此經」如來藏的經論，全都是屬於菩薩藏；或者凡是堅持要歸依於「此經」如來藏的戒經，也都屬於菩薩藏。可是有人膽子特大，竟然敢主張說：「凡是講第八識心的經典，全都是後人創造的，不是隨順契經，也不是調伏輪迴之心，不是解脫之說。」也就是說，凡是有人提出一個主張說「大乘非佛說」，他就是一闡提人，因為他謗菩薩藏；當他講出這樣的話了，一切善根就全部斷盡了，這個人是不可能實證涅槃的。那麼這樣，諸位當然就瞭解什麼樣的人是一闡提人。可是另外還有一闡提人，是「為無始眾生起願」，是大善根而不是斷盡一切善根的惡人。可是時間又到了，這只能留到下一回再來講。

《妙法蓮華經》，我們上週在「法華大義」單元最後即將講完〈妙莊嚴王本事品〉，最後提到妙莊嚴王以及藥王、藥上菩薩等人爲何到現在還沒有成佛？那麼，我們講到有二種一闡提人。一闡提，不可以單純地定義作斷善根人，因爲一闡提有二種人，我們上週引述了《大乘入楞伽經》卷二的世尊聖教，說到第一種的一闡提人；也就是說，一闡提人的正確定義要叫作「不般涅槃種性」，我們可以確定他們是永遠不會入無餘涅槃的。但是這個永遠不入涅槃卻分爲二種人，第一種是捨一切善根，第二種是「**爲無始眾生起願**」。

那麼捨一切善根是說所有的善根全部捨盡了，但所有善根全部捨盡可不是小事；世間人即使幹了五逆十惡全部具足，也還不是捨盡一切善根的人。但是還有一種人，他只要作了一件事情就捨棄了一切善根，所以這種人的罪，遠比在人間殺人放火、強姦擄掠、殺人越貨都要更嚴重。可是世間人並不會說這種人是大惡人，因爲這種人都是一副道貌岸然的模樣，不然就是在學術界地位崇高，要不然就是披著僧衣，看起來就是戒行清淨，而且又加上不貪錢財，大家公認說：「**哇！這個人不得了！不貪名，不貪利，持戒清淨，**

而且佛學研究這麼深妙。」可是這種人不幸的正是一闡提人，也就是說他們屬於捨一切善根而永遠不能般涅槃。那麼就得要推究這種人爲何不能般涅槃？理由就是他們捨了一切善根；由於這個捨善根的緣故，使他們永遠無法證得涅槃。爲什麼他捨這個善根就無法證涅槃呢？因爲他們謗菩薩藏。

謗菩薩藏的內涵，究竟是指什麼？已經大約有一千來年，一直都有人在否定第七識與第八識，也就是謗說「無如來藏」。他們對第八識隨意否定，是以意識思惟、文字訓詁的方法，認爲 世尊所說的一代時教，從本以來不曾講到第八識。至於別人舉證說大乘經中確實有講到第八識，他們卻說「大乘非佛說」，就這麼一句話把大乘經典的正義推翻掉了。然後他們的考證，是把聲聞法中分裂出來的部派佛教凡夫僧人所說的聲聞法義，拿來當作是大乘法演變後的結果，所以他們其實都是作了錯誤的引證。

且不論他們知不知道是錯誤的引證，因爲很有可能他們很清楚知道自己的引證是錯誤的，可是卻故意繼續去作。那麼他們謗菩薩藏，使三乘菩提的正法全都墮入斷滅空的境界中，也使他們所主張的所謂佛法的解脫道，也就是他們所誤會後的二乘菩提所證的涅槃，也隨之成爲斷滅空。那麼這個惡業是遮障一切人的菩提道修證，所以這個惡業遠超過世間一切的惡業；於是由於謗菩薩藏的緣故，永遠要被惡業所繫縛，長時輪轉於三惡道中，很難重新回到人間。

那麼菩薩藏究竟是什麼？菩薩藏就是成佛之道的法藏，而成佛之道的法藏就是第二、第三轉法輪諸經；這一些經典中所說的成佛之道，全都圍繞著第八識如來藏等八識心王的妙法，來演述、開展以及圓滿。他們謗了這個法，就是謗菩薩藏。謗菩薩藏之後，這些惡業非常深重；因為諸天天人、天主都很厭惡這種人，而且他們這樣作的結果，會使眾生信受無因無果的惡邪知見；當愚癡眾生信受他們六識論的無因無果惡邪知見以後，就會影響大家一起造惡，法界中的天人日減、惡道日增。正由於這個緣故，世尊說他們惡業之重無與倫比。

這種人在二十世紀的佛教界還被大力推崇過，可是如果世間人殺了一個人，大眾豈止千夫所指、都說該殺；如果五逆十惡都犯，可能是全球新聞都會報導說這個人該殺千刀。然而比這個五逆十惡具足造作的人是更邪惡的，就是謗菩薩藏的人。而末法時代這種謗菩薩藏的人往往穿著僧衣，戒行清淨不貪供養，甚至於自己住的寺院都還叫作蘭若，說是修苦行的地方；可是這樣的人虛妄說法而斷盡了眾生的法身慧命，但是佛教界對他都不以爲意；甚至許多出家人、在家人被這種人殘害了法身慧命之後，這些被他殘害的人們還站出來替他分辯，而不知道他是斷盡善根的人；所以才說末法時代的佛門中人，絕大多數都是無明深重。

那麼謗菩薩藏的人之中，還有一種人是學術界人士，不是出家人。他們頂著大學教授的光環，公開宣揚說「大乘非佛說」，並且把大乘經典的所說加以扭曲，來附和他們自己的邪見。他們圖的是什麼？不過是世間的名聞，連利養都還撈不到多少，因爲頂多就是某些佛學院聘請他們去當博士生的導師；什麼樣的博士生？求佛學博士學位的人。可是那樣的人，你可以稱他們爲佛學博士嗎？更何況是佛學博士之上的指導老師？在那種人手裡培養出來的佛學博士，應該再加贈一個名銜或外號，叫作「佛學邪士」。是邪士而不是學士，因爲他們對佛法的所知全都是邪見，而且極力推揚那種邪見，當然要封他們另一個名號——佛學邪士。

這種人最愚癡，就算再多十個佛學院都聘他講課，他能領得了多少錢？

可是這類佛學博士在佛學院向法師及學生弘揚邪見的結果，成就了謗菩薩藏的大惡業，也造就了誤導眾生的大惡業，他們的下場得等到捨壽後方知，可是那時已經悔恨無及、補救不了。他們現在大約是不懂得悔恨的，因爲他們否定第八識之時早就不信因果了；不信因果的原因則是不相信有如來藏執持惡業種子，也不知道自己從來都是活在「此經」如來藏中造作一切善惡業，所以他們一貫主張：「經中說有地獄，那只是聖人施教，是教化眾生的方便說。」這樣便違背了世尊演說的世界悉檀，也成就了謗菩薩藏的大惡業，所以成爲一闡提人——成爲捨一切善根人。

即使他們在人間曾經扶助弱小等，作了非常多的善業，比起謗菩薩藏的大惡業，猶如一顆小小的砂糖丟入大海裡面，絲毫甜味都沒了！那顆極微小的糖，永遠無法跟海水裡的鹽相提並論。這種人，我們就說是愚不可及，這就是第一種一闡提人不般涅槃種性；他們永遠不可能證涅槃，因爲入了地獄幾百劫以後，來到餓鬼、畜生道中還要再過幾百劫，然後回到人間時的前五百世，盲聾瘖啞不聞佛法。後來終於正常了，聽聞到如來藏正法時依舊厭惡第八識如來藏妙義；才一聽到「大乘非佛說」的六識論惡法，立即又信受，於是又終生提倡六識論，到處去宣揚「大乘非佛說」的邪見，再度成爲一闡提人，又捨一切善根，於是死後又下地獄去了。在他們這種邪見種子還沒有滅除之前，必然會週而復始，反覆地進行這個過程；所以說這種人是不般涅槃種性，成爲一闡提人。

那麼還有另外一種一闡提人，也是不般涅槃種性，就是「爲無始眾生起願」，佛說這種人也是永遠不會入涅槃的人，就是地藏王菩薩及藥王、藥上菩薩這一類的大心菩薩。眾生都是無始的，如果沒有三乘菩提，那麼眾生也將是無始無終，永遠不可能滅盡三有而不受後有；有了三乘菩提之後，眾生才能成爲無始有終，可以滅盡後有而取無餘涅槃。但是無始有終並不好，因爲那是自了漢，對三界法界的有情來說，他們證得涅槃沒什麼大意義；所以菩薩有能力無始有終之後，依舊憑著十大願而不入涅槃，進入初地以後起惑潤生，繼續自度度他；直到成佛之後依舊不入涅槃，依十無盡願繼續在三界各處世世受生示現八相成道。所以 釋迦如來示現了入無餘涅槃，實際所住卻是無所住的無住處涅槃。但畢竟也是般涅槃，因爲具足了二乘菩提的涅槃，進而滅盡煩惱障的習氣種子隨眠，也具足了妙覺位以下的本來自性清淨涅槃，再加上佛地的無住處涅槃。

但是有一種菩薩永遠不證佛地涅槃，他只證得本來自性清淨涅槃，進而滅盡煩惱障習氣種子隨眠而入八地以後，仍依著佛菩提道的次序進修，或者很緩慢或者很快速，但是終究不取佛位。也就是說，有的菩薩認爲：「我只要有能力入無餘涅槃就夠了，從此以後在佛菩提道中，我就慢慢地進修，主要是能夠繼續利樂有情，所以成佛快與慢都無所謂。」因此他就慢慢地進修佛菩提道，主要在接引一切有緣眾生，這種菩薩永遠不取無餘涅槃，所以也稱爲一闡提。他們有另外一種情況，就是依著佛道順序繼續進修到達了等覺位以後，永遠停在等覺位，不會當妙覺菩薩成爲一生補處，永遠不取佛位，永遠不示現成佛。這種菩薩也是不般涅槃種性，因爲永遠不取佛菩提道中最高層次的涅槃，這是「爲無始眾生起願」。

所以這樣的諸菩薩們，以他們在因地時所發的本願，希望一切眾生都可以證得二乘涅槃或大乘佛位的涅槃。他們的想法是：「如果有一個眾生還沒有證得涅槃的話，我終究不入涅槃。」這一種菩薩就是「爲無始眾生起願」，但終究是不證佛位無住處涅槃的人，也是不取無餘涅槃的種性。那麼諸位應當也有少數人發過這個願，當然不會是多數。這種願當然是大願，表示完全沒有私心，就把自己奉獻給無始眾生。那麼面對這種菩薩們，諸位來比對這一品裡面提到的藥王、藥上菩薩，以及這一品裡面的妙莊嚴王、淨德夫人，大家想想看：他們在　雲雷音宿王華智如來那時都已經有所證了，特別是淨眼與淨藏二位大菩薩，當時已經滿足七地心，再一個阿僧祇劫就可以成佛，但是他們繼續利樂有情直到　釋迦如來示現的年代時，已經又經過「**無量無邊不可思議阿僧祇劫**」，仍尚未成佛。

他們是笨菩薩嗎？最後一大阿僧祇劫的修行時程，爲什麼經過「**無量無邊不可思議阿僧祇劫**」以後，現在還在當藥王、藥上菩薩？絕對不是笨！七地滿心的菩薩哪有笨的？那是六度波羅蜜已經圓滿加上第七度方便波羅蜜多，是具足了方便善巧的菩薩，怎麼可能一大阿僧祇劫之後仍不能成佛？沒這個道理。可是他們如今還在當菩薩，所以《法華》會上　佛陀說他們就是現在的藥王菩薩、藥上菩薩；這就是「**爲無始眾生起願**」的一闡提菩薩，屬於不般涅槃種性的菩薩。他們對於自己是否成佛的事根本不在意，所以十方世界哪裡有佛即將成佛，他們就會過去，就在那裡受生，等著某一尊一生補處菩薩來到人間即將成佛；一旦成佛了，他們就來報到，不必依靠那尊佛的幫忙而有三乘菩提智慧，因爲他們都有無師自然智。他們也都知道：「每一尊佛講《法華經》的時候，一定有我這一品。」

那麼回頭再來看華德菩薩，就是以前的妙莊嚴王，來到 佛陀弘法這個年代，他叫作華德菩薩。這位菩薩的名號是非常好的，是蓮花而有德，一定是人人稱讚，人人喜歡親近。他爲什麼會成爲華德菩薩？再來回憶一下：他沒有出家之前，不在 雲雷音宿王華智如來座下學法，他是妙莊嚴王而有威勢，但他那時喜歡修學種種世間法，所以世間法他是很通透的；而且又修了五神通，也攝受非常多的眷屬。那麼他因爲兩個兒子度他出家之後，修行八萬四千年以後終於可以入地了，但這種愛樂神通等世間法的習氣種子，入地就能一時改變嗎？就能滅盡嗎？不行！

如果大家有智慧，也知道 佛陀以來的那一些菩薩們的行誼和心性，你看看當代若有證量很高的實證者，你去和證悟而重要的古德加以比對，就知道這個人大概是什麼菩薩來受生的，因爲人的習氣種子不是短短幾萬年、幾億年就能改變完成的。習氣種子的滅除要一大阿僧祇劫，所以世俗法有一句話說：「江山易改，本性難移。」這道理也還是可以套到入地不久的菩薩頭上來，他也不能抗議。

所以須菩提喜歡住在眞如的境界中不動其心，當他爲人家說法時總是有一點不耐煩；他也認爲空性就是該這麼理解，爲何那麼多人不懂？摩訶迦旃延爲人家說法時卻反過來，總是「要五毛、給一塊」。舍利弗爲人家說法時，他總是簡潔扼要、一針見血，而且不通人情。難陀比丘說法時則是不甩你們男眾，先要跟女眾說。至於大目犍連，總是不經意地顯現了一點神通；他也不是故意的，你沒辦法責備他。那畢陵尊者，凡是龍王來投胎成菩薩的人，他都不會喜歡；如果是高一點的，例如金翅鳥投胎來當菩薩，他見了也是不太跟人家說話的；因爲他對於這種菩薩，不自覺地會有慢心出現，不經意地就出現：這是金翅鳥來投胎的，這是龍來投胎的，都是從畜生道來的。這個習氣能不能改？能！但要一大阿僧祇劫。

可是，一大阿僧祇劫就能改變習氣種子的妙莊嚴王，經過了「無量無邊不可思議阿僧祇劫」之後，如今竟然還在當華德菩薩，還沒有成佛。他是因地在　雲雷音宿王華智如來時已經入地了，再修二大阿僧祇劫已經可以成佛了，沒想到他經過「無量無邊不可思議阿僧祇劫」之後還在當菩薩。並且他也沒有趕上藥王、藥上菩薩的證量，這是爲什麼呢？他是不是「爲無始眾生起願」？這可難說了！因爲有的人三大阿僧祇劫，其實不叫作三大阿僧祇劫，而是說：斷除三界貪愛的現行是一大阿僧祇劫，斷除色界瞋、欲界瞋的習氣種子是第二大阿僧祇劫，斷除無記業的一切無明是最後一大阿僧祇劫，是這樣來算三大阿僧祇劫的；所以他們的三大阿僧祇劫，正是「無量無邊不可思議阿僧祇劫」，因爲這些習氣種子與無始無明的上煩惱無量無邊。

那麼，藥王、藥上菩薩修到等覺位了，那麼長的時間才完成一大阿僧祇劫的修證，那華德菩薩呢？是被藥王、藥上所度的，也不方便就超越過去吧？老實說，他的心性也喜歡在世間法中轉，他的想法：「多接觸眾生，多接引他們、多利樂他們，他們先成佛；我沒關係，無所謂。」這也可能是「爲無始眾生起願」。妙莊嚴王的夫人——淨德夫人，如今是 佛前的光照莊嚴相菩薩，一樣是「爲無始眾生起願」，否則他們早都該成佛了，因爲在 雲雷音宿王華智如來的年代，他們的證量是高於妙莊嚴王的。所以，剛才雖然說不必然是「爲無始眾生起願」，但是我們宅心仁厚，應該說他們都是「爲無始眾生起願」，佩服他們，因爲沒有多少人願意這樣作。

諸位再來看，每天過堂（二時臨齋儀），四大菩薩的最後一位是大願地藏王菩薩，他也是「爲無始眾生起願」，所以他說：「地獄不空，誓不成佛。」眞是雄心壯志、無比哀愍，誰人及得上？咱們眞的無法及得上，爲什麼呢？因爲你叫我發這個願，我還發不出來呢！別說實行，我就是發不出來，所以我很敬愛佩服他們，但是我不效法。你們想不想知道我爲什麼不效法？（女眾回答：想。）想呵？都是女生想，男生不想？（大眾笑⋯）我的想法跟他們不一樣，我的想法是接近於 觀世音菩薩的作法。他很早以前成佛了，就是 正法明如來；可是 釋迦如來實在是大威德者，而且是久遠劫前成佛的古佛再來；在多久以前呢？在「過無量無邊百千萬億那由他劫」之前已經成就的古佛；這一世是爲了酬償往昔一千個兄弟的約定，所以來配合兄弟們在這裡示現成佛，祂排行第四。

所以祂不是現在才成佛的，祂是來示現成佛度化有情。觀世音菩薩說：「我有這個願，倒駕慈航再來攝受眾生，不必一定要示現佛位的身相，可以繼續當菩薩，我來幫助釋迦古佛弘化。」他也是久遠以前已成之佛，名爲 正法明如來。那麼諸位想想，觀世音菩薩成就　正法明如來佛位之前，是度了多少眾生？一定非常之多。那麼在他來講，這回來當菩薩，不過是配合來演一場　釋迦古佛八相成道的大戲；也許這一場戲演完了，他又在別的地方演一場自己當主角的八相成道的戲，這眞的叫作遊戲人間。所以這一些戲碼，他們都不用排演；當某部經開講時，該誰中途起來發言、作什麼事情，大家都各如其分，都知道自己什麼時候該作什麼。

那麼成佛以後，有時示現爲菩薩，有時示現另一世的成佛，不斷地利樂眾生。或者示現成佛以後，每一次到不同星球世界繼續再示現八相成道，其實並沒有什麼差異。我的想法就是：我應該像　釋迦如來這樣，像　觀世音菩薩這樣，三大阿僧祇劫時程到了就成佛，不必在那邊慢慢候著。爲什麼呢？因爲照著佛道順序次第成佛以後，還是可以來扮演菩薩的角色。假使有你以前追隨過的佛，轉去另一個地方重新示現成佛，剛好有祂座下的某一些菩薩因緣不湊巧，你就去扮演祂座下的菩薩摩訶薩也無妨。

無始劫以來追隨過那麼多佛，還怕找不到一尊佛可以來演這場戲嗎？你所度的眾生會比「爲無始眾生起願」的菩薩少嗎？通常不會，因爲你快速成佛之後，有許多大菩薩都會來追隨你，就有其他的因緣可以接觸更多眾生，你就繼續利樂他們。結果比起「爲無始眾生起願」的一闡提菩薩來，並沒有差異；但是你快速成佛以後，對於和你接觸的眾生，對於追隨你的菩薩們，可以作出更大的利益。譬如你若是一直停留在七地爲眾生所說的法，以及你很早以前就成佛，現在再來示現成佛而爲眾生說的法，層次絕對不同。所以你能夠利益很多高層次的菩薩，例如八地、九地、十地、等覺；而你同樣可以利益低層次的菩薩們，所以我認爲自己沒有必要「爲無始眾生起願」，我還是依著自己的佛道順序，該成佛時我就成佛。成佛以後就以佛地的功德利益更廣大的人們。但他們既發了願，就不違本願而持續扮演「爲無始眾生起願」的角色。所以成佛的時候人間四眾弟子多不多，其實不是很重要，只要不是少少的一、二十萬人就行。這是我的看法，就提供給諸位參考。

那麼諸位對這一品的內涵就這樣子聽完了，對於菩薩的狀況，對於諸佛的狀況，就會有比較廣泛的瞭解；因爲菩薩有「爲無始眾生起願」的，那是不般涅槃種性的菩薩；可是我們也無妨快速成佛，然後繼續示現爲菩薩，效法觀世音菩薩那樣倒駕慈航。人家往前划，我們就往後划，划回去跟眾生相遇也無所謂，最重要的是什麼？就是你成佛雖然要快，但一定要時時刻刻回頭看一下：大家跟上來沒有？如果大家還沒有跟上來，你還能成佛呀？沒這回事啦！所以，早期跟我學的一些同修背後笑我說：「老師好笨！人家是要五毛給一塊。他喔！你跟他要一塊，他給你三塊錢，好笨！」眞的笨嗎？不笨啦！只是表面笨。表面笨，有一句成語叫作大什麼若愚？（眾答：大智若愚。）是大智嘛！因爲當大家都很快跟上來的時候，你就很快成佛；如果大家跟不上來，你自己盡量往前走吧！最後你還是要回頭再來拉大家，結果一進一退，還不是一樣？爲弟子們所應該作的，你還沒作完，所以結果是相同。因此，快速成佛很好，但是大家的道業，你得要好好拉著、提拔著。

既然要拉著大家快速進道，你就不能吝法。我常常覺得吝法的人最愚癡，怎麼說呢？因爲吝法的人最後獲得的結果，就是阻礙自己成佛之道的快速進展，這樣是對誰不利？對自己不利，同時也對弟子們不利；對雙方都不利，當然是愚癡。武術界的惡慣例，咱們不需要。武術界都會留一手，那一手叫作絕招。爲什麼呢？「要防著徒弟把我教給他的，拿來對付我，那時怎麼辦？我就留著最後一招。有一天，他眞來對付我了，最後我使出這一招，徒弟就死定了。」所以武俠小說中，徒弟臨死前都會問：「師父！你怎麼沒有教我這一招？」師父說：「當年若教你這一招，我今天還有命嗎？」然後徒弟一聲「啊——」就斷氣了。（大眾笑⋯⋯）

可是佛門中不需要如此，爲什麼呢？因爲我的想法跟人家都顛倒。我自己以前也覺得很奇怪，是因爲我從小就跟人家顛倒；人家都在追逐學業上、世間法上的利益，而我對這些都不關心。我從小就沒有想過要當資優生，我只要品行好就夠了，其他無所謂。然後大家都計畫說：「我將來畢業了，當兵回來，幹什麼⋯⋯。」我從來沒有計畫，我想：「我努力存一點點小錢，買個四坪見方的磚房過一生就好了。」但又覺得這樣過生活沒什麼意義，不然就學一點針灸醫藥，可以幫人時我就幫，過著最起碼的、可以活下來的生活就夠了，我都沒有立志想要幹什麼。

這倒是應了鄰居們的話：眞是沒用的人——抾角（臺語）。也就是胸無大志啦！可是我從小有一個觀念很奇怪，沒有人教就自己這樣想：「我在這方面不跟人家計較，反正得不到什麼就得不到什麼，不必計較；可是我這邊得的少，另一邊一定得很多；我如果在這邊得很多，那一邊就一定得很少。」

這是從小就有的觀念，都沒有人教，很怪呵？等到學佛，明心了以後說：「啊！果然如此！」所以小時候鄰居大人在背地裡說：「這個囝仔抾角。」（臺語）抾角，就是說他連骨頭都拿不到，別說喝湯吃肉了；連骨頭都搶不到，只能去撿人家沒辦法煮的角。動物的角，你能煮湯嗎？連煮湯都不行。我當時被認爲只能去抾角，就表示說，這孩子已經（有人說：無藥可醫），不是無藥可醫，又沒有生病，（大眾笑…）是已經不可期待的廢物一個。當年我聽在耳裡，也不當一回事。可是因爲往世有修福，身上帶著福報，這福報自然會跟著我；福報是別人搶不走的，當兵回來開始賺錢，賺到後來覺得沒意思；因爲再怎麼多賺，反正我是學佛人，飯也是吃那麼多，床也是睡那麼大，又沒有想要住皇宮、別墅，幹嘛繼續辛苦賺錢？所以學佛以後就一頭栽進來。

一頭栽進來時也沒有企圖心，我想的是說：「這個如來藏妙法若是有人願意接，等他們接妥了，我就退休故鄉歸隱山林。」好嚮往！所以我在故鄉買了二塊地，是因爲第一塊地買了，後來發覺不能住，太吵了！想要歸隱田園竟歸不得，只好再去我同修的故鄉買一塊，現在兩塊地都還擺著，一塊是住宅區的地，百餘坪；另一塊則是農地，將近九百坪。人各有志，歸隱田園、歸隱山林是我一向的想法。我在學校讀書時別的記不住，就記住二句話：「鐘鼎山林，人各有志，不可強也！」我就是喜歡山林，從來不喜歡鐘鼎，所以悟了以後出來弘法，也還是同樣的想法，沒什麼企圖。

可是到後來看著說：「佛教界這些大山頭都不可期待，他們縱使眞的得了法，也不可能眞心努力復興佛教。」好吧！有人組成一個正覺同修會，將來有人接了，我便可以退隱。本來是計畫二〇〇一年要退隱的，後來依舊退不成，再等吧！看有誰可以接上來。在等待的過程裡面，我發覺到密宗達賴集團那些情況，很憂心說：「哇！不得了！佛教一定會被他們搞壞，天竺坦特羅密宗滅亡正統佛教的故事又會重演。」這時我可不想退隱了，雄心壯志生起來了：「無論如何，我要把佛教復興起來，不能讓他們再度把佛教給壞滅了。」這時企圖心大了，如今這個企圖心比天還大。

想要佛教復興起來就得要很多人幫忙，因爲我即使多長二個頭、多長二隻手臂，也作不了很多事，那要怎麼辦？行啊！我就努力生產——多生一些金毛獅子就沒問題了，於是就開始每年舉辦四次禪三的過程。我的想法改變了，我要繼續說出更多的妙法，幫助更多人實證，有更多人看清佛教的未來：

佛教的未來掌握在我們手裡，我們若是不理會密宗，他們最後就會再度滅亡佛教。我不要佛教被密宗外道繼續胡搞瞎搞，所以現在野心比以前更大——一定要把佛教復興起來。

佛教的復興，無著菩薩當時是一個復興的年代，之前則是馬鳴、龍樹跟提婆。可惜的是，專弘如來藏唯識妙義的提婆，被六識論的僧人刺殺了，託名說是外道所殺。龍樹依如來藏弘揚《中論》，還有六識論聲聞人可以發揮的許多空間，他也就安然無恙；所以直到末法之世，都還有宗喀巴、寂天、釋印順等人繼續引用《中論》來推廣六識論的解脫道義理，託名為中觀。龍樹依第八識妙真如心的自性寫了《中論》，安然度過一世，死後往生極樂世界去，如今應該也回來了。而提婆不但弘揚《中論》，乾脆直接說：「**我們就是弘揚如來藏妙法，我師父的《中論》其實是依第八識如來藏而寫的。**」所以那些六識論的僧人受不了，派人把他刺殺了，否則當時的佛教將會復興得轟轟烈烈。無著菩薩之後，在天竺的業力如此，已經不可為，所以大家生到中土來。在震旦玄奘菩薩那個年代，又是一次復興，真的成功復興佛教了。

而這個年代的佛教復興，是我們大家的責任，你可別想說：「**唉呀！這**

個佛教復興，這種重責大任，這麼偉大的事業，哪裡輪得到我來參與？」其實不然！在過往的年代中，你們有不少人也曾經參與了佛教的復興，只是你們自己不知道。來到這個年代，我這個從小胸無大志的人，看到密宗這個情形，得要發起雄心大志了，不然佛門四眾的法身慧命怎麼辦？所以現在這一世，我終於對自己生在人間開始有一點歡喜了，因爲知道我這些計畫如果能完成，捨壽的時候，世尊一定會來摩頂說：「你這小子！這一世幹得不錯。」這樣就夠了，其他都微不足道。

你們如果努力作，作到讓 世尊看上眼，那時你們同樣也會被摩頂讚歎；也許下輩子派你到某個星球去，你去那裡就開始當法主了。很高興呵？那是痛苦的開始！（大眾笑…）但同時伴隨著很大的歡喜，爲什麼呢？因爲你那時就會知道，自己的道業成長一定非常快，因爲 釋迦老爸一定要把你拉拔——要在那一世拉拔你的道業進步很快，否則你當不成法主。這一些道理，諸位都應該要知道，因爲這個道理不會有人說出來，正好《妙法蓮華經》中的妙莊嚴王菩薩這樣示現給我們看；而且藥王、藥上菩薩原本剩下最後一大阿僧祇劫應該修完的道業，他們卻是經過「無量無邊不可思議阿僧祇劫」之後，竟然還沒有完成；這一種大心，我們只能佩服。

那麼妙莊嚴王在這樣的因緣下，當然也會是如此，因為他們是同一個因緣。諸佛如來看某些大菩薩的時候，仍然是心存敬意的，因為這一類菩薩太偉大了。世間法說的偉大，其實還不足以形容他們。但是這一類菩薩們，在十方世界中是非常多的。從整個比例來看雖然不多，可是十方世界太寬廣，所以人數其實也還是很多的。那麼華德菩薩——以前的妙莊嚴王——貪多眷屬、貪愛世間諸法，這是他的習氣，他也不想趕快把它斷除，只要能夠快速入地就好，其他的並不在意；因為眷屬越多，他就利樂了越多人，在這種情況下也會有一個狀況出現，就是一天到晚在關心：「眷屬有沒有離開我了？」這也是必然的。所以只要誰離開了，就得趕快去找他們泡泡茶、聊聊天，看有什麼問題，去幫他們解決，然後眷屬們就回來了，但是成佛就很緩慢。

可是妙莊嚴王經過「無量無邊不可思議阿僧祇劫」以來還沒有成佛，但他的成佛之道在前面已經授記了，對不對？他的佛土中還會有三惡道的眾生。但諸位看看摩訶迦旃延，他供養八千億佛之後，再供養二萬億佛，將來成佛時的佛土，天人、聲聞、菩薩無量萬億，可是他的國土中沒有三惡道，也沒有阿修羅。我這樣舉例來作比對，目的在作什麼？在告訴諸位說：其實「為無始眾生起願」當一闡提，絕對是值得任何人佩服的，因為那眞的是太偉大的心量，無人能及。可是以我來看，我寧可快速成佛，之後可以利益更多人，這就是我的想法。

那麼，你們可以看到《法華經》裡面的授記，迦旃延將來成佛時，菩薩、聲聞無量萬億而無法記數，他的佛土中沒有三惡道，也沒有阿修羅道有情。為什麼這樣？因為他攝受法眷屬時，從來不會對任何一位法眷屬疾言厲色，但他也不會刻意要去度大瞋之人，這就是他的作風。假使像空生須菩提那樣度人，學人們老是見他住在空性境界中，無法請益，那你願意跟隨嗎？不願意呵！其實跟隨他也不錯，總比跟隨那些瞎眼阿師好太多了，是不是？當然你一定有一個前提說：「除非全部都是瞎眼阿師，否則我就不跟他。如果有同樣的善知識，我寧可跟別人。如果有迦旃延，我趕快去跟他，因為他從來不疾言厲色。」那麼，這樣瞭解以後該怎麼抉擇，諸位心裡就有個底了。

迦旃延之所以快速成佛，除了攝受法眷屬之外，他從來不愛樂世俗法，所以世間法那一些互相過從的事，他沒有興趣；但是大家在法上若是有問題、有困難，他都願意幫忙，這就是他的心性。你若想要他改變這個心性，還眞難，所以他就快速成佛。也就是說，因爲大眾都快速在進步之中，有一句成語叫作「水漲船高」；一條船能不能永遠不擱淺，就看那個水；如果水在那裡很深，在這裡很淺，你不觸礁才怪，搞不好還沉船；可是如果水漲上來——大家的道業都上來了，那你成佛當然快。所以吝法是沒有必要的，吝法的人都是愚癡，這就是我的想法。那麼〈妙莊嚴王本事品〉就到這裡講完了，接下來要進入〈普賢菩薩勸發品〉：

《妙法蓮華經》

〈普賢菩薩勸發品〉第二十八

經文：【爾時，普賢菩薩以自在神通力，威德名聞，與大菩薩無量無邊不可稱數，從東方來。所經諸國普皆震動，雨寶蓮華，作無量百千萬億種種伎樂。又與無數諸天、龍、夜叉、乾闥婆、阿修羅、迦樓羅、緊那羅、摩睺羅伽、人非人等大衆圍繞，各現威德神通之力，到娑婆世界耆闍崛山中，頭面禮釋迦牟尼佛，右繞七匝，白佛言：「世尊！我於寶威德上王佛國，遙聞此娑婆世界說《法華經》，與無量無邊百千萬億諸菩薩衆共來聽受，惟願世尊當爲說之：若善男子、善女人，於如來滅後，云何能得是《法華經》？」

佛告普賢菩薩：「若善男子、善女人成就四法，於如來滅後，當得是《法華經》。一者、爲諸佛護念，二者、植衆德本，三者、入正定聚，四者、發救

一切眾生之心。善男子、善女人，如是成就四法，於如來滅後，必得是經。」】

講義：〈普賢菩薩勸發品〉，聽到這裡就要知道這一部經快要圓滿了。普賢菩薩也是大家耳熟能詳的菩薩，爲什麼每一尊佛說《法華經》到快要圓滿時，他就會來？這當然有緣故，因爲他如果不來，這《妙法蓮華經》還眞無法圓滿。所以〈妙莊嚴王本事品〉講完時，普賢菩薩也就來了。

語譯：【那時，普賢菩薩以他的「自在神通之力」，以他很久以來便已存在的「威德名聞」，與大菩薩們無量無邊不可說的數目，從東方出發而來。他所經過的諸國所有的佛土全部都普遍性的震動，並且都在天空中如雨一般降下寶蓮華，而且虛空之中也演奏出了無量百千萬億種種樂器的絕妙音響。

並且又與無數諸天、龍、夜叉、乾闥婆、阿修羅、迦樓羅、緊那羅、摩睺羅伽、人非人等大眾圍繞著他，大家各都顯現威德以及神通力，一起來到娑婆世界的靈鷲山中，以頭面來頂禮釋迦牟尼佛，同時各個右繞七匝，普賢菩薩向世尊稟白說：「世尊！我是在寶威德上王佛的國度，遙遠地聽聞到這個娑婆世界在演說《妙法蓮華經》，因此而與無量無邊百千萬億菩薩眾共同前來聽受，惟願世尊爲我們大眾開示：如果有善男子、善女人，在未來如來示現滅度之後，如何能夠得到這部《妙法蓮華經》？」

佛陀告訴普賢菩薩說：「如果善男子、善女人成就了四個法，他們在如來示現滅度之後，將會證得『妙法蓮華經』。第一、被諸佛所護念，第二、種植了各種不同種類的道德根本以及福德作爲根據，第三、進入佛菩提道正定聚中永不退轉，第四、發起救護一切眾生之心。善男子、善女人，像這樣成就了這四個法，在如來滅度之後，他一定會得到這部《妙法蓮華經》。」

講義：普賢菩薩從那麼遙遠的國度來到娑婆國土，目的是作什麼呢？就是來勸發大家應當要實證「妙法蓮華經」，受持、讀誦、書寫、爲人廣說《妙法蓮華經》。假使有人不信《妙法蓮華經》，應該設法去救度他們，普賢菩薩來到娑婆世界的目的就是這個。那麼，大家先來看看，普賢菩薩爲何名爲「普賢」？在世間法中，一個人有一種擅長，十個人可能就會有十種擅長，但沒有人是普皆擅長而名爲「普賢」的。即使 釋迦如來當年座下一千二百五十大阿羅漢，也都是各有擅長，就沒有一個人是「普賢」。

譬如大家耳熟能詳的，富樓那說法第一，阿那律天眼第一，目犍連神通第一，羅睺羅密行第一，還有誰？須菩提解空第一，還有我們供在大溪祖師堂那位老和尚，他是智慧第一。還有誰沒講到？（有人說：迦旃延。）迦旃延也是個要角，他是解經或論議第一；各部經典來到他手裡，解釋得淋漓盡致。還有誰的第一？（有人說：大迦葉。）大迦葉是頭陀第一。總之，各有第一，可是這些第一，就沒有一個人全部具足。如果要論當場與會的諸聖之中，有誰是全部具足的呢？只有幾位是具足的，當然是 釋迦如來，加上 觀世音菩薩——正法明如來倒駕慈航，還有一位 維摩詰菩薩，還有誰？（有人說：文殊菩薩。）文殊菩薩！對！這位要角竟然給忘了，我得小心那把智慧劍砍過來（大眾笑…），我們每週在受用他的智慧劍，竟然一時忘了，眞是忘恩負義！得要像他們中的任何一位，才算是眞正的「普賢」；也就是說，所有的諸法已經全部圓滿具足，一一法之中無有不曉，悉皆圓滿，是基於往昔無數劫中勤修福慧的結果，能具足圓滿的，才能叫作「普賢」。

很多人講《華嚴經》時言不及義，是因爲他們不曉得，那善財童子五十三參成爲妙覺菩薩的時候，竟然只是遊盡普賢身而已。他們眞的無法解釋，只能說：「唉呀！那是文殊菩薩大神通力、普賢菩薩大神通力幫他忙，所以就用神通力，讓他在普賢菩薩身中，這樣來來去去完成佛法。」普賢菩薩哪個地方可以讓他在色身中這樣來來去去？普賢菩薩又不是空心人老倌。空心大老倌，知道嗎？是罵人的話，我藉這「空心」二個字來講，好不好？難道普賢菩薩身中可以容得下那一些山河大地呀？不是這個道理。也就是說，每一個菩薩修行，從初信位開始，一直到最後成爲妙覺位，把五十二個階位一一經歷完畢，這個時劫很長，最快就是三大阿僧祇劫；可是這三大阿僧祇劫之中，有時在這個世界，有時在那個世界，下輩子又跑到另一個世界，就這樣十方世界來來去去。

有的人往世從別的佛世界聽到說：「釋迦如來在娑婆世界示現了。」心想這個地方是短劫，修學成就快速，因爲諸佛如來也這麼說：「在娑婆世界修學佛法，這麼短的時間而可以有這麼高的成就。」所以往生過來了，來了之後才知道，在這裡學佛眞辛苦啊！凡是實證很快的修學過程都很辛苦，絕對不輕鬆。你們自己可以檢查，以前在別的道場每天混日子，每天嘻嘻哈哈叫作法喜充滿，其實不曾眞的知道有什麼法可以歡喜而充滿了心中。那麼日子過得很快，一眨眼十年、二十年過去了，才想到說：「奇怪！我也是很努力，每天也是法喜充滿，可是爲什麼正覺那些書我讀不懂？我有一個同修去正覺學佛才不過三年，怎麼他回來說話都不一樣，我都聽不懂。但我講的，他都懂，而且我講的錯了，錯在哪裡，他都知道。怎麼會這樣？好奇怪！」他想：「那我也去正覺好了。」終於進了正覺，上課不到半年，走人了。爲什麼？太辛苦！

在正覺學法想要實證的人眞的辛苦，你們如果剛進來不到半年，三、四個月中還不知道是怎麼辛苦的，再過來一年，你就知道爲何這麼辛苦了。是因爲實證快，實證快當然就會很辛苦。也許有人說：「實證快，爲什麼一定要辛苦？」當然啊！因爲你實證快，就表示你必須在短時間把實證上所應該先有的條件具足起來。想在短短的幾年之間，把這些條件具足，當然得要拚啊！定力、福德、慧力、除性障，這些你都得要作；若沒有作這一些，即使幫你證悟了，那個悟也是空心的。縱使悟的內容你都知道了，也都正確，而且能琅琅上口，終究沒有功德受用；因爲對你而言，那只是個知識，《楞嚴經》中說這叫作「乾慧」，沒有實質，所以那個智慧不是眞的智慧。

你在這麼短短的五年、六年中就要實證般若，請問那實證的內涵，你能承受得起來嗎？你的肩膀想要能承受得起，可不是只有鍛鍊肩膀就可以，這要從腳底板開始鍛鍊起：你的小腿骨、大腿骨、腳盤、腰力、臂部的肌肉夠不夠力，腰膀的力量夠不夠，胸腔能不能頂得上來，然後你這個肩膀才能作用，不是只鍛鍊肩膀。那你想，短時間內—三五年、六七年算是很短的時間—你就要實證，當然要很辛苦；因爲實證之前，你所應該具有的基本條件，都必須在這段時間把它圓滿起來，那你當然得要拚啊！難道還會輕鬆嗎？

且不說別的，單說降伏性障這件事就好，就是很辛苦的事。去作義工，贊助正法道場的興建，或者正法的推廣等等，這些都還只是財力、體力的辛苦，可是要降伏性障時，是與自己的心爭鬥，這可不容易。如果這些條件沒有作好，悟了也只是個名稱而已，自己終究沒有受用。從這裡就可以瞭解，普賢行是不容易圓滿的。大家聽說：「娑婆世界是短劫，那裡成佛快，修證也快。」等來到了娑婆世界，才知道：「唉唷！這麼辛苦。」這時得要感謝一件事情說：「還好我有胎昧，因爲有胎昧，忘了過去世在別的佛世界多麼快活，才能接受這麼難忍的娑婆世界的惡劣境界。」

來正覺時也是一樣，以往在別的道場，不過是偶爾參加法會唱唱唸唸，回家就嘻嘻哈哈，麻將照打，茶照泡。來到正覺以後可沒有這個閒工夫，當然辛苦啊！所以，外面有的道場傳說：「去正覺學法很辛苦，你眞的要去嗎？」然而正覺的辛苦，不單單是實證之前辛苦，實證後更辛苦，因爲實證後要去增上班上課，來到講堂一坐下，三個鐘頭一直聽下去。除此以外，好多修集福德的事要作，不然就會原地踏步。所以你看，辛苦不辛苦？要辛苦一輩子。到下一輩子，如果你不入正覺就輕鬆了，（大眾笑…）如果你還回到正覺來，一樣繼續辛苦。不過也別害怕，再怎麼辛苦，不會像我這麼辛苦，你們可以放心啦！然而爲什麼要這麼辛苦？因爲你想要快速成佛。因此一切修行，功不唐捐，除非你學的佛是外道佛，否則你一切修行，功不唐捐。

但是在正覺中學法，一定要腳踏實地，不能偷雞摸狗。經由初信位開始，二信、三信到十信位滿足，這段時間算是最輕鬆的；可是到了初住位以後要修什麼？布施。有的人一聽到布施，趕快把口袋按緊。我以前收過一位香港的老菩薩寄來的明信片，他說自己誰都不信，只信正覺；他說：「每次聽到哪位法師說學佛第一步就是要布施，我就趕快把口袋按緊。」他自己講的，不論誰說到布施，他就這麼樣，但他說：「我就相信你們正覺。」可是，他不來正覺布施，也不來正覺學法，只想去極樂世界。

這就是說，可以實證的法修學起來都不輕鬆，因爲每一個位階的實證，都有必須配合的福德。福德包括什麼呢？包括定力、除性障，這是跑不掉的，然後加上法布施、財布施、無畏布施，光是修這些就很辛苦了。那麼，你還要在法上如實履踐而去實修，這個絕對辛苦。但是辛苦有代價，功不唐捐。所以，從初信位的善知識參訪開始，善財大士的五十三參，總共參訪了五十二位善知識，使他成爲妙覺菩薩；這樣全部都參訪完了，才算遊盡普賢身。所以，他遊盡普賢身的時候是到了什麼地方？到 彌勒菩薩的大寶樓閣。大寶樓閣裡面所有的法寶具足圓滿，你要什麼都有，所以善財童子到此成爲妙覺菩薩，這就是善財菩薩五十三參進入各種法界的根本精神。可是這樣子五十三參之中，可能上一輩子在東方世界，下一輩子在娑婆世界，再下下輩子去到極樂世界，然後又到其他世界，就這樣十方世界來來去去，其實卻都是在自己的如來藏中行道。

我如果早十年講這個道理，沒有人相信；現在講出來，諸位相信了。因爲我們許多法講出來了，也說明每一個有情覺知心在行道時，行道的過程其實從來不曾外於自己的如來藏所變現的內相分六塵境界。任何人的覺知心都無法接觸外面的六塵，因爲外面的六塵是你的五色根去攝受進來的；可是覺知心是心，不能接觸物質的色法，所以接觸不到六塵。事實上，每一個人覺知心所接觸的，都是自己十八界內的六塵。各人自己十八界內的六塵，究竟是外相分還是內相分呢？是內相分。假使有誰敢來我面前說覺知心所接觸的六塵是外相分，我就一棒把他打出去，以後他不要再來正覺了。

如果覺知心所接觸的是外相分，佛世第一位不迴心阿羅漢入無餘涅槃時，當他滅盡了五陰十八界而入無餘涅槃，從那時開始，大家應該全都沒有外六塵可以接觸了，可是爲什麼　佛陀還有六塵可見？其他阿羅漢、凡夫眾生都還有六塵可見？乃至到二千五百多年後，我們現在依舊有六塵可見？因爲阿羅漢入無餘涅槃時所滅掉的十八界是他們自己的十八界，滅掉的是他們各人自己的十八界函蓋的內六塵，不是滅掉外六塵。至於爲什麼覺知心接觸不到外相分的六塵？這裡就不開示，想要聽的人去參加禪三打三時就會聽到。

那麼，既然三大阿僧祇劫十方世界來來去去，都是在自己的如來藏身中行道。每一世覺知心都在自己的如來藏身中行道，這樣子依於眞如而作的五十二個位階的修道完成了，全都是在自己的如來藏身中行道，如來藏妙眞如心就是這一品說的「普賢菩薩」身，這樣才能說是遊盡普賢身。當你在因地還沒有具足圓滿時，就不叫作普賢身，只叫作如來藏身；當你圓滿了五十二個階位應斷、應證的諸法，就說你現在遊盡了普賢身；可是那個普賢身還是你的如來藏身，因爲你每一世的覺知心只活在自己的內相分六塵中，而內相分六塵境界卻都是自己的「普賢菩薩」如來藏所變現出來的，只出現在如來藏「普賢菩薩」身中。三大阿僧祇劫行道的過程中，從來沒有離開過自己的如來藏身，如來藏就是你自己的「普賢菩薩」，所以一切諸法具足實證以後就稱爲遊盡普賢身；從理上來說，你就可以同時稱爲「普賢菩薩」。

所以，這時 文殊菩薩就來恭賀你說：「你已經遊盡普賢身了。」遊盡普賢身以後要幹嘛呢？（有人答話，聽不清楚。）大聲一點！要示現成佛啦！成佛的事是當初因地三歸時早就發過願了，爲什麼如今不敢大聲講出來？你往世三歸的時候就發過這個大願了——佛道無上誓願成，何況三大阿僧祇劫遊盡了普賢身以後，怎麼不敢講出來？這就是「普賢菩薩」的來歷，他在十方諸佛演述《法華經》最後即將圓滿時就來了。他就是要示現給大家知道這個事實：每一個人都必須修普賢行，一切諸法具足實證以後就是普賢行的圓滿。

那麼普賢行的圓滿，有人是修了無量無邊不可思議阿僧祇劫以後還在修，有人則是三大阿僧祇劫就修完了，修完之後也是繼續再行普賢行。也就是說，成佛之後永遠不入涅槃，繼續行於無量的普賢行，才能利樂眾生永無窮盡。那麼，行這個普賢行是無止盡的，這就是你剛入初地時所發的十大願；一般說為十無盡願，因為那個願是無窮無盡去實行的；實證的祖師們懂這個道理，所以說：「虛空有盡，我願無窮。」那麼這樣看來，行普賢行容易不容易？沒有進正覺以前，還不知道佛法要如何實證之前，你如果知道普賢行是這樣的話，你大概會想：「那我慢慢來、慢慢來。」可是進了正覺，當你知道佛法真的可以實證以後，開始心量擴大，雄心壯志就發起來，終於敢說：「好！我要努力行普賢行。」所以說，《妙法蓮華經》的道理講到這裡快圓滿了，普賢菩薩一定要來。

但 普賢菩薩來了，就表示這部經典也快要講解圓滿了。所以，當大家看見 普賢菩薩前來的時候，那些大菩薩們說：「哇！完了，沒得聽了。」一般菩薩們不知道這事情，大菩薩們可都知道：普賢菩薩前來的時候，就表示佛陀講的這部大經快要圓滿了。因為既然都已經「普賢」了，當然就是即將圓滿了，不然怎麼可以說是「普賢」呢！這就是普賢示現菩薩行的道理，所以《妙法蓮華經》從實證開始到最後圓滿，要歸結於普賢身和普賢行來。

可是普賢行有一個標準模範，就是十大願王。如果瞭解了普賢菩薩的十大願王，心量小的人一聽可就嚇死了，何況敢真的發願去修呢？然而，諸位現在知道佛法是實證的，不是玄想，不是思想，更不是玄學，那麼你就應該要發願：普賢菩薩的十大願王，我願意盡未來際受持。為什麼要鼓勵大家受持這十大願王？因為要依十大願王去修普賢行，佛道才容易成就；當你如實信受普賢的十大願王，並且開始付諸於實行時，表示你的心量已經很大了，這也表示你對於佛道的次第內涵有了基本的瞭解。當你確定自己可以如實踏上佛菩提道，不再是空想，不再是想像，你就願意接受「普賢十大願王」。而你接受了這十大願王以後，有什麼好處呢？就是你修學佛菩提道會變得很順利，可是外帶一句話：你同時會很辛苦。今天講到這裡。

兩個梯次禪三過完，好像老了一年；所以接下來，現在每天要賴床，得把這一年的體力恢復回來才行。《妙法蓮華經》〈普賢菩薩勸發品〉第一段，上回已經語譯完畢，接著要來解說一下：普賢菩薩是不請自來，都不必 世尊放光照耀警覺他，該他示現時，自己就來了，普賢菩薩的「自在神通力」是不可思議的。這樣一位菩薩而代表著普賢行，這個普賢行卻又是一切菩薩之所必修、必經，顯然他的示現有其特殊的意義，而且又是不請自來。其他諸佛世界的菩薩們，往往是 世尊放光照耀，然後他們從他方世界來到此世界，來共同圓成 釋迦古佛《法華經》的整個演說過程與內涵。可是 普賢菩薩卻是不請自來，意思是說，所有菩薩都必須自動修持普賢行，都要自動自發去行，不需要誰來警覺，也不需要誰來督促。

不但自動自發而行，並且還是普賢行，就是要普於一切賢聖之行而自動去修行。那麼這樣的菩薩代表著三大阿僧祇劫的實修已經完成，當然要在《法華經》的最後總其成而自動示現。所以修學佛法時，若不是自動自發而普遍行於種種的菩薩道，就表示他一定還在三賢位中，特別是還在第六住位之下，所以無法廣修普賢行。既然 普賢菩薩代表的是種種菩薩行的普遍完成，這就表示說，一切的菩薩行都要在普賢行的最後階段全部完成時，才算是完成了三大阿僧祇劫的普賢行。因此 普賢菩薩的示現，就代表著佛道的完成，而《法華經》是圓教的經典，是 佛陀一代時教最後圓滿時所說，而其內涵是從第一義諦「此經」如來藏出發，談及十方三世一切佛教的圓成，所以 普賢菩薩當然是在最後來自動示現。

在《華嚴經》中說，普賢菩薩的身相猶如虛空；虛空是無量無邊的，虛空沒有量可說，也沒有邊際，所以普賢行就像虛空一樣的廣大；也就是三大阿僧祇劫之中，得要歷盡十方世界種種佛國，奉事供養十方世界非常多的諸佛以後才能夠成佛。在這個過程中，有時在此方世界，有時去東方世界受生奉事某一尊佛，有時又去到西方某一個世界奉事某一尊佛；這樣子三大阿僧祇劫之中來來去去，遍到東西南北、東南西南、東北西北、上方下方無量無數諸佛世界，所奉事過的諸佛其實難以計數。在第一阿僧祇劫中正是這樣的學佛過程，直到最後終於在福德具足的狀況下，由應身佛再度前來接引而得入地，並且接受了授記；可是這還不足以完成普賢行，因為普賢之行說白一點，就是從初信位開始，依於迷信而後仰信的狀況，奉事無數諸佛，然後終於得以進入初住位中。這個過程，一般人大約要一萬大劫，如果根性猛利，並且是菩薩種性深厚的人，他可能在五千劫、一千劫、一百劫，甚至於有的人短到十劫、五劫、一劫，就完成十信位的修證；所以《起信論》告訴我們說，菩薩們修學十信，從一劫乃至一萬大劫。

但是入了初住位以後，需要供養奉事的 佛陀就更多了，否則無以具足第七住位見道時應有的福德。如果勉強見道，往往出現許多預料之外的狀況，於是導致他的異生性發起而退轉。這幾乎是所有佛弟子都不得不經歷的過程，除非是菩薩種性很好、性障淡薄，否則都難免要經歷這個過程，但這也是普賢行的最初階段，所以都是正常。諸位如果看見某一些人在學佛的過程中，往往跟隨了表相大師而沾沾自喜，卻不知道已經被他所崇拜的大師嚴重誤導，反而回過頭來說：「你所追隨的上師不對，你所修學的如來藏法義是外道神我。」諸位對這種事情其實不必覺得奇怪，也不需要憤憤不平，因爲這也是他們必須要經歷的過程。而我們大家往昔很多劫之前，大多數也同樣經歷過這種過程；只是對方學佛以來不過幾劫或者幾千劫，所以這種事情在他們身上繼續發生，也都是正常的現象；因此諸位應當對此見怪不怪，畢竟我們這個時代是五濁惡世。

所以說，普賢行其實是包括了五十二個階位的實修。在初信位中，單單對三寶的具信這一項，他就已經是進進退退的。那麼要他在實證上面能得自在，絕對非常困難；所以善知識親自送上門去，一樣度不了他的，因爲普賢行本來就包含了十信位。即使對三寶的信圓滿了，轉入初住位中，可是在六度的實修上面，他們仍然是有問題的，因此就像俗話說的：「一天打魚，三天晒網。」道業的進展當然很慢。從實證的菩薩來看，道業的進展亦復如是，縱使自覺非常緩慢，緩慢的原因有時是有自覺的，有時這個緩慢卻是事實。自覺緩慢，不一定是緩慢；因爲當你實證後邁開一小步，對於一般的學佛人來說，這距離卻不只是一大步，往往就是十里地、二十里地，但你自己並不覺得快。

所以實證後，如果有善知識指導，快速往前進時，自己往往並沒有感覺，因爲周遭的同修們都是以同樣的速度在前進，你就不會覺得自己進步很快。就好比一群人都像蝸牛那樣慢慢爬的時候，你以人類正常的步伐行進，相較之下才會覺得自己好快。但如果周遭的人都跟你一樣快速前進，你不會覺得自己進步很快。可是你經過悟後起修一年的智慧，一般人在你悟後一年重新聽到你談論佛法時，他們必然覺得你的智慧深不可測；但在此之前，你並沒有覺得自己的智慧多麼高。直到以前共同學佛的一些同修們聽到你說法以後，個個覺得很驚訝時，你才會感覺到自己的智慧和一年前是多麼不同。所以，每一個人在佛菩提道的實證上，都同樣要經歷五十二個階位的過程；你現在所看到的情形，只是顯現出自己是否比別人早了很多劫就開始修行，只是顯現這個事實而已。但是這個道理，很難令人信受；所以一般而言，在任何五濁惡世的佛土中，眼前所見佛教界的現象，都將會繼續存在；因此五濁惡世中的學佛環境，是困難的、是艱辛的，偶然還會有危險；但這都是正常的現象，不必在心中感嘆，更不必從心中發而言之。

那麼，普賢行的最具體代表，就是《華嚴經》所記載的〈入法界品〉之中，善財大士五十三參的過程。善財大士從一開始，他修的就是童子行，修童子行來示現這五十三參的過程是最恰當的。那麼，始從初信位開始，五十三參最後完成，參訪了五十三次的善知識以後，證得了五十二個階位，成為妙覺菩薩，已經是大士了。可是《華嚴經》中卻說，他這樣完成了五十二個階位的修證以後，進入了妙覺位 彌勒菩薩的大寶樓閣之中，親見一切無量妙寶，也就是具足一切佛法了，卻說他這一切都只是遊於普賢身中。

也許有人覺得奇怪，三大阿僧祇劫十方世界來來去去，竟然都只是在普賢身中遊行經歷，那麼普賢身是否如同十方虛空一樣無量無邊的廣大？確實，普賢身就是那麼無量無邊廣大，但是不會大家互相重疊。這個道理，初想不免生疑，然而說明透徹以後也就無疑，這也是法界中的事實；所以，善財大士五十三參完成五十二個階位修證以後，竟然只是遊完普賢身。這就是說，對於普賢身不能依文解義。

譬如禪宗有一個公案，有人來問禪師說：「如來法身放之猶如須彌，收之猶如芥子。」那須彌跟芥子大小不能相提並論啊！可是有時竟然又說：「納須彌於芥子中。」於是有人來問禪師，禪師就說：「刺史啊！你一生所讀那麼多的書，譬如世俗人講的學富五車，」禪師接著問：「摩頂至踵如椰子大，萬卷書向何處著？」也就是說從頭頂到腳底，綜合來說其實也就是腦袋在領受罷了，所以就問：「你讀過的萬卷書籍內容，是放在哪裡？」對啊！如果問問你們諸位，從幼稚園開始，現在幼稚園也有課本呵！從幼稚園讀到大學畢業；且不說博士，只說讀到大學畢業，你把那些書疊起來看看，可能要疊到三樓去了，沒有五車也有一車吧？若是加上參考書，小貨卡一定裝起來剛好；然後我問諸位：「你讀了那麼多書，摩頂至踵不過這麼小小一個身體，主要還是存在腦袋中，那書中的所有內容你都存在何處？」全都在你的心中啊！因為是心，所以收之可以放入芥子，放之可以超過須彌，心才有這個特性。

同樣的道理，五十二個階位的實證，在十方諸佛世界來來去去，不斷地遊歷；可是這全部的遊歷過程，都是你覺知心在修行、在遊歷，你一世又一世用七轉識去修行，但你每一世的七轉識不曾外於你的如來藏境界之外，當然是在自己的普賢身中遊歷與修道。一般人想不通，大師則是胡亂說，大眾卻只看表相，也就胡亂信、胡亂修，所以叫作盲修瞎練。可是我說的「普賢身」這個道理，古今少人知，因為這是唯證乃知之事；但是有智慧把它解說出來以後，大家聽了也就明白了。譬如說古時候，不迴心大乘的定性聲聞有幾十位，他們捨壽時——當第一位定性聲聞羅漢捨壽時，入了無餘涅槃，是他的五陰十八界全部滅盡了，所以成為無餘涅槃。那麼，當他滅盡了五陰十八界以後，六塵是不是滅了？是滅了。而他滅了十八界時六塵也滅了，是不是所有人都不再有六塵了？

問題就在這裡，顯然他所滅掉的六塵，不是外相分的六塵，而是他自己內相分中的六塵。這是因爲十八界是各人的十八界，人人都具足十八界法，不是大家共有同一個六塵。所以，世尊在四阿含諸經中曾經幾度說過「內六入」與「外六入」。外六入是扶塵根之所入，內六入則是勝義根之所入。那麼，外六入由扶塵根攝受進來，如來藏依外六塵而在你的勝義根之中變現了內六入的六塵，這個內六入的六塵是在勝義根之中，是如來藏在你的勝義根之中變現出來的。那麼，勝義根接觸了六塵之後，六識就在其中出生，所以六識只能接觸到內相分的六塵，沒有接觸外六塵。因此，二千五百多年前，第一位不迴心的阿羅漢入無餘涅槃時，他滅的只是他自己的內相分六塵，不是滅外相分的六塵，否則今天我們都沒有六塵可以觸知了。

假使世間的六塵已經被第一位阿羅漢入涅槃時滅除了，別說我今天能在座上講經說法，你們能在下座聽經聞法；其實你們連來正覺講堂都沒辦法，因爲沒有六塵境界，你們根本就無法前來正覺講堂。沒有外六塵的時候，既看不見也聽不到，也沒有觸覺而摸不到接觸地面的感覺。所以如果有人說：「我摸著爬著也去啊！」但一定摸不到講堂來，因爲你們既沒有觸覺，要怎麼摸著來講堂？連觸塵都不在了。因此，所有有情七轉識的運作，其實是在內相分的六塵中運作；而內相分自始至終都在自己的如來藏心裡面，從來不在如來藏心外面。那麼，你們覺知心在人間一世、在天上一世，或者那些惡業眾生在地獄中一世，其實全都在自己的內相分之中生活或修行，不論快樂或痛苦，都只是自己的內相分。既然每一世七轉識的生活、修行，全都只是在自己的內相分之中，而內相分是只在如來藏心中存在的，那你何曾外於如來藏而存在？此世如此，過去、未來的無量世、無量劫中當然也是如此，那麼修行三大阿僧祇劫以後成佛的過程中，不也都是如此嗎？那你們還有誰能住於自己的如來藏以外修道成佛？這道理對一般人來講會有一點深，但是諸位熏習、熏習也很好，因爲我們有很多人是聽懂的，也可以現觀的。

接著再來說，這一世在娑婆世界的生活，是活在自己的內相分六塵之內，不曾外於如來藏；往前推究到無量劫去，經歷過許多佛世界，一樣是如此。再往未來作推尋，這個比量仍然不會錯誤；所以未來在成佛之道的修證過程之中，每一世依舊是在自己的如來藏所生的內相分裡面修道。那麼，往前無量劫來到這一世以及未來的無量劫後，乃至成佛之後繼續利樂眾生永無窮盡，仍然都是在自己的內相分之中，所以說三大阿僧祇劫的成佛之道過程，都只是遊於自己的如來藏之中。當你歷經三大阿僧祇劫修行，把「此經」如來藏中的一切都弄清楚了，不就等於遊盡如來藏身了？那麼要請問諸位：你們將來成佛的時候說是遊盡普賢身，普賢身是哪個身？（眾答：如來藏。）諸位聽懂了，所以我有知音了。如果到外面去講，我能說給誰聽？所以，每週二來這裡講經是我最快樂的時候，因爲知音齊聚一堂。到了會外，我只好口似扁擔，不然就是嘴掛壁上，無法爲大家演說這種勝妙法的；那時一張嘴只能管吃飯，能爲大家說什麼佛法？若是要談粗淺的表相佛法，卻不必我來講，自有大師們會說。譬如跑到餐館去，人家講什麼佛法，我都聽不得；只能吃飯，嘴就專門用來吃飯。

所以說，善財童子五十三參，最後到了　彌勒菩薩的大寶樓閣之中，看見無量無邊的勝妙珍寶，就表示對自己如來藏中的一切妙法無所不知、無有遺餘。那時你就是進入了　慈氏菩薩的大寶樓閣中；而這個大寶樓閣就是你自己的「此經」妙法蓮華，正是如來藏。所以《華嚴經》說，善財童子經歷五十三參之後，修完五十二個階位的一切諸法，才能進入　彌勒菩薩的大寶樓閣中，接著就是等待一個適當的時機下生人間成佛。《華嚴經》的要旨就在這裡，那麼這一品就把它叫作〈入法界品〉。爲什麼是入法界？因爲經由這五十三參、五十二個階位的實證，就是進入如來藏的一切諸法功能差別中去把它完成，就叫作〈入法界品〉，法界就是諸法的功能差別。

那麼這樣看來，普賢菩薩所代表的到底是什麼？就是五十二個階位的全部實證。可是話說回來，普賢菩薩的這一種證境，其實不止是依於十方佛國而證，更是依於自己的自心眞如的眞實法性、如如法性而證。所以，有的祖師會讚歎說：「普賢菩薩現身無量以度眾生，普遍感應一切眾生而示現無量身。」這話說得眞好，諸位想想看，從〈妙音菩薩來往品〉到〈觀世音菩薩普門品〉，告訴大家說，妙法蓮花如來藏遍及十方世界，而且是普門示現；那麼大略來說有三十二種身，細而推之則有無量身，這個無量身講的其實都是普賢身。

那麼如果有人智慧深妙，現在也就應該想到：「啊！我知道了，就是如來藏身——妙法蓮花如來藏，我這個五陰現在也就是如來藏身，因爲這就是如來藏之所化現。」所以，一世化現一種身，二世化現二種身，無量世便是化現無量種身；才說「普賢菩薩」爲了利樂眾生，顯現無量身來感應眾生的需求。那麼「普賢菩薩」到底是誰？（有人答：如來藏。）對啊！就是如來藏！你身中的「普賢菩薩」一劫又一劫、一世又一世，不斷地示現不同的身相給你。你需要什麼身，祂就示現什麼身：有的人持五戒，想要保住人身，「普賢菩薩」就爲他的下一世顯現一個人身。有的人不信因果，也不信有如來藏，那麼他造了種種破法的大惡業以後，他下一世的果報需要一個地獄身，他的「普賢菩薩」就爲他示現一個地獄身。有的人修十善業、不犯眾生，依因果律，他的下一世需要一個天人身，「普賢菩薩」就爲他應化一個天人身。有的人修學四空定成就，未來可能四萬大劫、八萬大劫都不需要色身，祂也爲他示現一個無色的功能差別。所以不管什麼身，「普賢菩薩」悉皆示現。這其實都是隨於三界六道、四生二十五有、一切有情眾生的需要而一一示現，所以說，不論去到什麼世界，在十方三世一切世界中，有著無量無數的佛土，而這一些佛土都有「普賢菩薩」示現種種諸法功能差別，讓大家可以入諸法門。

且不說十方世界，單說我們這個娑婆世界便好，有的人就是須要去學習一些教訓；譬如那些專門推廣雙身法的喇嘛們，他們就是須要學習教訓，當他們捨壽以後，他們各自的「普賢菩薩」已經為他們各都準備好來世廣大的地獄身，所以將來承受那個廣大地獄身時，受苦也就很廣大。那時廣大身好不好？當然不好啊！快樂的時候如果遍身樂，廣大身最好；領受痛苦的時候，身體最好只有一個針眼大。可是下了地獄，身量都很廣大，越往下越大；阿鼻地獄的身量最大，並且壽命最長。因為那些喇嘛須要這些教訓，不經過這些教訓，他們就不信邪。所以你再怎麼跟他們說明密宗的法其實是破壞佛法，他們是不相信的。

他們一定要未來世親自去經歷地獄身，得到了教訓以後，從阿鼻地獄上來無間地獄，然後八大寒冰地獄、八大火熱地獄、邊地各種小地獄都經歷完了，才能再來當餓鬼，然後當畜生；就這樣次第經歷，最後回來人間，他們的心性才有可能改變了。心性改變而變成一個溫柔敦厚的人，不再強行侵欺眾生，不再騙財騙色，也不再謗佛毀法，就表示他們學佛的因緣正式成熟，而這是誰的功勞？（大眾答：「普賢菩薩。」）對啊！諸位有智慧，都是「普賢菩薩」的功勞。「普賢菩薩」就為眾生這樣不斷地示現無量的化身，一世又一世；在人間化現這個人身，在天上化現天人身，在地獄化現地獄身；這可不只是世俗法中講的天上人間，因爲還包括三惡道在內，但這些都是「普賢菩薩」之所示現。

那麼地獄中的種種境界與功能，「普賢菩薩」也具足，否則怎麼能爲他們變現那個廣大的地獄身呢？如果上了四禪天，那一些法的功能差別，「普賢菩薩」也具足圓滿了，所以祂能夠爲一個證得四禪的人，變現來世的四禪天身，是那麼廣大而沒有負擔。不但如此，當眾生需要一個初果身，或者需要一個二果、三果、阿羅漢身，或者緣覺身、菩薩身，乃至到達妙覺菩薩位的菩薩身，當眾生有需要時，「普賢菩薩」普皆示現。所以一切三界萬法的功能差別，也就是一切三界萬法的法界，「普賢菩薩」莫不悉知。

那你想，「普賢菩薩」是不是能夠讓眾生在祂的法界之中不斷遊歷，而最後成就究竟的佛道呢？當然行啊！所以《華嚴經》才說，善財童子參訪了五十三位善知識，完成了五十二個階位的功德以後，也只是遊歷完了普賢身—入法界—具足了知如來藏中一切法的功能差別；正因爲遊盡普賢身了，所以他能夠進入 彌勒菩薩的大寶樓閣中，擁有其中的一切財寶，也就是獲得了「普賢菩薩」身中的一切諸法。所以他這五十三參就是「入法界」，一切諸法的功能差別無有不入者。這樣來看，「普賢菩薩」還眞的偉大。

那麼「普賢菩薩」這樣子示現，就是在告訴大家，都要依於第八識眞如而修菩薩道。也就是說，你必須依於第八識如來藏——依妙法蓮花如來藏來修菩薩道，才能完成普賢行。那麼東方的那個世界，普賢菩薩從那邊來；東方表示是初生，也告訴我們諸法生生不息；依止於「觀世音菩薩」自性身、「妙音菩薩」自性身，也就是「妙法蓮華經——如來藏」而廣行普賢行；不應該像日暮西山一樣，而應該像旭日初升一樣，大家應該有那個朝氣，不要暮氣沉沉在修菩薩道。

所以，菩薩道不是一個消極的修行法門，而是積極奮起的菩薩道行；因此這個菩薩的法道就必須有一位菩薩永遠來作示現，來彰顯菩薩道必須要歷盡普賢行才能完成的道理。也因爲這個緣故，所以一代時教圓滿時，最後一品是〈普賢菩薩勸發品〉，是大家要效法　普賢菩薩廣修普賢行；若能廣修　普賢菩薩倡導的普賢行，你就能夠入諸法界，也就是進入一切諸法的功能差別中，無有一法會被遺漏，便能成佛。那麼　普賢菩薩正是因爲具足這樣的淨願，而且很久以來就已經完成一切的普賢行，所以 普賢菩薩也代表著無量法界，也代表著無邊的自在，所以 普賢菩薩於十方三世一切法界之中，自在無礙，而且普能於一切佛土之中自在示現。

有時祖師會說：「普賢菩薩就像觀世音菩薩一樣普門示現。」每一個有情都有門戶，人類的門戶有六個，所以叫作六根門頭。如果是蚯蚓，能有幾個門戶？很少了！不只一個，你怎麼可以比個一呢？你想想看，蚯蚓得要吃土，牠也會有一分味覺；牠在泥土中爬來爬去，怎麼懂得爬呢？一定要有一分觸覺。當牠有觸覺的時候就一定有內覺、外覺，由於身根中的內覺才使牠能夠感受到餓，牠才得要去吃土，否則牠都沒胃口了；牠一定也有很好的觸覺，所以下雨了就趕快爬上來，天氣熱了趕快爬進更深的地底，都因為牠有觸覺，因此這樣可以說牠叫作二根門頭普賢示現，我們人類則是六根門頭普賢示現。

可是話說回來，那一隻蚯蚓應該叫作三根門頭，因為牠一樣也有意根。如果是細菌呢？就更少了。如果下了地獄呢？一樣是六根門頭，而六根全部凡有所觸悉皆是苦，所以那個地獄的環境不好玩。可是，即使那樣忠劣的法，那一些痛苦的功能差別，「普賢菩薩」也都為那些地獄有情普遍示現。所以，將來你們成佛時，就看見自己的普賢身中有無量法界，那時只要看著自己的法界，就能為眾生宣說無量無邊諸法。那麼正當地獄有情在地獄中受諸苦惱時，他們的「普賢菩薩」卻依舊是眞實如如自在而處於痛苦境界中，但祂依舊是無所住而仍然如如無苦。

那麼這樣無量自在的普賢境界，並不受任何三界種種諸法所侷限，而能夠自在地示現。所以，十方諸佛成佛之後，講完《無量義經》，開講《法華經》之後，普賢菩薩就等待著《法華經》即將圓滿的時候而來示現。因此，「普賢菩薩」於一切身中普皆示現，而且祂永遠行於普賢行；不管眾生造作什麼業，他身中的「普賢菩薩」依舊是行於普賢行，永遠不離不棄；需要教育就給那個眾生教育，需要讓他學法就給那個眾生學法。例如諸位在正覺講堂學法，若不是有「普賢菩薩」，你還學不到法；一定要你有一位自己的「普賢菩薩」在，祂對你永遠是普遍地作賢聖之行，你才能從正覺講堂學到正確的佛法。

也許有人懷疑，或許有人今天是第一次來，聽著聽著，心中斗大的問號遍滿虛空之中；這也沒關係，我們剛剛講過「普賢菩薩」遍十方界，因爲不管從哪一世去到哪一個世界，十方三世來來去去受生，結果都在自己的普賢身中。那麼，就好像世俗法中的「上窮碧落下黃泉」，那範圍還很小，而黃泉不過是鬼道境界而已；十方三世一切虛空中的一切佛土，那是多麼廣大，這樣十方去經歷；而在各個世界時，往往下從阿鼻地獄，上至非想非非想天，不斷地經歷而無礙於「普賢菩薩」的示現。

這還不算，這一些法算來還不夠多，可是「普賢身」中還有許多煩惱障習氣種子隨眠的對治法門，還有所知障隨眠的對治法門。所以，祂的法無量無邊，只看眾生的因緣，當眾生需要的時候，就可以從祂身中學到這一些法；而眾生們各自的「普賢菩薩」永遠是這樣自在示現，只要眾生有能力修學，祂就全部示現一切諸法，所以「普賢菩薩」普遍示現於一切佛土之中。那麼諸位說說看，什麼是佛土？你這個五蘊就是你的佛土，而「普賢菩薩」就在你這個佛土之中示現一切諸法，那就看你能不能實證。所以這個實證要歷經三大阿僧祇劫，不是沒道理的，因爲普賢菩薩這個大寶樓閣之中，是具足無量諸法，而不是眾生所能稍加瞭解。

比如說，最粗淺的斷我見，在咱們正覺弘法之前，佛教界有人講出一番道理來嗎？沒有！那麼阿羅漢境界，以前佛教界好多人自稱證得四果，可是都沒眞正講出個道理來；等到我們《阿含正義》出版完了，那些「阿羅漢」們一個一個消失了；似乎他們入無餘涅槃好快，就在佛教界全部消失了；可是他們的五陰並沒有消失，就是還沒有入涅槃，只成了因中說果而使人間不再有阿羅漢了。即使將來有人讀了《阿含正義》如實修學，重新再把阿羅漢果實證了，也是從他的「普賢菩薩」的功德中來實證的。

再來說證眞如，我們弘法之前，誰在講眞如應該如何證呢？接著講見性好了，眼見佛性的人可以在山河大地上，遍虛空、遍山河大地看見自己的佛性，你要怎麼想像？又說，也可以從別人身上看見別人的佛性，同時還可以在別人身上看見自己的佛性，你要怎麼想像？這都是唯證乃知，無法想像，阿羅漢與諸凡夫眾生一樣無法想像菩薩這個證境的。那麼，如果講到入地前那個如夢觀，或者說三地心圓滿時，時時刻刻都可以有色陰盡的境界，處於暗夜中如同白晝一般，你又如何想像呢？這都不是神通境界，而是色陰盡的境界，這跟神通無關。暗夜無月無星，電燈全部關掉，整個臺灣全部大停電時，他照樣看得清清楚楚；而且遠近無所差別，遠的地方、微細的地方，他也全都看得清楚明白，色陰盡是這樣的境界。暗夜所見時，就像你有一張彩色照片，不小心跌進寫毛筆字的墨水裡面，趕快拿起來用水沖一沖，沖完了還是彩色相片，但有一層極淡的黑色覆蓋著，色陰盡時所見的景象就像這樣。三地滿心菩薩是每一個晚上都這樣過的，那你怎麼想像？是他的覺知心所辦到的嗎？這其實也是他自己的「普賢菩薩」之所顯現。

接著六地滿心受陰盡，七地想陰盡，乃至行陰盡而成十地滿心法王子了，你要怎麼想像他們那些境界？但這一切將來都在你自己的普賢身中，就是在你的如來藏「妙法蓮華經」中，就看你怎麼樣去實證？這些都不是不可實證的，所以我把自己的體驗告訴大家。既然到三地滿心前這些都是可以實證的，那麼顯然我講到這個地方為止的佛法，佛陀都沒有騙我們；既然如此，後面又何需騙我們？根本就不需要。而一切成佛之道中所必須斷除以及必須實證的內涵，全都是由各自的「普賢菩薩」所變現的。從這裡，大家就可以瞭解，普賢身中有無量無邊法界，而普賢身就是你的「此經」「妙法蓮華」，不是別物。

因此世尊一代時教，後面講到《無量義經》時已經預記要入涅槃了，接著宣演《妙法蓮華經》而在最後圓滿時，普賢菩薩當然要來示現這個道理，否則這《妙法蓮華經》如何能夠收圓呢？然而諸佛成道轉法輪以後，就是要這樣收圓，全部收攝在第八識「妙法蓮花」如來藏心中；所以咱們正覺才有能力講這部收圓的經典，因為我們是實證者。三大阿僧祇劫所修的一切萬法，方便拆解為三乘菩提而宣說，最後就以宣講《妙法蓮華經》來收圓，一定要來到〈普賢菩薩勸發品〉中才能全部收攝圓滿。可是，這個〈普賢菩薩勸發品〉要顯示的道理，仍然是古今少人知。

那麼這樣看來，好像「普賢菩薩」是一味無知的嗎？不！那只是說祂不落在六塵境界中而已，所以對於尚未實證般若的凡夫菩薩們，要告訴他：「法不可見聞覺知，若行見聞覺知，是則見聞覺知，非求法也。」是為了幫助大家可以實證而這麼說的。然而當你實證之後，卻告訴你：「你身中的普賢菩薩就是如來藏，如來藏又名阿賴耶識。」阿賴耶識這個「識」字是什麼意思？識即是了別。請問：「人家問你說：你認識他嗎？」「認識啊！」那表示什麼？你對他是有所了別的。識就是了別，既然叫作阿賴耶識，怎麼可能沒有了別性呢？所以，阿賴耶識「妙法蓮華」有很多的了別性，只是不在六塵境界之中作了別，所以一切菩薩在因地時，祂都能夠廣行普賢行：該下地獄就下地獄行普賢行，該上天享樂就在天上享樂之中行普賢行，而祂依舊是一味眞實而如如，永遠如如不動其心；在不動其心之中卻不斷地生其心，以感應眾生之需要，所以《金剛經》才說「應無所住而生其心」，正是這個道理。

所以說，眾生不知道「普賢菩薩」在自己身中時時刻刻示現著，因此膽敢否定本經中理說的「妙音菩薩、觀世音菩薩、普賢菩薩」，因此膽敢否定自己的「妙法蓮華」如來藏的眞實存在。可是他們沒有想到的是，他們身中的普賢菩薩，對於他們的任何一念都清楚了然。眾生但有起念，每一念「普賢菩薩」悉皆了知。那麼這樣瞭解 普賢菩薩的背景了，接著講這個〈勸發品〉時就快了。也許我們今天把它講完，也許下一次講經就把它講完了。不過今天講完的可能性很小，因爲我一向短話長說、小法大說。

回到經文來說，這時「普賢菩薩以自在神通力」，他的威德盛名普聞於十方了，這時他跟許多大菩薩，其數目是無量無邊不可稱數，遠從東方世界而來。他所經歷的「諸國普皆震動」，降下了寶蓮華，又作出「無量百千萬億種種伎樂」。事上是如此，可是理上呢？當「普賢菩薩以自在神通力，威德名聞」而與你身中無量無邊不可稱數的大菩薩眾，天亮的時候從東方來了，所經的諸國無不震動。所以這時你每一個細胞全都醒過來了，於是許多的寶蓮華—就是許多的妙法—全都出生了。那許多的妙法，如果你有智慧就看見了，沒智慧你就看不見。

想想看，八識心王有五十一個心所法，這些心所法妙不妙？妙啊！即使是那個煩惱法，也妙啊！如果不是那一些煩惱心所法，你還不會踏進正覺來學、來證這個妙法呢！何況還有別境、遍行等心所法，善十一等心所法；乃至於心不相應行法，十一個色法；又如最後的六個無爲法，有時候說九個無爲、十一個無爲等等，全都是妙寶蓮華，其實全都跟你在一起。例如眞如無爲好了，眞如無爲一定要算是妙寶，可是眾生都瞧不見；就算妙寶蓮華每天在那邊飄，他們也是視而不見。

所以當你看見了，大力讚歎說：「善哉！善哉！爲何我到今天才看見？」只好大大的感嘆，然後有一天想起來說：「哇！我學習諸法以來，在正覺學法很辛苦，因爲要作功夫。若是沒有功夫，定力不夠，悟了也沒用；所以，每天要無相拜佛念佛，然後還得要修集福德，我也得護持正法。哇！好累！」有一天心就累了！身體倒是不累，只是心累了。初學菩薩往往都會覺得累，所以你如果曾經有一天累過，表示你是新學菩薩；那你們有沒有累過？沒有呵！（大眾笑…）對啊！就是這樣啊！那麼有一天，也許想想：「累了。」重拾以前的娛樂，把吉他取出來，把音階調一調。調好了，隨便彈個歌，也不錯啦！「哥哥爸爸眞偉大……」也行啦！這時我告訴你，可不是只有樂音，其實還有「無量百千萬億種種伎樂」伴隨著你，裡面其實有無量無邊法，只是你自己不知道。

可是等你有了種智以後，你會發覺：「哇！這裡面也有無量無邊寶物。」於是每天，也許心想說：「我應該讚歎祂，可是我應該怎麼樣表達對祂的感激呢？」於是就同樣那一首歌唱起來也很好啊：「當我們同在一起，其快樂無比。」就這個樣子嘛！（大眾笑…）所以，有一位禪師自從證悟之後，每天都喊著：「快活啊！快活啊！」就是這個道理。一般人不能理解，明明這位禪師過得很勤苦，因爲古時叢林都在山上，人家來布施也不容易，物資往往缺乏，大家都過得很勤苦；地上掉了一顆稻穀都得要撿起來，都要珍惜，哪來的快活呢？

有時典座看見僧眾過得那麼勤苦，和尚剛好有事下山公辦了，心想：「這個機會得來不易。」趕快弄一點油和著麵炸一炸，大家祭祭五臟廟；沒想到和尚提前回來，當場算完了帳，剝了他的僧衣，燒了他的戒牒，就把他趕出去了。古時候，叢林僧眾大部分都過得很苦，但是有法樂自娛。那位禪師，你看他過得那麼清苦，他卻每天大呼：「快活啊！快活啊！」原因何在？因為「我都跟『普賢菩薩』同在一起。」所以，你如果有時候覺得累了，唱一首「當我們同在一起」，又有何過？我說的，有道理吧？是啊！菩薩道不必過得很痛苦，學佛本來就要快快樂樂地學，何況你有「普賢菩薩」作伴。那麼這時你就曉得理上是怎麼回事了，所以 普賢菩薩一定是從東方來，不會是從西方來的。

那麼，普賢菩薩從東方來的時候，「所經諸國普皆震動，雨寶蓮華」，而且有「無量百千萬億種種伎樂」；一定要這樣子，所經過的諸佛國中一切菩薩們，就會看到「普賢菩薩」來了，一切伎樂都讚歎歌頌了。不只如此，還有「無數諸天、龍、夜叉、乾闥婆、阿修羅、迦樓羅、緊那羅、摩睺羅伽、人非人等大眾圍繞，各現威德神通之力」，來到娑婆世界靈鷲山中。事相上是這麼說，再從理上來看，其實每一個「普賢菩薩」都有天龍八部追隨，一定有的啊！所以，有時捨壽後，到忉利天去當乾闥婆；當完了，下來人間當鋼琴家、提琴家，反正都是音樂家。如果行善而捨壽了，再度生天當緊那羅，每天爲玉皇上帝大展歌喉；從那邊捨壽下來人間，不叫作音樂家，要叫作星——歌星。

你們看現代當紅的歌星都很有錢，是不是？你想不想去當？有智慧的人就是不想。當菩薩多麼好，雖然清苦一些，不必去當緊那羅；因爲你當了菩薩，生活不是很好、不奢華，而且很節儉。節儉得要命，省下來的錢都要去布施種福田，利樂眾生，護持正法，過得清苦；可是玉皇上帝暗地裡得要護持你，但那些歌星是爲玉皇上帝唱歌的，那你當然要當菩薩了。因此，咱們不要把自己普賢身中的緊那羅、乾闥婆拿出來用，也不要當天，不要當龍，更不要當夜叉、阿修羅，至於摩睺羅伽、非人等種子，就讓他們安息。對啊！你自己身中的非人、摩睺羅伽，可以請他們安息；遇到凶神惡煞破壞正法的時候，才把他們請出來。那麼這樣子，你每天早上起床，你的天龍八部跟著你這個佛土從東方而來，大家各現威德神通之力來到娑婆世界。當你醒過來時就已經到娑婆世界了，然後到達「靈鷲山」中，頭面禮拜「釋迦牟尼佛」。正覺的菩薩們每天生活不都是如此嗎？所以，你的「普賢菩薩」不會當「釋迦牟尼佛」，最後「釋迦牟尼佛」是由誰來當？是由你五蘊自己來當。因此每天早上供了果，上香禮佛時，無妨就像 普賢菩薩等大眾一樣「右繞七匝」示敬。那麼〈普賢菩薩勸發品〉講解圓滿的時候，諸位可以把這一段背誦起來，每天早上在 世尊聖像前，就這樣唱唸：「世尊！我於寶威德上王佛國，遙聞此娑婆世界說《法華經》，與無量無邊百千萬億諸菩薩眾共來聽受，惟願世尊當為說之。」然後，你就請問：「若善男子、善女人，於如來滅後，云何能得是《法華經》？」你如果還沒有找到普賢身的話，也無妨這樣作；或許你正在參禪，老是無法破參，每天早上就這麼辦。有一天，也許 釋迦老爸就在夢中為你指點了。只是有一點要注意，那時你不要用耳朵聽，耳朵聽不見 世尊的妙法，要用眼聽。

那麼，在《法華經》的說法過程中，東方世界的 普賢菩薩就是這樣子來為我們示現；其實就是告訴大家應當要這樣子，他就親身來示現，所以他

就這樣來向 世尊稟白，請求 世尊開示，這是爲大眾而求：「如果有善男子、善女人，在如來滅後，要如何才能夠得到這一部《妙法蓮華經》？」諸位想想，普賢菩薩從那麼遠的地方，帶了那麼多的大菩薩眾，以及無量無數的天龍八部等等來到娑婆世界，向 世尊提出了請求，竟然是說：「在如來滅後，要怎麼樣能夠證得『法華經』？」這就是告訴大家說，「妙法蓮華」有多麼妙、多麼妙。

「佛告普賢菩薩：『若善男子、善女人成就四法，於如來滅後，當得是《法華經》。一者、爲諸佛護念，二者、植眾德本，三者、入正定聚，四者、發救一切眾生之心。善男子、善女人，如是成就四法，於如來滅後，必得是經。』」普賢菩薩說了很多以後，最後歸結到這裡來：要怎麼樣證得？所以，這時 世尊必然要有所開示，佛陀就告訴 普賢菩薩說：「如果善男子、善女人成就了四個法，在如來入滅以後，將會得到『妙法蓮華經』如來藏。第一、就是爲諸佛所護念，第二、是種植了許多類的福德來作根本，第三、是入於正定聚之中，第四、是發起救護一切眾生之心。」世尊又說：「善男子、善女人，像這樣子成就了四個法，在如來示現滅度以後，必定會得到『此經』。」

那麼這樣看來，想要證得「此經」，還眞是有條件，條件不夠就無法證得。換句話說，不管哪一位善男子、善女人，如來滅度之後，沒有 如來可以親自指導了，那麼他必須成就這四個法才有機會證悟「此經」如來藏，所以證悟佛菩提不是沒有條件的。一般人學佛以後，開始修學禪宗。以前有一個道場，對於學禪的人跟學淨土的人，作了一個評論，他們說：「修學淨土法門的人，善根比較淳厚而肯布施。修學禪宗的人大多自私自利，不太願意護持正法。」他們如是說，上從和尚，下至比丘尼、沙彌都這麼說。但眞的是這樣嗎？不然！那是他們自己的感覺。假使他們說禪的時候，也能像我這樣講，他們的信眾會像他們講的那樣嗎？不會啊！

那麼念佛人呢？老阿公、老阿嬤們身邊有些積蓄，當然沒問題；反正他們到了暮年，最重要的是死後怎麼樣有一個好歸宿，求生極樂世界是一定可以去的，只是品位高低的差別而已。可是學禪時想：「到底我要怎麼開悟？開悟是要悟個什麼？而我開悟前要怎麼作功夫，你堂堂大和尚都沒告訴我。我來護持了好幾年，你都沒講出個什麼來；講公案時好像談得有道理，可是談到實證，啥也沒有！那你叫我怎麼掏得出錢來護持你？」對不對？「而且，你只印證出家徒弟開悟，在家居士一個也沒分，不太公平吧！」是啊！所以他的徒弟之中也有許多大富之人，可不曾看見哪一個人被他印證。

這其中的問題出在哪裡？都因爲出在不懂「此經」、不得「此經」。諸位看看，像這樣子建得一大片道場，花掉眾生一、二百億元，有意義嗎？那麼這個問題，都在於不曾具足這四個條件。所以我有時會說，那些大法師們，用的是眾生的錢財，把眾生的福報用在那一些硬體建築上面也就能了，也追不回來，無法還原。如果可以像電腦那樣，一點就復原，可就太好了。可是不能啊！因此，這是一切眾生修學佛法所必經的過程，否則何來十信以及六住位的修行呢？所以諸位也不必感嘆。然而我卻要說，那一些大法師們把眾生的福報拿來這麼用，其實是消耗掉他們自己未來世的福報，可是去布施的眾生不見得就損了福報，因爲畢竟種了福田，這就是說明他們讓眾生增長對三寶信心的十信位、乃至初住位的過程。所以他們不能證得「此經」，也是有緣由。

這就是說，想要證得「此經」，特別是在 佛陀入滅之後，要具備四個條件：第一、爲諸佛所護念。「爲諸佛護念」，講起來很簡單，可是實際上不容易。諸佛會護念某一個人，一定是隨著他的菩薩種性次第圓滿具足與否而有差別；諸佛只護念菩薩種性者，聲聞種性者不作護念，因爲那是隨緣而度的；讓他們死後入無餘涅槃，不必盡未來際護念他們。成佛時多多少少都會度得一些定性聲聞，而諸佛如來不必護念他們，因爲他們捨壽後都會入無餘涅槃。可是，菩薩種性的人生生世世行這一條菩薩大道，至少要歷經三大阿僧祇劫，不能沒有諸佛護念。

也許有人想：「有一尊佛護念，倒還信得過，憑什麼我會有諸佛護念？」我相信一定有人這麼想，然而不必懷疑，從十信位修到六住位圓滿，證得「此經」進入第七住位不退，這得要奉事供養過多少諸佛？諸位想想看，譬如以須菩提來說，他被授記將來成佛，在他成佛之前還得要再奉事供養三百萬億那由他諸佛；三百萬億那由他諸佛，那是要再修行多久？他在佛世已經入地了，在入地之前曾經供養過多少佛？打個對折好了，或者不必對折，就三分之一好了，也要一百萬億那由他諸佛。想想看，你如果修到第七住不退，再打個二折好了，是多少佛？所以一定是「諸佛護念」的。那麼要能得到「諸佛護念」，得要經歷奉事供養過多少佛，才能夠進到第七住位常住不退？所以，當你能夠實證「此經」時——你得到「此經」了，一定是「為諸佛所護念」才能得到。

那麼能夠得到「此經」，表示背後有「諸佛護念」著，在那個修道行道的過程中，是不是先要「植眾德本」？一定要種植非常非常多的福田，要在每一世之中種了很多福田；而且是歷經那麼多劫、那麼多佛，不斷地種植種種福田，修集非常多的福德來作為修道的根本，這就是第二個條件。可是好多人沒有這個正知見，因為他們讀到禪宗的那些記錄，例如《景德傳燈錄》、《五燈會元》，記載那些禪師們開悟時都只有一段文字。只有一段文字就悟得了，看來是很容易嘛！才剛來到，面見大禪師，一棍之下、一喝之下就悟了；有時只消一句話——溫溫柔柔的一句話，他也悟了。你看，那麼容易啊！也沒看見那些禪師們證悟之前作了什麼事、修了什麼大福德。

想想也對，可是自古以來，不但佛門中，就連世俗法中也都一樣，有個規矩叫作「為賢者諱」。他縱有萬般不好，看在他開悟的這件事情上，也就什麼都好，悟前的那些不好全都不要記載下來。所以大家都只看到祖師開悟時的那一小段記載，在他悟前究竟經歷了多少苦辛，都沒記錄下來，於是有些人就想：「聽說正覺同修會是確實可以讓人開悟的，我看到禪宗祖師都是這樣一見善知識就悟了；聽說蕭平實是證悟的人，那我去，只要見上一面，一定開悟的。」可是沒想到，這蕭平實盡跟你說一些無聊的話，一個機鋒也不肯給。因爲我奉行諸佛的告誡，我要看看他有沒有定力，看看他的慧力好不好，看看他是不是慢心深重，看看他有沒有具足福德，再看看他是不是有正知見。初來乍到，我憑什麼要相信他？而且早期我常常接見一些會外人士，那些我所接見的人，第一個直覺出來時都是「性障很重、福德大缺」。所以，我都只跟他們講佛法，都不講禪。因爲佛法之中，必須是具備了那一些條件以後，才可以實證的。

想想看，古時那一些不迴心的阿羅漢們，佛陀絕不幫他們證悟。阿羅漢心性已經很好了，因爲他們已經超越三界境界了，可就是因爲他們沒有菩薩種性，佛陀認爲像這樣的聖者，讓他們死後入無餘涅槃就好了，不必證菩薩的法，因爲證了沒用。他們證了以後，不肯荷擔如來家業，若是幫他們證了眞如，他們未來也是無事一身輕，只是等死。對啊！就是等死。不迴心阿羅漢證得第四果以後就是等死，不然爲何叫作「時解脫」？要等待死亡的時候到來，他就解脫三界生死，入無餘涅槃去，再也不來三界中了。

等死的人，我最瞧不起；如來既是這樣的看法，我當然要繼承。所以如果有誰說：「**我證悟之後，就可以入無餘涅槃。**」我就告訴他說：「**您老哥慢慢等吧！**」這樣的人，你傳他這個想要教導眾生無量世永不入涅槃的法，沒意義！他只想得法，得了以後，死時依舊入無餘涅槃去，那你度這個徒弟幹嘛？所以，證悟的第二個條件，一定是要「**植眾德本**」。像聲聞種性的那一類人，你叫他植眾德本，門都沒有！所以，不能只看禪宗那些公案裡面，祖師的證悟往往是一句話、一棒就悟了，但我們不會給他們這個機會，因爲祖師們悟前可也是江西、湖南不斷奔走十幾年以後，直到最後時刻才悟入的；然而被記錄下來的，就只是悟前的那一小段過程。

因此，我們會裡的教導，就是依照 佛陀的教導，但是一直有許多同修抱怨說：「**老師！我們又沒有多少福田可以種，你要求我們要有福德、要種福田，我們哪來的福德？**」沒辦法，我只好再開另一種福田；所以開了這個福田，再開另一個福田；我就開了許多福田，這個福田有人不適合種，我就再開另外一種福田吧！縱使沒有福田可以種，只要我們有心去開闢，一定有福田可以種，就這樣子自己去種。種福田同時也是改變心性的一個法門。種福田中的布施，就是布施貧窮——把貧窮布施掉；當貧窮布施掉以後，你的福德就多了，法上的福德就在不知不覺之間不斷增長出來，你這個「植眾德本」的條件也就具足了。「植眾德本」具足之後，接著該怎麼辦？這就要等下回分解了。

《妙法蓮華經》〈普賢菩薩勸發品〉第二十八，上週我們講到二〇三頁第二段第二行，說完了「植眾德本」，今天要先說二句：「三者、入正定聚，四者、發救一切眾生之心。」「正定聚」是相對於落入邪法中而不思出離，乃至於愚癡到繼續與大眾爭執，說他的邪法才是正法，猶如六識論的印順派法師、居士們。又如附佛法外道的密宗喇嘛和信徒們，相對於「入正定聚」，就說他們屬於邪定聚，因為他們的邪心已不可轉。當然，我們先得要來談一談邪定聚，邪定聚的人不一定是窮凶極惡，也不一定是斂財騙色像密宗喇嘛那樣，但因為他們一群人的邪心不可轉而說是邪定聚。

這一類人在佛門中，就是二大類，一種是在僧團中生活，持戒也清淨，但是卻不知道自己嚴重的毀破了菩薩重戒，因為他們謗菩薩藏，他們誹毀大乘，所以就成爲邪定聚者。那麼，在《楞伽經》裡面 世尊說菩薩藏就是第八識法妙義，毀謗菩薩藏的人是一闡提人——斷盡一切善根，說這樣的人出言否定大乘勝義妙法第一義諦時指責說：「這部經典、律教，不是世尊之所說，不是佛法。」當他們這樣的言語說出口時，就已經是斷盡一切善根的人，所以佛說這是二種一闡提人之中的一種。

關於這一種人，想要改變他們非常困難，他們永遠認同「大乘非佛說」的邪見，所以他們永遠不承認有第七識意根和第八識如來藏的存在。乃至於二十年來，我們已經有這麼多的書籍，從現量、比量、聖教量來說明佛法絕對不是六識論的常見外道法，但他們至今依舊不接受；所以到目前爲止，還沒有看見哪一個大山頭、小山頭的法師們，出來承認說六識論是錯誤的，他們繼續堅持六識論的邪見而與常見外道合流，成爲邪定聚的人。

甚至於爲了救他們，我們有一位游老師寫了一本書，在釋印順門下轟動的，書名叫作《霧峰無霧》，就是想要拯救他們。可是，他們的比丘尼竟然打電話去正智出版社說：「你們有一本書有問題。」「如何有問題？」我們義工菩薩問她說哪個地方有問題，她又講不出個所以然，只是說有問題。我們義工菩薩說：「是因爲妳讀不懂，所以妳覺得有問題，不是那本書有問題。如果妳們覺得那本書有問題，應該要寫書出來回應。」然後就談不下去了，因爲話不投機三句多。所以這種人就是邪定聚，因爲她們的邪心入腑牢不可拔，你想要怎麼樣去挽救她們都不可能；只能挽救她們一些外圍的學佛者，比較有希望轉變其中的少數人；因爲她們既然打電話來抗議，表示外圍者受到的影響很大，害她們的利養受損了，否則不需要來電抗議；這就印證了那一本書的效果，所以這一些人就是邪定聚者。

那麼，還有一種就是密宗四大派都是邪定聚者，只有一派覺囊派不是邪定聚者。但是覺囊派現在也有一個問題需要解決，他們不知道古時候篤補巴、多羅那他的年代，是爲了掩護在密宗裡面生存的合理合法的環境，所以表面上有雙身法的弘傳作個幌子；因爲在中原的皇帝都是修雙身法的、信密宗的，所以乾脆到西藏去投胎。但是，那個環境中有時必須表面上跟他們一樣，否則你沒有辦法度人；大家若是一聽他是否定雙身法的，一個也不來，你能度誰呢？所以初期在表面上一樣，但在私底下破雙身法，不能落實到文字上，免得流通出去。後來乾脆就是明白主張他空見如來藏妙義，自從他空見開始弘傳之後，在表面上對雙身法也不能廢掉，表面上也公開傳一傳，把儀軌演練演練作個樣子，私底下則是否定它。但是即使如此，還是不容於達賴五世。

現在有書本提出資料證明說，覺囊派是在達賴五世的策劃下，被假手於密宗的教派消滅的。我以前沒有讀過任何資料，我憑自己定中的所見，在十幾年前就直接講出來了，也寫在《狂密與眞密》書中。現在有資料證明我講的是正確的，因爲那本書最近幾年出版了。但是現在的覺囊派繼承者，他們不知道當時弘傳時輪金剛的目的只是作個表相的掩護；而他們的他空見實證道理已經失傳了，所以他們有人可能不覺得他空見的妙義跟雙身法是全面牴觸的。這一點就有待將來我們進了覺囊派攝受他們以後再來說，總是會有機會的。至於其他四大派，那全部都是外道法，不管他們說什麼中觀見或者般若，或者所謂的顯教佛法菩提道，全都是六識論的常見外道邪見，不離於識陰和色陰，當然就同時不離於受想行陰，所以完全與外道常見相同而沒有差異。當你告訴他們說：「佛法的實證中，所謂顯教的法，你們是不懂的。」他們不會接受。等到我們提出聖教的依據以及現量、比量的說法，他們也不能接受，繼續狡辯，還覺得自己很有道理，所以這些人屬於邪定聚者，因爲邪見入心已不可轉了。

但是，有一個現象很不錯，我聽說五明佛學院索達吉，如今也開始在講斷我見的內容。有人告訴我說：「他所講的東西，一看就是《阿含正義》裡面的內容。」我說：「噓！閉嘴！別講出來。」就是要讓他去講斷我見的內容，我寧可《阿含正義》整部七輯都讓他去講，絕對不會對他主張著作權，我願意讓他去講。請諸位聽了我這話，兩、三年內都不要再講出去。就讓他去講，因爲他還沒有警覺到：當他如實瞭解也教導信眾如實瞭解斷我見的內容以後，會有什麼後果。因爲如實斷我見以後，一定會發覺雙身法是不該存在的。所以當他還沒有發覺這一點時，我們就當作不知道，讓他繼續講下去；或許有一天他們勃然醒悟，知道密宗的雙身法是錯誤的，應該捨棄，於是他們就可以回歸佛門了。

當他們正式回歸佛門的時候，我就接受他們。沒有永遠該被排斥的佛弟子，當他們願意當眞正的佛弟子了，我就接受他們，沒有所謂勢不兩立這回事。因此，我們仍舊一貫秉著 佛陀的身行作模範；佛陀度眾時的對象全部都是外道，可是當他們歸依了佛門三寶以後，就不再是外道了。同樣的道理，他們目前是附佛法的外道，可是等他們把斷我見的道理弄清楚了，而未到地定也修成了（其實他們的未到地定有的人可以修成，例如他們修觀想，觀想法門如果可以成就，也會有未到地定的定力），只要轉過來如實觀行斷除我見，也可以證初果。

只要他們證了初果，終有一天掙扎到最後，一定會把雙身法捨棄，因爲他們開始瞭解聲聞菩提跟佛菩提了，這就是我們希望看見的現象。所以，我就告訴同修不要在網路上舉發，讓他們繼續去講。那麼在密宗的其他部分顯然都還是邪定聚，像達賴喇嘛等人都是邪定聚。但是，這個五明佛學院索達吉，他們將來也許有可能變成不定聚，也有可能改變。爲什麼能夠促成這一個結果呢？因爲我不斷地控訴說：密宗的那一些人全部都沒有斷我見，連初果都沒有，依密宗的說法，他們全都沒資格修學密法。我的書裡面很多地方都這麼講，以後還會繼續講，所以他們不得不開講如何斷我見的法義。當他們開講斷我見的內容的時候，就是好消息，表示他們開始變成不定聚了，不再是邪定聚了。

同樣的道理，「正定聚」一定是於三乘菩提之中已經心得決定，這樣伴隨著許多次法的實修而建立他的定心所，這就是「正定聚」。那麼這個「正定聚」，在二乘法中有二乘法的「正定聚」，可是在《妙法蓮華經》裡面說的這個「正定聚」，一定是指八識心王妙法的信受者，而他的心中已經決定不疑，也聽懂了，這才叫作「正定聚」。可是這個「正定聚」依舊有層次差別，譬如一劫乃至萬劫修集十信，這個十信位不過是對大乘三寶的信心具足與否的差別；當他們信心具足圓滿了，他們進入了初住位，就開始了不退住的修行。在第六住位滿心，尚未進入第七住位之前，在修道上面都還是有進退的情形持續發生，所以還不算是決定性的「正定聚」。

那麼到了第七住就能心得決定嗎？也不盡然，因爲得要先有次法的實證，加上他有善知識攝受，否則依舊會退轉，就不是眞正的第七住位菩薩，那就不是「正定聚」了。我們弘法早期，因爲對於會中的事情一向公開，沒有祕密，所以會外有人評論說：「你看他們正覺同修會，有人退轉，一批、二批、三批，表示那不是正法。」那麼有智慧的人就說了：「正因爲有人會退轉，所以才叫作正法。」因爲如果是住在識陰境界中，或者住在意識境界中，那是永遠不會退轉的；不退轉於什麼呢？不退轉於凡夫地。凡夫地的有情之中有人會退轉嗎？凡夫地都不會退轉的，凡夫都是永遠喜愛凡夫境界的，一向都認同五陰自我，當然不會退轉於五陰境界。

除了你們進了正法之中有人退轉了，才能叫作退轉入於凡夫地，但從來沒有凡夫會從凡夫地中退轉，只有實證佛菩提的人會從賢位退轉入凡夫地。所以一定是不可思議的甚深微妙極難信的法，才會有人退轉。因此，有智慧的人說：「**正因爲是正法不可思議，所以才會有人退轉。**」退轉越多次，表示那個法一定是越正確的。這句話則是我加上去的，意思就是說，大眾總是喜愛於自我，這個三界我沒有人不喜愛的；既然喜愛於三界我，他在這個不否定自我的凡夫見解中，當然不會退轉。只有想要求證出離生死境界的人，以及想要探求生從何來、死往何處的實相的人，才會退轉於凡夫地而轉進斷我見或證實相的非我智慧境界中，所以「**入正定聚**」並不容易。

在律部的《菩薩瓔珞本業經》中 世尊也說過，無量劫前淨目天子、法才王子跟舍利弗，他們三人般若正觀現前，也就是明心證眞如了，結果由於沒有善知識攝受，所以他們退轉之後無惡不造。這個退轉可不是一天二天、一世二世，世尊說這種退轉，往往是經過一劫乃至十劫才退菩提心。般若正觀現前了還會退轉，有人一劫後退轉，有人長達十劫後依舊退轉；是因爲沒有善知識攝受，所以進了第七住時並非絕對心得決定，正因爲沒有「入正定聚」的緣故，也就退轉了。那麼，還有一種人看來已經「入正定聚」了，但後來也是退轉了；但他們不是退入凡夫位，而是退入聲聞法中成爲聲聞種性，這也是退轉於菩薩道，所以「入正定聚」還眞的不容易。

那麼這樣瞭解以後就知道說，如來滅後要得這部《妙法蓮華經》，也就是證得實相心如來藏，他得要往世是個「入正定聚」者；即使還沒有實證，但是當他一聽到如來藏三個字，或者聽到開悟明心四個字，就會毛髮直豎；不是怒髮衝冠，而是感動得毛髮豎起來；像這樣的人，咱們就可以說他是「入正定聚」者。這樣看來「入正定聚」，諸位應該都有分了；因爲不管怎麼樣，你們就是打死也不退。你想，進了正覺同修會修行這麼辛苦，都好幾年了，總是不肯離開，打定主意說：「我就是要學到底。」這表示你就是「入正定聚」者。所以「入正定聚」不是以是否已經實證如來藏、是否已經證眞如作爲判斷標準，而是你對於菩薩藏這個妙法，是否已經如實信受、確實轉依，而且心得決定不可搖動，以此為判定的標準。如果有這樣的狀況的人，世尊說他即使到了未來世去，依舊可以重新再證得「此經」。

接著，第四個狀況是「發救一切眾生之心」。如果有前面三者，是很容易可以在像法、末法時期證得「此經」的，但是再怎麼說都不如具足四者的人。如果這四個條件都具足，無論如何你都一定會證得「此經」。前三種講過了，這第四種就是「發救一切眾生之心」；可是這一點，其實是這四點裡面最困難的一點，所以擺在最後說。如果這一點擺在最前面，可能有些人一聽說就想：「唉呀！我沒希望了。」但這個擺到最後來，因為如果談到「為諸佛護念」時，有很多人心中對 佛陀有很深的眷戀，所以時時刻刻覺得說：「佛都在照顧著我。」他很安心，所以這一點沒問題。

「植眾德本」呢？因為他也是常常在布施，常常在護持正法，所以他也覺得自己這一點是合乎條件的。然後是第三點「入正定聚」，他想：「我對大乘佛法堅定不移，絕對不退轉，所以我當然是『入正定聚』者。」雖然他不是很懂什麼叫作「入正定聚」，但是依稀彷彿朦朦朧朧，心想：「我就是相信大乘三寶，打死我也不退。」所以他想：「我也是『入正定聚』者。」所以世尊最後才來講這個「發救一切眾生之心」。這一點爲什麼難呢？因爲談到這一點，很多人心中就會想：「我有能力救護眾生嗎？」會這麼想，這是很正常的，因爲他心裡會想：「我又還沒有親證，也不是阿羅漢，那我怎麼樣救護眾生？」他心中有所懷疑，所以談到這一點時有一點猶豫。

我們可以來討論一下：「發救一切眾生之心」，是應該怎麼作？當然要先從消極面來說起，然後再談到積極面的，也就容易談了。想要「救護一切眾生」，有二個最重要的注意事項，就是不能鄉愿，也不能有私心。關於鄉愿，其實是佛門中很常見的事，這也跟臺灣的社會環境有關係；例如我們小時候，已經是六十年前的事了，常常是心中有一些驚恐，看到某一些人士時心中會有一些驚恐；因爲那些人隨便到警察局、派出所告你一下，不論告得有沒有道理，警察馬上就來，直接抓到派出所去了；你得要在那邊辯解老半天，晚上才能回來；沒有四個鐘頭出不了警察局，那時警察打人是家常便飯。

有時候我會想：「如果在這一世，我三十歲就出來弘法該多好！正法一定鞏固，非常興盛。」可是轉念一想，在那個環境下，加上我的個性是有話直說，隨便哪個大法師去國民黨中常會告狀——那時國民黨的中常會權力很大，或者向警備總部去講一下，誣告我是邪教、新興宗教，我大概半夜就消失了，然後到哪裡去了也不知道。所以，我們這個年代的人，對白色恐怖有很強烈的感受，你們年輕人不會感受到。所謂年輕人，是說四十歲以下都叫作年輕人。所以臺灣老年人鄉愿的心態就在當年那個環境下演變出來，因此父母教導孩子都是說：「人人好，都不要跟人結冤。」（臺語）意思是說跟每一個人都要好好相處，不要跟任何人結下冤仇。因爲在那個年代，只要有人私下去告你一句，說你這個人是匪諜、通匪，那你半夜就不見人了。當年作弄人是很容易的，等到弄清楚時終於回家了，往往也是剩下半條命。

這是家常便飯，我們看很多了，所以當年大家就養成自掃門前雪的習慣，別人屋瓦上的霜多麼厚、多麼重，都不用管，連講也不能講。如果他家的屋瓦屋梁垮了壓死人，是他家的事，你不能先去講他。所以鄉愿的心態在臺灣是一直存在著，後來臺灣佛法開始興盛起來，這個心態就延續到佛教中來。後來佛教開始在臺灣弘傳開來了，也說：「大家要修忍辱行，互相要和睦等等，所以不要講別人的法不對，你只要講你的法就好；別人誤導了眾生，你也不必講。」我們當年開始弘法以後，才不過出了三、四本書，講出什麼是不對的，什麼是對的，純粹說法而沒有指名道姓，於是不久開始有人大力推行三好運動：「說好話，做好事，存好心。」有沒有？有啊！我不曉得那個三好米是不是跟他學的？（大眾笑⋯⋯）但那個主張是佛法嗎？跟佛法完全無關，那就是鄉愿。

所以我們努力說明正法與像法的差異，希望救護大眾都回歸於正道，希望教導大家都離開眾生相，這樣眾生至少可以證得初果，這一世的修行功不唐捐。可是閒話就出來了，有好多道場就說：「那個正覺同修會是個在家居士，我們師父講的法，你都學不完了，還去學正覺的？」有的關起門來跟弟子們說：「我們出家人不讀在家人寫的書，不聽在家人說的法。」糟了！維摩詰菩薩還是個在家人，娶妻還生了個女兒，那女兒也很厲害，可是他們都沒想到這一點。

接著又開始有傳言：「蕭平實那個法不如法啦！」不敢說是法不對，就說我們的如來藏妙義是不如法的。他們心想，這樣講就避開了否定正法的大惡業；但問題來了，不如法是不是一種否定？本質還是否定。不久又發生第二個問題，那信徒們問：「師父！您都說正覺的法不如法，到底哪裡不如法？」

就答覆說：「你別管什麼地方不如法，你讀不懂的，所以你別讀就是了。」其實師父自己也讀不懂，所以晚上安板以後，把窗戶窗簾拉起來，檯燈打開了，自己在那邊研讀。六、七年前，我不是講過嗎？那些大山頭，他們都組成了讀書小組、研究小組，就好像以前組了個小組在研究印順思想一樣，他們可能也把我的書當作思想一樣在研究平實思想。去年年初就已經有事實證明這一點了，而他們讀我的書提升自己的知見以後，卻繼續暗中抵制正覺，所以我說那也是鄉愿的一種。

這就是對於正法弘傳的時候，自己的不如理作意，應當如何去掩飾的一個作法。所以當人家說：「師父！人家正覺提出證據，而且用三量提出來說明，說師父您有許多地方講錯了。」但他師父講的好像也沒錯：「佛法是應該各人弘揚各人的，為什麼要去評論人家悟錯了呢？」這徒弟聽起來也能入耳，因為跟臺灣民間的習慣是一樣的。可是 世尊早就說過了，正法的滅沒，是因為相似像法——表相佛法等像法——開始大量流傳了，於是正法就滅了，這是《阿含經》中講的。所以，如果想要使正法鞏固而不斷絕地流傳下去，就必須要說明像法與正法的差異所在，這是不能鄉愿的。像那樣長時間誤導眾生的人，你告訴他說：「師父呀！您要『發救一切眾生之心』。」那他要怎麼發這種心？他如果發了「救一切眾生之心」，只有一條路可以走：「我們大家每一週都來寺裡讀書——讀正覺的書。」不然，他要怎麼救眾生？但是眞的作了以後，名聞利養怎麼辦？

接著，就有第二種很聰明的師父出現了，他們晚上窗簾拉起來，檯燈打開了，讀正覺的書，作筆記，很用功呵！原來他第二天要講經時，可以拿來講。我從來不主張「被援用的同意權」——不想在這上面主張著作權，大家都可以援引出來使用。然後，有人聽了師父說的法義以後覺得很耳熟，後來想想說：「我想起來了，那是正覺的書裡面講的，應該是某一本書，大概在第幾頁，我知道了。」回去把書一翻，果然如此，於是又去問師父了：「師父啊！您那一天講的那個法很勝妙，但那不就是正覺某一本書裡面講的嗎？那麼正覺的書，我們可不可以讀？」師父當場說：「不可以！你們沒有智慧去選擇，你們會被誤導。」這也是臺灣佛教如今很普遍的現象。

可是我認同他們的說法，也認同他們的作法，只要能夠把正見透過他們的嘴，講出去傳給他們的信眾們，也是好事；所以不一定他們的信眾都要來讀我的書，這就是我的看法。也就是說，他們這個私心是不可避免的，咱們要替他們想一想；因爲他們寺院那麼大，食指浩繁；譬如有的大山頭，光是本山一個月的基本電費就得要四十五萬元以上，那還是每個月基本費，冬天也一樣要繳這麼多電費。規模小一點的，固定在二十五萬元以上的，所在多有；那你想，如果信徒都走光、都跑去正覺了，他們怎麼辦？那上一代祖師可能得要半夜從墳墓裡爬起來罵他：「你這個不肖子，把我的家業敗光了。」

所以咱們體諒他們，就不必指名道姓去戳穿人家；只要他能夠回歸正法，把正確法義講給他的信眾聽，那麼我的心願就達到了，因爲我們說法目的也不是要壟斷，只要大家都能夠得利，沒什麼不好。就只有一點要留意的：般若的密意以及禪三裡面的那一些開示，比如普說與機鋒等等，這一些都是各大道場想要模仿的。這些東西如果外流了，密意就跟著外流而成爲解悟了，那就成爲虧損法事，而 世尊說虧損法事就是虧損如來。因爲於佛弟子眾中，假使信力還不夠，或者根器不足以承受這樣的大法，就不應該爲他演說，更別說是把般若的密意等等去告訴他們，這是 世尊一向的教誨。所以除此以外，他們要把我的書中說的法義加以宣揚，我永遠都贊成。因爲他們要照顧著那麼龐大的道場開支，勢必要如此。所以我們沒有一絲一毫的見怪之心，我還是認同的。

有人笑說：「老師！您為何這樣傻？人家都說您是邪魔外道，然後講經時又在轉述您書中的法，您怎麼還要認同他？」我說：「只要能利益眾生，我何必計較？他罵我邪魔外道，那是他自己的口業；我還希望他捨報前，能夠懂得懺悔，保住人身。所以那些都無所謂，不必計較。」有人會說：「老師啊！那您這樣不是很辛苦嗎？」我說：「我哪有苦？我本來就接受這個情況。」接受的同義詞就是生忍，對不對？雖然這叫作事忍，不是無生忍，也算是忍，也是一種解脫。

我們說像這樣的人，如果他能夠如實轉述我們所說的正法，他也算是有一分「發救一切眾生」之行，雖然不是「之心」。但是，我相信只要他們這樣作久了，雖然目的是為了鞏固信徒，因為現在的佛門流行趨勢就是：如果不講如來藏，就不是正法；如果不教如來藏法義，他就是還沒有在了義法中修行的人。這已經成為一個風氣了，所以他不得不如此作，要這樣才能鞏固信眾。可是他繼續講下去，講久了就把他自己的思想改變了，他就信受如來藏妙義了，那他的信眾慢慢也會跟著改變，諸位想一想：十百千世以後，他跟他的信眾們會不會進入正法中？一定會啊！並且會成為你們的弟子了。

所以看見他們這樣作的時候，我們不要只看眼前，要看得很長遠。不論過去或者未來，都要看到很長遠，那麼這一切都是可接受的。也就是說，未來世，當那個大法師回到正法中來，他身後是不是一票人呢？一定是一票人；等於他現在是替你的未來世度眾生，他攝受了佛土其實就是你攝受的佛土。所以他的信眾很多，沒關係！他把我們的法講了很多，也沒關係！但我們表面說沒關係，暗地裡要怎麼樣？（大眾鼓掌⋯）對了！就是要暗地裡鼓掌，心裡表示認同。因為你們要看長遠一點，在十百千世以後，他聽到這個法就會信受，而那時你們在弘法利眾當中，他們一聽到你那裡是可以實證的，於是一起走進來，就全部成為你的信眾，然後接著一一成為你的入室弟子。這沒什麼不好，不必看這一世，短短的一世不需要計較。但是，怎麼樣把這個正法普遍種入眾生心田之中，這才是最重要的事情。所以他們眼前雖然是有私心，沒辦法「發救一切眾生之心」，可是已經有發救一切眾生之行；那麼這一世過去了，他不必負擔維持道場的重任了，他未來世一定會發這個心。這樣子廣義上來說，他們也可以納入「發救一切眾生之心」的行列。

現在話說回來了，像諸位這樣子不鄉愿、無私心，願意努力把正法推出去，甚至有人到緬甸、越南去撒下正法的種子。在那種很貧瘠的地方去下種，多久才能收成？可能下一輩子才能收成，卻也有人願意去作，也眞的努力去作了，那你說，這是不是「發救一切眾生之心」？是啊！諸位這樣努力，在街頭發傳單救護眾生遠離邪教，這個都不容易；因爲常常會接觸到人家異樣的眼光，甚至於密宗的信徒還會辱罵：「你們收了大陸政府多少錢？」天知道，我們不曾收過大陸政府一毛錢。如果哪天大陸官方說：「我捐個十億、二十億臺幣給你正覺，好不好？」我一定說好，我就把整棟大樓買下來，不必讓大家坐得這麼擁擠，可惜到現在還沒有看到一毛錢啊！

雖然達賴的信徒們這樣無根侮辱，但諸位還願意繼續去作，這除了是「入正定聚」以外，也是「植眾德本」。當你努力在作事的時候，難道諸佛不護念你嗎？因爲未來的正法久住，就靠諸位這樣作，而你這個行爲正好是「發救一切眾生之心」的人所應當作的。所以像這樣子「植眾德本」轉到未來世去，能不能證得「此經」呢？一定能啊！你要跟我說不能，我還眞不信。所

以 世尊接著作了個結論說：「善男子、善女人，如是成就四法，於如來滅後，必得『是經』。」也就是說，只要具備了這四個條件，那麼在 如來示現入滅度以後，雖然你還在胎昧遮障的階段中，每一世重新再來以後一定會證得「此經」；也就是能夠重新證得如來藏妙眞如心，然後你重新再來讀「此經」的時候，這一世所聽聞如實演述「此經」眞義的種子，就會從你的心中繼續流注出來，你心裡面一定會有一個念頭說：「這部經中講的『此經』應該就是講如來藏。」你會有這個念頭出現。

當你不必別人來激發，就可以出現這樣的念頭，那麼你要證得「此經」就會很容易。假使這一世已經親證了，未來世就更容易了，因爲原有的實證種子在，善知識只要稍微提點一下，很快就回復了。所以這四點是很重要的，因此大家在修道的過程中，不論已入定位、未入定位，都要把它記住。「爲諸佛護念，植衆德本」，是因爲你一定要有福德，那麼「入正定聚」，就是聽到如來藏妙義這個第一義諦的道理，你一聽就信受，最後就是基於這一世所作的「發救一切衆生之心」，轉生到下一世去，這四個條件你都具足，所以一聽到有人講如來藏時，你馬上就有一個念頭出現，知道應該是什麼，只是不能確定而已，這就是你這一世應該求悟的原因。那麼，接著普賢菩薩就有所稟告了，其實正是爲大眾開示，我們來看他爲我們如何開示：

經文：【爾時普賢菩薩白佛言：「世尊！於後五百歲濁惡世中，其有受持是經典者，我當守護，除其衰患，令得安隱，使無伺求得其便者，若魔、若魔子、若魔女、若魔民、若爲魔所著者，若夜叉、若羅剎、若鳩槃荼、若毘舍闍、若吉遮、若富單那、若韋陀羅等，諸惱人者皆不得便。是人若行、若立讀誦此經，我爾時乘六牙白象王，與大菩薩眾俱詣其所，而自現身，供養守護，安慰其心，亦爲供養《法華經》故；是人若坐思惟『此經』，爾時我復乘白象王現其人前；其人若於《法華經》有所忘失一句一偈，我當教之，與共讀誦，還令通利。爾時受持讀誦《法華經》者，得見『我』身，甚大歡喜，轉復精進；以見『我』故，即得三昧及陀羅尼，名爲旋陀羅尼、百千萬億旋陀羅尼、法音方便陀羅尼，得如是等陀羅尼。」】

語譯：【世尊開示完了，這時普賢菩薩稟白佛陀說：「世尊！於最後五百年具足五濁的惡世之中，如果其中的眾生有人是受持這一部《妙法蓮華經》，我就會守護著他，除掉他所面臨的衰微或者災患，使他獲得安隱而無憂愁，也使他不會有被伺求方便而加害的情況出現，譬如魔，或者魔子、魔女、魔民等，或者有被魔所附著的人，或者是夜叉、羅刹、鳩形鬼、噉精氣鬼、起尸鬼、熱病鬼、厭禱鬼等等，這一些惱亂於人的眾生對於受持此經的人，我都會使他們得不到方便來加害。這個人如果是行走時，或是他站著的時候在讀誦《妙法蓮華經》，我那時會乘坐六牙的白象王，與很多的大菩薩眾，同時來到他的所在，而我普賢菩薩就自己現身於他的眼前，來供養他、守護他，並且安慰他的心，使他無有憂愁，我這樣作也是爲了供養《法華經》的緣故；這個人如果是坐下來在思惟此經，這時我一樣會乘坐六牙大白象王顯現在這個人的面前；這個人對於《妙法蓮華經》若是有所忘失一句或者一偈，我就會教導他，與他共同來讀誦，使他重新可以通利。這時受持《妙法蓮華經》、讀誦《妙法蓮華經》的人，可以看見我普賢菩薩的眞身，心中非常大的歡喜，於是轉而比以前更加精進；由於他看見了我的緣故，就可以得到三昧和總持，名爲旋轉的總持、百千萬億旋轉的總持、法音方便的總持，得到像這般很多種的總持。」〕

講義：這樣子依文解義完了，諸位一定有人已經知道這裡面的密意是什麼了，但我們還是得要先依文解義，然後才說其中的密意，因爲這也是事相上的一個事實。普賢菩薩從東方來，他來到娑婆世界就是代表著這樣的意涵，因爲他的願就是這個樣子，所以他向 世尊如此稟白，其實就是向 世尊作了宣誓，也是對我們開示。在末法剩下最後五百年的時候，當然比我們現在的局面還要險惡。現在邪見的傳播速度很快，不必坐在書桌電腦前，只是手機點一點、滑一滑就上網去了，邪見也就貼出去了，所以現在邪見傳播很迅速的。諸位想一想，也許再過九千年，他們身上或者眼睛、或者什麼東西隨便一個按鈕一按，選擇其中一個按鈕出來然後一點，毀謗正法的整篇文字就送出去，就貼上網路流通去了。

有沒有可能？我想有可能，因爲現在都已經這麼方便了，平板電腦滑一滑、寫一寫，然後一點就出去了，所以這還是有可能。因此到那個時候，也許密意已經普遍洩漏了，也許已經有許多關鍵的開示已經洩漏了，那麼很多人只要上網搜尋一下「如來藏究竟是什麼」，馬上就有一堆的答案出現，所以很容易就會知道了。但是沒有未到地定的功夫，也沒有經過斷我見的實證，以及參究的過程體驗，很難信受的。因此，這一部《妙法蓮華經》如來藏妙心，不論再怎麼妙，終究是無法讓眾生完全信受的。

所以最末後五百歲中，比現在的五濁更嚴重，因爲現在都已經是五濁的年代了。諸位想想看，那些奇奇怪怪的事情，大眾迷得不得了，我們看來覺得好幼稚，可是現在大眾迷得很。你看，隨便一個演戲的、唱歌的，不論走到哪裡，就是一堆少男少女迷成這樣子。現在都有師奶殺手、師爺殺手，有沒有？活到六十幾歲了還在迷一個才二十郎當的小夥子，你說她有沒有智慧？可想而知！他們從來沒有想過，那一些唱歌的歌星、演奏的音樂家，往世是幹什麼的？只是在忉利天玉皇上帝（釋提桓因）面前彈琴唱歌的。

如果你可以當忉利天主釋提桓因的貴賓，或者有機會去當他面前那個彈琴唱歌的，你要當哪一個？喔！當然要當貴賓，讓他們彈琴給你聽、唱歌給你聽。因爲你只要是得「正定聚」又入第七住位開悟明心不退，如果想要去忉利天，釋提桓因一定請你當貴賓，有時換你上座說說法；因爲也許你說的法比他說的勝妙，那時也許釋提桓因說：「唉呀！你說的法比我勝妙多了，你應當受我供養。」於是就派了大歌星、音樂家來娛樂供養你，你若是不拒絕，他們每天就在屋外叮叮咚咚彈給你聽，或者同時也在屋外唱歌給你聽，人家都說：「此曲只應天上有，人間能得幾回聞。」你卻說：「我都聽膩了。」菩薩應當要有這樣的大心。

這就是說，越是五濁惡世的眾生就越幼稚，因爲都落入感官裡面，離開了精神層面的生活，形而上學越來越不普及，越來越沒有人想要。特別是九千年後剩下五百歲的末法時期，那時你受持「這一部經典」，是因爲你往世曾經實證過，所以爲了正法的久住，你寧願繼續住在人間，就這樣子繼續弘護正法；可是在那個時候你受持「此經」很辛苦，比現在還辛苦。諸位想想，我們現在住持「此經」就已經這麼辛苦了，都還是末法時期剛開始不久，那再經過九千年呢？可想而知！所以那時受持「妙法蓮華經」如來藏妙心，眞的很不容易，因此須要人家來守護你。

所以 普賢菩薩發願說：「我要來守護他，使他遇到衰微的時候、有災患的時候，就幫他除去，使他獲得安隱；如果有人老是在窺伺他，尋找方便要來害他的話，不管他是天魔本身或是鬼神魔，或者魔子、魔女、魔民，甚至於魔孫一大群，也就是那一些魔所附著的人，叫作魔迷心竅；甚至於那一些鬼道的眾生，四王天那一些夜叉、羅剎等等，不管他們是什麼鬼：甕形鬼、噉精氣鬼、起尸鬼、熱病鬼、厭禱鬼，全都不管他，我都會把他們遮住，讓這一些想要惱害別人的鬼道眾生，沒有辦法找到方便來惱亂這個受持《妙法蓮華經》的人。」

普賢菩薩又發願說：「這個人如果是行走的時候讀誦『此經』，站立的時候讀誦『此經』，我普賢菩薩會乘坐六牙白象王來到他面前。」這是他的大願，我們可以信受，因爲是《法華經》中說的。所以，有許多寺院也供著普賢菩薩聖像，我們除了在臺北五樓的第三講堂，其他地方有些講堂也這樣供著，因爲這是他的大願，我們供著他，每天上香就是提醒他說：「您有這個大願，別忘了護持我們。」因爲你每天上香供養他，每天香花飲食供養了，他這個願就得實行，所以他來的時候不會只有自己來，一定有許多大菩薩跟隨著；因爲如果自己一個人來，世俗人會想：「所謂分身乏術，我們有這麼多人，他要怎麼一一照顧呢？」當然他要有很多大菩薩一起來，就這樣現身供養守護安慰其心，其實目的就是爲了供養《法華經》。

那麼，「若行、若立」時如此，假使「若坐思惟」「此經」，當然普賢菩薩也是如此；甚至於他發願，假使有人對《法華經》的內容忘失了一句或者一首偈，他也願意來教導大家。所以也有人曾經在夢中夢見 普賢菩薩，在夢中教導；可是 普賢菩薩那個教導，作夢的人當時不懂也就錯過了，眞的好可惜。有時想想說：「普賢菩薩來見我了，可是爲什麼會這樣子？我都不懂。」然後就醒過來了，雖然印象很深刻，但不知那是什麼道理，想不通大菩薩爲什麼這樣幹呢？眞的好奇怪！其實就是來幫助他再恢復往世所學的《妙法蓮華經》中的一句或者一偈。這就是教導他、爲他讀誦，想要讓他通利。所以如果有人這樣夢見了，或者他定中看見 普賢菩薩時一定很歡喜，對於他所受持的《妙法蓮華經》就會更加的精進。所以，如果他有因緣看見了 普賢菩薩，一定會得到三昧，也會得到總持。那些總持叫作「旋陀羅尼、百千萬億旋陀羅尼、法音方便陀羅尼」。

剛才這樣依文解義以後，再來看看這裡面又有些什麼密意。普賢菩薩說，在末法時期剩下最後五百歲具足五濁的邪惡之世，如果有人受持這一部《妙法蓮華經》，他說一定要來守護，而且絕不食言。然而必須等到那後五百歲嗎？不！他現在就已經在守護我們了。那麼受持《妙法蓮華經》究竟是受持什麼？（眾答：如來藏。）對！三句不離本行，答「如來藏」就對了。我們受持如來藏，後五百歲時如此，現在也如此；你受持這一部經典的時候，「普賢菩薩」這個「我」，一直都守護著你。所以，你在這裡聽《法華經》，可是今天特別累，現在講的剛好不是很重要，可以休息一下，打個小盹，等一下講到重要法義時，再振作精神來聽，這也行啊！祂就幫助你小盹一下。等到大眾都笑起來了，可以開始聽了，因爲現在很精彩了，於是祂就幫助你——趕快來聽！趕快來聽！你就醒過來了，祂就這樣守護你。

當你有一些衰患，有時得個感冒，祂總是想辦法讓你可以熬過去；甚至於沒有錢去看醫生，沒關係！家裡總有熱水，每天喝，「普賢菩薩」也幫你好起來，這不就是幫你「除其衰患」嗎？如果你每天朝九晚五，晚上回到家又有一堆的家事；好在你沒有國事要忙，不然你很快就會老，一年就老掉十歲了；但祂也會令你「得安隱」，所以很快就讓你眼皮沉重，你就不得不趕快去洗澡，趕快上床睡覺。睡完了覺，明天早上起來又是精神百倍，就好像卜派吃了菠菜一樣，祂就是會讓你得安隱。

如果有人「伺求得其便」，不管他是天魔或魔子、魔女、魔民、魔孫，也不管他是夜叉、羅刹，或是什麼甕形鬼、噉精氣鬼、起尸鬼、熱病鬼、厭禱鬼等等；不管是什麼樣的眾生來，他們來了一定會搞怪，但你只要一直與自己身中這位「普賢菩薩」而共安住：「我就以不變應萬變，反正你的手段我看穿了，不管你怎麼變，我對你始終沒有愛樂之心，我就當作你是來娛樂我的。」所以心中不必驚恐。為什麼呢？因為：「我有『普賢菩薩』在，你殺不死我；就算你不怕造惡業而下墮三惡道，真的敢把我這個五陰毀壞了，我依止於我的『普賢菩薩』，來世又有一個新的五陰，你又能奈我何呢？」

所以只要心無恐懼，他們就無可奈何於你，最重要的是你自己不要愛樂他們那種變化無端的境界，不要去愛樂他們所有的有境界法，那他們想要惱亂你，自然都惱亂不來。你心裡面想：「你們來娛樂我，我有『普賢菩薩』在，而你們都看不見『普賢菩薩』，好可憐！才會在這邊造作惡業。」就以憐愍的心讓他們種福田，因為他們是來娛樂你的；所以不論他們變化什麼境界，你都好好去看著就好，都不要動心。他們變出各種很善妙的境界，就像俗人說的：「只應天上有，人間哪得幾回見？」嗯！不錯！不錯！你就為他們鼓鼓掌：「你們表演得很好，一百分！繼續表演。」你就要求他繼續演。

他看看沒奈你何，心裡也就厭了，於是只好離開了。

接著換另一個來，變出很恐怖的境界，你也不怕，就靜靜地觀賞這部恐怖影片說：「嗯！你們演得還不錯。」你就這樣子看著說：「你這部恐怖片子不錯，明天再來演一場，我再瞧瞧，看有沒有更恐怖的。」因爲你知道那都是幻境，他們所變化出來的境界，萬變不離其宗，全都叫作六塵境界；而這個六塵境界，你知道都是他們變化的，就當作他們是放映恐怖影片來娛樂於你，所以你就好整以暇，靜靜地觀賞。如果變化完了，你就爲他們拍拍手、鼓鼓掌：「你們今天這部恐怖片演得很好，給你們一百分。」明天看他們還來不來？他們一定不來了，因爲對你沒作用，你拿他們當戲看。這一點，諸位要學。

我有個兄弟，早期學打坐；他有一次看見自己色身變得很大，嚇壞了，問我，我說：「那只是幻境，你別理它，只要靜靜地看著它，別害怕，它就會消失了。」他說：「我沒辦法，我恐怖啊！我張開眼睛一看，它消失了。」我說：「你張眼就錯了，你不能張開眼睛，你要靜靜地看它有多恐怖，不害怕，它就會自然消失。」他聽我的話，第二天又打坐，然後同樣的幻境又出現了，他又害怕起來。心裡記著說「不能張眼睛」逃避，要靜靜地看它；但他結果依舊害怕，沒辦法，於是又張開眼睛逃避，因此每一次上座，這境界就來，結果後來都不敢坐了，就學持名唸佛去了。

這就是說，當那些境界法出現的時候，你心中不能搖動，不應該歡喜，也不應該恐懼，只要當作一場戲去瞧瞧它。我這一世初學佛，往世的種子流注出來，所以我自己就會六妙門。那時我還沒聽過什麼六妙門，而我自己會，就這樣。可是有一次，我在二樓打坐，結果看見自己的身體是比七層樓還高的，我心裡說：「這個也不錯啊！繼續再看後面還會有什麼？」看著、看著，十分鐘以後消失了。有一次則是反過來不斷地縮小，小到變成是在地毯的縫隙裡面，我說：「那麼地毯裡面會有什麼？瞧一瞧吧！」瞧著、瞧著，這個境界又不見了，從此以後就不再來了。所以你只要把它當作幻覺處理，什麼事都沒有。可是有個居士，他還弄了個寺院在金山鄉，主七時開示說：「打禪七的時候不能放腿，要每天打坐，晚上也不能睡覺，要一直熬下去，熬到第五天，你會看見你身體變得好大，那就是證得色界天身了。」我卻打趣說：「那叫作證得鬼身。」其實都只是幻覺而已，連鬼身都不是。但若有時候鬼神來搗蛋，同樣不理他就是了。

有一個傳說的佛教故事，諸位可以參考。有一所寺院跟一家道觀比鄰而住，那道士學法術變化很厲害，他會一些剪紙技巧，剪好了以後就變化出各種東西來。有一天他跟隔壁寺院的和尚說：「我們來比法術。」和尚說：「好啊！比啊！」「你會什麼？」和尚說：「我什麼都不會。」那個道士說：「你什麼都不會，敢跟我比？」和尚說：「那有什麼難？到最後你一定輸給我。」於是那道士就約定好：「今天晚上開始。」到了晚上，這比丘把寺門一關，不理他。這道士就開始變，變到最後七十二變都變完了，法師就是閉門不理他，那道士最後無可再變、無計可施了，連著好幾天都沒變化出什麼來嚇人，接著比丘開了寺門找他說：「老兄！這幾天怎麼不變了？」這道士說：「唉唷！你每天都不跟我回應，我一個人變來變去，什麼都變完了。」比丘說：「我哪裡沒有回應你，我是以不變應萬變的方式回應你啊！我的回應就是不變啊！」結果道士只好認輸了。對不對？

我們修定時就是得要這樣子，所以你在修學佛道，尤其是打坐的過程中，常常會有一些幻境出現；有時候則是鬼神魔等等來擾亂，你都別理他。

我就講我自己的經驗給諸位聽，那個應該是十幾年前了，當時我剛得初禪不久，差不多一週左右，我這個初禪遍身發，是很圓滿、很具足的，當然魔宮一定是震動了，才會有那個狀況來。首先來一個白種的女人，哇！那比世界小姐還漂亮，來到面前跳舞唱歌，我就好整以暇看著她，最後我對她說：「妳光在那裡唱歌跳舞沒用啦！妳如果眞的行，就到人間來，我娶妳當小妾。」結果她一聽，知道沒轍，立刻就消失了——我心中的話才剛說完她就消失了。

隔天又來另一個，這樣連續三天；隔天又來一個黃種女人，哇！眞的叫作國色天香，假使你們男眾誰看見過她，我想你再也看不下天下女人了，眞的是美，還會跳古裝的舞，但我還是那一句老話，我說：「妳如果眞夠行，就到人間來，我娶妳當小妾。」她又立即消失了，這一回更快，大概前一個魔女回去有跟她講了。第三天可就更厲害了，來了一個皮膚有一點黑的，應該叫作混血女，乾脆脫光了來，在我面前跳舞等等，我說：「我還是那句老話，妳如果眞行，妳就到人間來，我還是娶妳當小妾。」她知道被我看穿了，也無可奈何，還是走了。經過這三次以後，再也沒有了，一切都無，我就安心的在我的初禪裡面住了，所以後來就很順利，繼續進修我的二禪去了。

這就是說，當你實證了佛法，你將來是註定可以出離三界生死的，而天魔最害怕的就是你出離了他們掌控的勢力範圍，所以他們不希望你離開，就希望成功引誘你，讓你繼續沉迷於五欲之中，你就離不開他們掌控的範圍了。但他沒想到的是，菩薩本來就住在五欲之中，對五欲早就看穿了；每天好看的繼續看，好吃的繼續吃等等，他們什麼也引誘不了，最後只好打消了念頭，因爲知道影響不了你。這就是你們要注意的地方，就只要依自己的普賢身而住，自己的普賢身是離見聞覺知的，而這是究竟法；比對之下，不管他們所變現的境界是多麼美妙、或者多麼恐怖，終究是無常，不離於行苦，所以終究會過去。那你還是依止於自己的「普賢菩薩摩訶薩」，「普賢菩薩」則是最究竟的，而究竟法的「普賢菩薩」是離見聞覺知的，不受一切諸法的。你這樣轉依而住的時候，不管他們變了什麼，你都不理他們，你就是這樣子住，他們就管不了你；這樣一來不就是你的「普賢菩薩」在守護著你，「除其衰患，令得安隱」嗎？於是眞的可以說是「使無伺求得其便者」。

接著說：「是人若行、若立讀誦此經，我爾時乘六牙白象王，與大菩薩眾俱詣其所，而自現身，供養守護，安慰其心，」「如果這個人是在行走的時候讀誦《妙法蓮華經》，」有沒有人是行路時在讀《法華經》的？都是坐著恭敬閱讀的，行走時眞的不方便閱讀啊！然而，你們在祖師堂打禪三的時候，我不都叫你們經行嗎？目的就是叫你們行走的時候閱讀「妙法蓮華經」；甚至於印證了，喝完了無生水，還叫你們再去明堂經行重讀一遍——讀更深的「妙法蓮華經」；因此，我先前爲你印證時，你的所知，跟喝水後再去走那一條無盡的寬廣大道時，所閱讀出來的「法華經」又不一樣了！變得更深細了，這就是「是人若行……讀誦此經」。

那麼站著讀，能不能讀？一樣可以讀啊！就好像你們破參後坐在大殿中喝水，也是在讀「妙法蓮華經」；這時「普賢菩薩」乘著「六牙白象王，與大菩薩眾」同時來到你的地方「現身」，來「供養守護」你，來「安慰」你的心。事實上是不是這樣？是啊！譬如你觸證到如來藏了——你找到如來藏了，第二天早上又開始經行時，監香老師有時叫你快走，有時叫你慢步經行，有時叫你散步，突然間又叫你停住了，這時你觀察看看，你的「普賢菩薩」是不是帶著眼等六根來護持你呢？這六根不就是六根大象牙嗎？讓你每天在六塵中穿刺不停；而這六牙不能憑空而住，得要依於象身才能存在，那麼請問祂的坐騎是不是「白象王」？對啊！（導師此時指著自己的身子說）就是這個「白象王」啊！即使你整個身子都塗黑了，也得叫作「白象王」，是因爲「普賢菩薩」的所在，這頭象看起來就是白的，而且永遠都有六根隨時穿刺於六塵之中。這時有沒有許多的心所法伴隨著你？好多啊！數之不盡啊！這一些都是祂座下的「大菩薩眾」，也就是你的「普賢菩薩」帶著他們跟隨著你，然後就在你面前「現身」了。

所以，你們喝完無生水，我得要驗收，就是這個道理。你們喝完了水，去經行完了回來，我還得要再驗收一次，都是這個道理啊！讓你們對自己的「普賢菩薩」有著更多、更廣泛、更深入的體驗，這就是你們更深入閱讀「妙法蓮華經」。這一些，在我的書本上讀不到；就算證悟了，在我還沒有印證你們之前也讀不到；印證後也還是讀不到，還得經過喝水再去經行回來，才能讀到這麼深的、古今經論上都讀不到的「妙法蓮華經」。那麼，「普賢菩薩」這樣的示現就是供養你，就是守護你啊！而且也是「安慰其心」。於是有的人一面經行，一面不自覺地嘴角就微笑了起來；這現象，我們護三菩薩們看在眼裡，都覺得很正常。因爲你當時覺得：「這個『普賢菩薩』是這麼親切，這麼細心地守護著我。這是每一個人都有的，可是大師們都不知道，如今我知道了。」所以歡喜起來，嘴角不自覺就翹了起來，這都是實證過程中的正常現象。

所以這樣子，你再來讀這一段經文時就知道：「『是人若行、若立讀誦此經』時，普賢菩薩眞的乘著六牙白象王，與大菩薩眾俱詣我的所在。他們就這樣現身，供養我、守護我，讓我心中得安慰。」於是這時心中確定說：「我眞的證悟佛菩提了，我確實證眞如了，因爲普賢菩薩永遠是眞實而如如。」這時讀到一句名詞叫作「本來自性清淨涅槃」，就說：「啊！我知道了，原來『普賢菩薩』本來就這樣，本自存在，本來就有許多種自性，而且是本來就清淨的，本來就無生無死，就叫作涅槃。啊！原來如此！」於是這時你記起這一句經文來，立刻就知道：「唉呀！『普賢菩薩』還眞的現身來供養守護我、安慰我的心。」那麼這樣看來，原來普賢菩薩也是來供養這部「妙法蓮華經」，那我當然要好好供養，所以每天早上一起床，趕快找杯喝的，吃點東西，供養供養「普賢菩薩」吧！今天就講到這裡。

《妙法蓮華經》〈普賢菩薩勸發品〉第二十八，上週講到二〇四頁第一行，今天要從下面這一句開始：「是人若坐思惟『此經』，爾時我復乘白象王現其人前；其人若於《法華經》有所忘失一句一偈，我當教之，與共讀誦，還令通利。」這半句話是延續前面的半句話而來，是說末法最後五百年的時候，有人受持這部《妙法蓮華經》的時候，不管他是行走時來閱讀或者唱誦「此經」，或者是站立時讀或誦「此經」，普賢菩薩都會乘著六牙的白象王與大菩薩眾一起現身，並且會供養他、守護他。這裡說「普賢菩薩」現身來供養守護，那到底供養了什麼？又是如何守護？

事實上當你證悟了自性普賢時，你會看到「普賢菩薩」的座騎以六根大象牙面對著六塵，不斷地在六塵中穿梭而供養你六塵諸法；因爲十八界中的六塵都是你自己的六塵，並不是外面的六塵；各人都有自己的六塵，也就是內相分，這就是你的自性普賢供養你的。不但如此，祂還供養你色法總共十一種種子，也就是包含六塵在內的色陰十一個法，就是六塵與五色根的種子，所以你才能夠坐在這裡；否則莫說坐在這裡，你早已不在了，而這也是祂所供養的。

除此以外，不論你在人間熏習了種種謀生的技術，或者形而上學的玄學，或者世間法中的所謂藝術，當然也包括賣劣油騙人的技術都在裡面，他的自性普賢就這樣供養他這些種子；因爲他跟這些種子相應，也是他的自性普賢之所供養。這樣子供養的目的何在？無非就是讓這個人可以健健康康的，而且有世間智慧在人間生存，這都是自性普賢的供養。祂還供養別的東西：對世間人，祂供養著一念無明的習氣種子現行與隨眠，讓眾生繼續在三界中流轉，快樂地領受生老病死等苦。

但是，如果對於修證三乘菩提的菩薩們來說，祂供養的卻是無漏無爲法以及無漏有爲法，可是凡夫眾生都對這一些無漏性的諸法忽略而無所知。二乘人就對無漏無爲法非常在意而修學實證了，這也是他的自性普賢之所供養。如果是菩薩呢？就特別留意到無漏無爲法跟無漏有爲法，所以入地以後還努力修學一切種子的智慧，獲得了不同層次的道種智，而這些也是菩薩們的自性普賢之所供養。這樣看來，「普賢菩薩」無所不供。假使有人幹惡事下了地獄，「普賢菩薩」也不偏不倚地供養他無量無邊不可愛的痛苦六塵境界相分給他，並「安慰其心」說：「地獄果報受盡以後，我會爲你出生別的色身而離開地獄，痛苦就減輕了。」所以祂是平等地一體供養。但是，既然這一品講的是勸發品，當然要往善的方面來說，所以這裡的供養所說不只是在世間法上，也就是在無漏有爲法上面以及出世間法、世出世間法上面，來對菩薩們作廣大供養。而這些供養目的何在？就是「守護」及「安慰其心」。

那麼，也許有人想：「爲什麼普賢菩薩供養了，還要守護呢？」這就有不同的意涵了。守護是對菩薩們來說，菩薩們實證了如來藏「此經」以後，有時候心疑，這並不奇怪。三賢位中，特別是七住位還沒有滿心之前，心中有時懷疑：「這眞的就是如來藏嗎？這眞的就是眞如嗎？這就是最究竟的最後心嗎？會不會哪一天我又找到另一個心可以出生這個心呢？」這在七住位還不滿心的菩薩來講，是很正常的事。可是「普賢菩薩」會守護他，因爲「普賢菩薩」每天乘著六牙白象王，在他眼前晃過來、晃過去，讓心有懷疑的菩薩們時時刻刻隨時隨地加以讀誦，他要閱讀的《妙法蓮華經》就是「普賢菩薩」。他越讀越誦就越發瞭解，特別是往往有時人家來否定他說：「你證的這個是生滅法喔！」普賢菩薩就示現給他看，讓他看看有沒有辦法找到一個方法把祂滅掉。最後的結果是，不管什麼法，去到「普賢菩薩」那裡就全部滅失掉，一法不存，何況能有一法可以滅掉祂呢？然後，心裡面又懷疑：「這

『普賢菩薩』是什麼時候出生的呢？」於是想盡辦法去推究，永遠都推究不到，所以最後就只好信受了：「唉！『普賢菩薩』還眞的不生不滅。」於是心得決定，這一定下來就不再懷疑了，於是「普賢菩薩」就成功守護他了。

那麼「普賢菩薩」是如何「安慰其心」呢？我們先來講講凡夫好了，就來加一點調味料給諸位。譬如凡夫，他們到了臨終時，如果沒智慧，不信有「普賢菩薩」，於是惶惶然，心裡非常之痛苦，因此有的人就是不肯死。不單是世俗人如此，以前桃園縣某一個佛寺，也曾經有一位老比丘更是如此。看他快往生了，大家都來幫他助唸；助唸過八個鐘頭，他還沒有想要走，於是大家說：「看來他走不了了。」於是大家回家了；在回家之前，也就是在那八個鐘頭的助唸以後，就由大家分批幫他助唸；這樣整整三天，就是三個日夜，福報還眞大。大家助唸到三個日夜過了，看看他是走不了，於是大家相約回家。因爲眞的累了，都回家去了；沒想到大家才剛回到家，他就走人了。爲什麼呢？因爲沒有人陪他——沒有人幫他唸佛，他也就走了。

如果是有正知見的人，他想：「我是不生不滅的。」但他不知道自己有個「普賢菩薩」，因此想：「我是不生滅的，所以我死了，二十年後又是一條好漢。」所以他不恐懼，該死就死了。他心裡面早有準備：「反正我死了以後不是斷滅空。」不管祂叫作什麼，把祂叫作上帝、冥性或者祖父、大梵天，都行！其實就是「普賢菩薩」，這便是祂給一般常見外道或者一般的凡夫們的安慰，讓他們臨命終時對世間的眷屬等有所不捨，可是也不恐懼。

這在南傳《阿含經》—《尼柯耶》—裡面，現在可能還有經文明載著，裡面有談到愛阿賴耶、樂阿賴耶、欣阿賴耶、喜阿賴耶；因爲大家對阿賴耶識這個心性都很愛，愛得不得了，所以活著的時候很歡喜，很愛第八識的自性：「我有這個阿賴耶識，我不能沒有阿賴耶識。」雖然他們不知道是哪個，就只知道有，才能使自己不會立即死亡。等到快死的時候，心裡面有一絲快樂說：「所以我死了以後並不是斷滅。」到了最後一口氣，心裡面喜悅說：「好在我有阿賴耶識，死後不會斷滅。」所以到中陰出現的時候，果然還眞的欣喜：「因爲有這個眞實心，我才能再去受生。」就這樣繼續尋找未來世的父母。終於確定可以投胎，確定不會斷滅了，即將入胎時就想：「我有眞實心阿賴耶識常住不壞，眞是好。」這就是「普賢菩薩」對常見外道「安慰其心」。乃至對斷見外道，也是這麼「安慰其心」的，所以斷見外道去到中陰境界時，他們歡喜起來說：「原來死後不是斷滅。」那時他們歡喜起來了！因此眾生對眞實心，眞的叫作愛樂欣喜，都是因爲「普賢菩薩」的緣故。

那麼「普賢菩薩」對菩薩們是怎麼安慰其心的？菩薩心裡面總是有準備：「我該走的時候就走了，還沒到走人的時候，努力把該作的事情去作完。」所作未辦，要趕快辦；梵行未立，要趕快立。至於「不受後有」，跟咱們菩薩無關，那是二乘人的事；咱們要留惑潤生，繼續接受後有，世世再行菩薩道，所以心中沒有恐懼。因爲知道這個階段的任務已經完成了，要開始下個階段的任務了，所以菩薩就安心地捨壽。能夠安心捨壽的緣故，則是因爲「普賢菩薩」安慰其心；然而「普賢菩薩」這樣作，最主要的目的就是供養《法華經》。無論如何要使《妙法蓮華經》廣受大家的信受，廣受大家的崇敬，然後可以讀誦、可以受持。你其實不必問你自家的「普賢菩薩」說：「菩薩摩訶薩！您眞的如此嗎？」因爲明知道祂不會答你的話，祂就直接顯現給你看，就是這樣子。

那麼，普賢菩薩說完這個道理以後，接著說：「是人若坐思惟『此經』，爾時我復乘白象王現其人前；」意思是說，當這一個人，不管他是行走的時候讀誦「此經」，站立的時候讀誦「此經」，「普賢菩薩」都同樣會供養他、守護他，「安慰其心」。他如果坐下來不是讀與誦，而是想要深入思惟時；思惟就得專心，不能老是只在走的時候去讀祂，站著讀祂，也應該坐下來更深入思惟。當這位菩薩坐下來思惟《妙法蓮華經》了，這時「普賢菩薩」又繼續乘坐著「白象王」，顯現在這個人面前。

諸位來看看，這裡說的是乘坐「白象王」，跟前面那半句講的「六牙白象王」不一樣，爲什麼現在不談六牙的白象王？因爲現在是坐著思惟，你六根六識之中只要意根和意識去運作就好了，其他都不必理會，所以不必有「六牙」。牙一定是往外刺的，沒有人把牙用來往自己刺的，對不對？這時是要向內，由法上去作觀行，所以一牙也不必，所以這時祂又坐著白象王現在這個人面前。請問諸位，特別是你們增上班的菩薩們，你們今天來到這裡，是不是坐著「六牙白象王」來的？你們根本就是坐著祂來的。然後你們如今正在聽法時，有沒有去看外面的色塵？去聽外面的聲塵等等？沒有啊！你們都專心在法塵上，所以用不著六牙，這時候就是把六牙收起來，只是白象王而沒有六牙了。

所以，這時你的「普賢菩薩」是坐著「白象王」而不顯現「六牙」，這六根象牙收起來了，隨意自如呵！接著當你在思惟的時候，假使你對於自己的「妙法蓮華經」，有一首偈或甚至於忘失了一句，「普賢菩薩」總是時時刻刻顯現給你，讓你重新再去記起來；如果不是記起舊的一偈一句，那就讓你去讀出更多、思惟出更多的很多句、很多偈；並且祂不斷地在教你，讓你瞭解更多。瞭解之後你想要再把祂整理整理，祂也陪你整理，所以叫作「與共讀誦」，而你讀誦久了自然就會通利。諸位想想看，是不是如此？凡是親證者之所見，必然都是同樣如此；所以《法華經》的經文是可以印證的，這絕對不是沒有智慧的人所能夠創造出來的。

接著，普賢菩薩又說：「**爾時受持讀誦《法華經》者，得見『我』身，甚大歡喜，轉復精進。**」這時受持以及讀誦《妙法蓮華經》的人，因爲這樣子而看見了「普賢菩薩」這個「我妙色身」，當然非常、非常大的歡喜，所以就越發精進。那麼這個「得見我身」，到底是見哪個我？怎麼聲音好小，我都沒聽見。（眾答：如來藏。）對啦！就是看見如來藏了。如來藏又稱爲「觀世音菩薩」、「妙音菩薩」、「普賢菩薩」，其實就是「釋迦牟尼佛」，這在〈見寶塔品〉中，我們已經講解過了。

所以菩薩們看見「普賢菩薩」的時候當然很歡喜，因爲以前所不懂的現在懂了；因此，以前每天誦著《心經》，因緣不夠的人，就只是嘴裡一字一句誦過去，其實不是眞的在讀誦，只是在唸經。等到他有一天找到「普賢菩薩」的時候可就不一樣了，因爲他找到「普賢菩薩」之前，開始努力修學佛法了，不只是唸經而已。可是開始學以後，每天唸著《心經》，覺得好奇怪，爲什麼無眼耳鼻舌身意？爲何又沒有六塵、沒有六識？乃至這十八界的功能都不存在了？最後實證了以後，竟然還說「無智亦無得」，這眞的很怪。雖然怪，既然努力在學法了，也就把它擺著，暫時不理會，好好學習再說吧！等到有一天終於證悟了，找到「此經」——「普賢菩薩」以後，有一天又課誦起《心經》來，那時就說：「唉呀！原來如此！」這就會通了，所以「甚大歡喜」。

以前有人去打三前，總是說：「我破參了以後，在解三誦《心經》時，我絕對不會哭，哪有人那麼愛哭？」換到他破參的時候，解三誦起《心經》來，他哭得比誰都厲害。不是覺得悲慘，而是因爲歡喜，這就是「甚大歡喜」

的緣由。從此以後一切《般若經》請出來時，都可以體會到那是什麼意思了，所以智慧開始出生。經典讀得懂了就放不下手，開始努力去讀、去誦；讀誦了以後又坐下來思惟，然後再請出「普賢菩薩」來，再看看「普賢菩薩」怎麼開示，怎麼護持，怎麼教導，怎麼共同讀誦。所以，能不能親見「普賢菩薩」，眞是學佛過程中非常重要的一件事情，沒有哪一件事情比這個更重要。所以只要眞的見了「普賢菩薩」，一定「甚大歡喜，轉復精進」；因爲知道自己在成佛之道上確實已經邁步前行了，不再是以前所感覺到的原地踏步。

那麼，普賢菩薩又說：「以見『我』故，即得三昧及陀羅尼，名爲旋陀羅尼、百千萬億旋陀羅尼、法音方便陀羅尼，得如是等陀羅尼。」陀羅尼，翻譯成中文叫作總持。你們如果有讀過《阿含經》，會看到《阿含經》裡面的某些經典前面，往往會有一些偈，大概都是四句，那四句偈後面接著就是幾部經；也就是說，怕遺忘某一些經，所以編了四句的偈方便記住；爲人講經時，先把偈誦出來，就會記起來這部分的法義總共有幾部經，再依那個偈去把經誦出來，古時的比丘、比丘尼們就是這樣記憶經典的。就好像我們編了〈正覺總持咒〉，也是這個道理，這樣子作了總持，你就容易記了，就不會遺漏其中的部分。可是能夠得到總持，當然必須要先親見「普賢菩薩摩訶薩」。

這句經文中又說到「即得三昧」，這三昧在《楞嚴經》裡面叫作金剛三昧，因爲所證的法猶如金剛、堅不可壞，所以你證得這個法以後智慧生起了，心得決定而不退轉了，就叫作證得金剛三昧。這個三昧的證得，同樣必須親見自己的「普賢菩薩摩訶薩」；所以想要證得這個三昧和總持的人，必須先見到「普賢菩薩摩訶薩」。那麼自性的「普賢菩薩」，爲什麼我們要稱祂爲摩訶薩？因爲不論你如何修行，不論你證量有多麼高，你永遠無法超過祂，所以祂就是你的摩訶薩。

也許有人想：「我最後總會成佛吧？當我成佛了，不就比祂高了嗎？而祂只是菩薩。」可是你成佛的時候，祂卻有另一個名號，叫作「釋迦牟尼佛」，連你五蘊之身也一樣叫作「釋迦牟尼佛」，你能比祂高嗎？說句老實話，你成佛以後，不論是你的莊嚴報身佛、應身佛、化身佛，也還是依祂而有，那你能高過祂嗎？永遠都不可能。所以即使成佛以後，你也得把祂稱作「普賢菩薩摩訶薩」。可是，想要證得「普賢菩薩摩訶薩」——想見到這個「我」、這個法身，就得要信受《妙法蓮華經》，然後願意修學、願意讀誦也願意受持，才能夠有一天終於得以面見。

眞的當面看見了，所以你在生起貪瞋時也會看見的，就是坐著六牙白象王的「普賢菩薩摩訶薩」。可是我當年破參的時候，我是坐著參究，破參時全都向內收攝而住於內法「普賢菩薩」中，所以我當時看見的是坐著白象王的普賢菩薩摩訶薩，沒有六牙。然後接著換我來坐這一頭白象王，再把六根白象牙伸出來，去探觸一切諸法。所以，你身中這個「普賢菩薩摩訶薩」神通變化，你要祂用六牙，祂就給你六牙；當你不需要六牙去穿刺六塵時，祂就收起來。你看，這樣的六牙白象，珍貴不珍貴呢？你再也找不到這樣的六牙白象王了。可是當你找到了，你回過頭來說：「唉呀！原來我現在才眞正懂得讀與誦《妙法蓮華經》。」檢討的結果，正是因爲「得見『我』身」，就是因爲努力修學，然後終於看見了「普賢菩薩摩訶薩」，這時你就有了金剛三昧。

所以你如果是有這個參究的體驗，是自己去參禪找出來而不是人家爲你明講的，也不是單憑意識思惟出來的；當人家來恐嚇你，說你是大妄語人；

或者也許在捨報的時候，天魔波旬前來恐嚇你說：「你認爲自己證悟了，這是大妄語，你證的這個並不是如來藏，你不該承擔起來，否則你死後就得下地獄去。」但你不接受恐嚇，因爲你親自體驗到，眼前就看見祂那麼眞實而不虛妄。然後天魔也許再恐嚇你：「你證得的這個心，其實是生滅法，有生有滅，你不該拿祂當作證眞如。」你說：「不！這個法，性如金剛，堅不可壞。而你天魔根本就不知道『普賢菩薩摩訶薩』在哪裡，你如何知道祂可壞或不可壞？不然你證明給我看，你的『普賢菩薩摩訶薩』在何處？又要如何把祂毀壞？」

菩薩眞的有智慧啊！這是諸位應該有的智慧，當場就問他這麼一句：「你告訴我，你的『普賢菩薩』在哪裡？」他可就傻眼了：「啊？普賢菩薩在東方多麼遠的世界之外，你怎麼叫我拿出來給你看？」你說：「不！你也有一尊『普賢菩薩摩訶薩』，比你的神通厲害過無數倍，而你自己都不知道。」也許他不信，提出來質問：「那你告訴我，我的『普賢菩薩摩訶薩』有什麼大神通？」你就當面戳著他的鼻子罵：「你這個飯袋子，你就是這樣被出生的。」記住了啊？哪一天，假使天魔眞的來擾亂你，就這樣戳著他的鼻子罵：

「你這個飯桶，你就是這樣出生的。」這時候他搔搔後腦勺，眞的不知道你意下何在，你就告訴他：「你家的『普賢菩薩摩訶薩』每天照看著你，安慰你，教導著你，可是你視而不見，聽而不聞，你這個笨蛋！」這樣罵他，保證無罪，也許天魔心中還感謝你願意爲他如此開示，也許你在中陰境界即將去投胎時，就收了這麼個徒弟。

能收天魔作徒弟也不賴，你要知道，他未來世就會跟著你學法，在他後面可是一大票人呵！天魔的眷屬是很多的，只是你度了這個徒弟以後，弘法時會辛苦一點，因爲他們熏習邪見很久了，你要慢慢教，要耐心一點；但是度了這個天魔徒弟以後，保證你將來成佛就很快。一個三千大千世界中有百億個天魔，你度到其中一個也不錯，也許未來世，你在另一個小世界又度了個天魔，那也不錯，那你的徒眾就非常多了，將來成佛時，聲聞、緣覺、菩薩等弟子都是無量無邊。所以不要一看到天魔就說：「你走開！」因爲那也是你要度的對象之一。

但你爲什麼能夠這樣度他？因爲你已經證得「此經」，知道自己的「普賢菩薩摩訶薩」一直都在身中陪著你。所以這時你有了金剛三昧，獲得金剛三昧以後就必然有個總持，我們簡稱為眞如，或者簡稱為本來自性清淨涅槃。當然，眞如與本來自性清淨涅槃還是有一點差異，這在我那本《涅槃》書裡面已經都寫了，會在《正覺電子報》中連載出來。這本書，我在上週寫完寄給編譯部了，剛好三十七萬字。眞如與本來自性清淨涅槃，還是有一點差異，但這裡先不談這個法，只說這是個總持。以本來自性清淨涅槃為總持，智慧勝妙，不是二乘聖人所能體會的；但若以眞如為總持，層次是比較高一點。

那麼，當你有證眞如，能夠現觀眞如的時候，這眞如就是你的陀羅尼；因為你由這個眞如，可以去觀察到本來自性清淨涅槃；那麼這就是你的總持，而這個總持可以衍生出無量無邊法。當你由眞如「普賢菩薩」衍生成無量無邊法的時候，你就有勝妙智慧可以為人宣講。宣講時就叫作轉法輪，轉法輪就是旋陀羅尼，眞如讓你可以把這個總持不斷地運轉，永不休止。當你有了旋陀羅尼時，就會繼續衍生出來很多的旋陀羅尼；所以一個法又一個法不斷地衍生出來，這就叫作十旋陀羅尼、百旋陀羅尼，百萬、千萬、億萬乃至百千萬億的旋陀羅尼。

這事情不需要懷疑，因爲我就是一個現成的例子。我這一世沒有師承，我是自己證悟眞如之後出來弘法的；剛開始爲人說法的時候——我破參後大約一個多月或者二個月，重新再繼續爲大家說法，那時只有一個旋陀羅尼。因爲都只是一個總相，往世的全部法義還沒有全部回復過來；可是說著、說著，一面演說就一面開始跑出一些往世所證的法來，所以就開始有二個、十個、百個、千個，就這樣不斷地衍生出來。而我講經說法這麼多年，沒有離開這個金剛三昧，也從來沒有離開過眞如總持。但是由這個金剛三昧，由這個眞如總持，也就是由「此經」，我就衍生出很多很多的法來爲大家宣講，就是「百千萬億旋陀羅尼」。

我講經不是像一些大法師們，他們出門時要有人專門爲他提著手提袋，一刻也不許離手；因爲萬一離手而遺失了，他就無法講經了；你再給他經文也沒用，因爲他是用了好幾天、好幾個月，一個字又一個字去寫出來的，然後就照那些文字去唸出來。那其實應該叫作唸經，不該叫作講經。電視上有好多大師錄影出來弘法，他們是怎麼錄的？他們就是全部寫好以後，在攝影鏡頭下方擺一個螢幕，然後有人操作電腦，讓他把自己寫的文字一字又一字去讀出來。你們看我講經時，我就是這個經文，有時頂多加註幾個字在經文旁邊，是因有些法義恐怕忘了講，便加上五、六個字提示著。有時候就只有一個字，有時候是三個、五個字，提醒我不要漏掉這些法忘了講。所以我不是寫著一張又一張的文字，一面講著一面翻頁。像我這樣每次講經，若是要一頁又一頁翻著唸，兩個鐘頭下來要翻幾張？但依舊是在同一張經文上面講，而且有時同一張經文的內容要講上幾個月。

這就是說，經由金剛三昧及眞如總持，使你得到眞如陀羅尼之後，接著就開始有旋陀羅尼。這個旋陀羅尼運轉時——旋就是運轉，運轉的時候就不斷地出生更多法，就有更多旋陀羅尼。有沒有看見棉花糖？就像那樣不斷地出生，所以旋陀羅尼就從一個變十個，十個變百個，越來越多，因此最後就是百千萬億旋陀羅尼。且不說別的，單說個涅槃好了，涅槃二個字就是一個總持，就是一個法聚；咱們把涅槃運轉起來，運轉的結果，本來預定二十六萬字要寫完的，後來竟然變成三十七萬字才寫完。這可以說，有佛教史以來，把涅槃講最多的，大概就是我了。

釋印順被六識論聲聞僧尊稱爲導師，結果他在《妙雲集》裡面怎麼說涅槃的？他說涅槃是不可說的，不可思議的，無法言語說明的。眞是豈有此理！那他自稱成佛了，究竟是成個什麼佛？可是我十幾年前在桃園演講時，就從自心現量直接說了：阿羅漢沒有證涅槃，菩薩才有證涅槃。於是我解釋那個道理，說涅槃就是如來藏獨住的境界。以前有些法師們看見我這本書這樣講，就罵：「邪書！邪魔外道！收集起來燒掉。」臺灣有大法師燒過，大陸也有大法師燒過。但如今看來，我是以最簡單的說法，就把涅槃的本質道盡了。其實這個道理，我過去世就寫過了，不是現在世才這樣講。當然，我當年在桃園那樣講涅槃的時候，還沒有讀到我過去世寫的那一部論，但我還是那樣講出來了，因爲從我的證境現量中的所見就是如此。如今大家都不再否定、不再收集《邪見與佛法》去燒了，因爲現在知道這種行爲其實是破壞正法。所以你看，涅槃二個字，我可以寫成三十七萬字，而我是依眞如——也就是依「普賢菩薩」而寫成的；那你說，眞如「普賢菩薩」是不是有許多的旋陀羅尼呢？一定有啊！

所以，只要你證得「妙法蓮華經」，現觀「普賢菩薩」每天坐著你這隻白象王，在世間爲自己也爲眾生說法，心得決定時就稱爲止，叫作奢摩他，也叫作得智慧定。然後由於這個心得決定的定心所，由於你有這個金剛三昧，因此你接著常常讀祂、誦祂。所以你在走路時也可以讀祂、也可以在心中誦祂。你站著的時候，譬如等公車，或者等家人開車來載你，你站著等待時也可以讀祂、誦祂呀！這眞的不奇怪。行走的時候讀經、站著讀經，都不奇怪，當你蹲馬桶時也可以讀經、誦經。可不要說我對經典這麼不恭敬，因爲這部經不是那部文字的經典。所以不懂的人依文解義，就說：「唉呀！後人寫的《妙法蓮華經》講義，也寫得太荒唐了吧？荒腔走板，《妙法蓮華經》怎麼能夠一面走一面讀？」是不是這樣否定「妙法蓮華經」？是這樣否定的啊！

其實不然，「妙法蓮華經」當你走路時最好讀了，不然打三的時候幹嘛每天早上要你們經行？不是爲了讓你消食，是要你好好讀誦「此經」。那麼行走時可以讀，站著時當然也可以讀，所以 普賢菩薩明白地告訴你：「是人若行、若立讀誦『此經』，我爾時乘六牙白象王，與大菩薩眾俱詣其所，而自現身。」一點都沒有騙人，因爲你行走讀「此經」的時候，一定要把六根大象牙伸出來使用，否則你就不能行走時讀經了。那麼你看，普賢菩薩這樣作、這樣說，有沒有騙人呢？沒有！一句一字都是如實語，因爲我已經爲諸位證明確實如此，而諸位悟後也能爲我證明確實是如此。

所以當你得見「普賢菩薩摩訶薩」之身——白象王，那麼你就可以得到金剛三昧，也可以得到佛法的總持；得到這個總持以後，一定會有旋陀羅尼，只是你們的旋陀羅尼，會是只有一個，或者悟後進修而能衍生出更多個，只有這個差別。如果證得「此經」之後，這個旋陀羅尼永遠都只有一個，那就要好好迴向：「以我實修正法的功德，迴向給我某某某，下一世得到很好的勝義根；迴向我某某某，下一世不會再有業障、法障，讓我把旋陀羅尼運轉以後，變成十百千萬億旋陀羅尼。」要這樣迴向，這就是因爲得見普賢菩薩摩訶薩的緣故，甚大歡喜，轉復精進，開始有了旋陀羅尼。

實證了以後，其實不必一定要對什麼人講，至少在自己心中去把它運轉也行，這也是「旋陀羅尼」。然後遇到有緣人，依照 佛陀的吩咐，也依照 佛陀的告誡，隱覆密意說法，把密意隱覆著，以免壞了對方的法身慧命，然後你就旋轉起你的陀羅尼來。這樣子，你越旋轉這個陀羅尼的結果，就會衍生出更多的陀羅尼來，然後你的旋陀羅尼就越來越多了，最後成就「百千萬億旋陀羅尼」。

當你有很多旋陀羅尼的時候，你就會有一個陀羅尼，叫作「法音方便陀羅尼」。剛出來說法的時候，假使往世不是常常當法師，都只是在受學，這一世是第一次出來當法師（不是指出家受戒那個「法師」，而是說法之師的「法師」），有時候上課會覺得有一點不順，閩南語說卡卡的，就是不滑順，那是因爲你的旋陀羅尼還太少。你只要繼續把它運轉下去，旋陀羅尼就會越來越大、越來越多。到後來，只要你開始運轉你的總持時，你會發覺：「糟了！沒完沒了，講個不停，時間老是不夠用。」爲什麼呢？因爲你正在轉這個陀羅尼時，突然又跑出另一個陀羅尼來。

你在講時，突然動了一個念頭，速度很快，一閃就過去：「我要不要接著多講解這個法聚？」正在想著時，又有另一個法聚跑出來。就是這樣啊！所以旋陀羅尼變得非常多，寫書的時候就得增寫好多的法。現在有電腦眞是好，以前都是用稿紙寫，在那六百字的稿紙上寫著時，都要準備一疊便條紙；寫著寫著，突然另一個相關的法聚跑出來了，就趕快往便條紙上寫二、三個字，不然繼續在原來的法聚上寫下去以後，就會忘掉這個突然冒出來的法聚；因爲你把這一聚寫完時，那一聚就已經忘掉了。所以都要先轉到便條紙上去寫二、三個字提示，然後再回來把原來的法聚正理寫完；往往一段文字寫完時，便條紙上已經寫了好幾個字提示幾個法聚了。

這就是說，當你有這麼多法要講時，表示已經都互相貫通了；這個陀羅尼跟那個陀羅尼有關聯，那個陀羅尼跟這個陀羅尼也有關聯，另外那個陀羅尼跟這個陀羅尼沒有關聯，可是湊過來跟第三個陀羅尼時就又聯結起來了，所以你有很多內容要講。有時候你心想：「我今天可以講完這一頁經文。」結果沒想到，只講了二行，有時甚至只講了一句，也就是旋陀羅尼太多了。這時你不是擔心說：「我講解起來可能不很順，會不會有些卡卡的？」沒想到一直都是時間不夠用，所以到這個時候你就說法無礙了。說法無礙表示你有什麼？有「法音方便陀羅尼」。所以當你講久了以後，整個都融會貫通起來了，就有非常多的法義可以講，往往也是應該講的。那時你是必須要把自己限定範圍的，在運轉這個陀羅尼的時候，跑出另一個陀羅尼來，在你心中一念閃過，你知道那個法與正在講解的這個法關聯不大，就把它捨了不談，這就表示你已經有「法音方便陀羅尼」。

那麼你想要有「法音方便陀羅尼」，是必須要具備一些條件的，也就是說你從入地以後，就必須要有四無礙智，只是還不圓滿。九地滿心的四無礙智是圓滿的，所以才能進入法雲地，說法如雲如雨永不斷絕；但是其實你入地的時候，就應該具備第一分了。四無礙辯，諸位應該還記得吧！要先有第一個法上的無礙，換句話說，你對法要先通達——於諸法的定位及關聯都已了知。法通達了，接著對這一些法的意涵能夠如實理解，有了勝解。最怕的就像啞巴吃湯圓，心裡有數，但是到底是多少個，他講不出來，表示他的言詞有問題，所以還得要有言詞來配合，這個言詞就牽涉到因明學中的宗、因、喻、廣說、結辯等等。當你有了這些言詞上的方便，就能夠把佛法的內涵、次第、眞實義都爲大家宣演出來。當你能夠這樣爲大家宣演，而本身有非常多的「旋陀羅尼」時，對你而言，說法不是負擔，說法已經是一件快樂的事情。

平常去布施，你一次能布施多少人？一次一個，對不對？你布施的時候，一定這一位布施完了，換另一位過來，你才能再布施；即使分成很多地方布施時也是一樣。可是當你作法布施的時候，一大群人同時布施而沒有中斷。那麼，自己有好多的旋陀羅尼，可以同時把佛法布施給很多人，法樂無窮，而大家跟著你學得好歡喜：「哇！今天又學到好多的妙法。」這就是樂說無礙的功德。這時說法對你而言不是一件苦差事，而是一種享受；所以除非病到起不來，否則無論如何，爬也要爬上這個法座來說法。就像我以前感染了皮蛇，我也是不放棄說法的。那種病眞的好厲害，現在皮膚上都還留下一些痕跡。開車，平常都覺得這部車子不錯，避震器很好；到了感染皮蛇時卻覺得還是不行，即使開得很慢了，也還是震動得很痛。有人問我說：「老師！您今天能上去嗎？」我說：「行！只要我走得動，我就一定上去說法。」結果正在講經那二個鐘頭裡都不知道什麼叫作痛。

說法是快樂的事，爲什麼呢？因爲你有「法音方便陀羅尼」，但這個陀羅尼是從「百千萬億旋陀羅尼」來，而「百千萬億旋陀羅尼」卻是從根本無分別智的總持旋陀羅尼來；你之所以有那個總持，則是因爲你得金剛三昧；而這個金剛三昧的來由，是因爲你證眞如；能證眞如則是因爲你證得「此經」，也就是你的自性普賢，又名自性觀世音，由此而漸漸衍生無量的旋陀羅尼，所以最後 普賢菩薩總結說：「得如是等陀羅尼。」這些陀羅尼好不好呢？應不應該證呢？（眾答：應該。）當然應該，再也不要像外面那些大師們說的：「那是大菩薩們的事，我們只要老老實實念佛就好。」問題是，他們念佛有老實嗎？老實念佛的境界，他們這輩子絕對作不到的；因為他們的心永遠不老實，如果念佛的時候「一句佛號理事俱全」，你大聲或小聲唸佛時看著說：「啊！原來都是我的心眞如在念佛。」這時妄心死了，死透了，那時再來唸一句「阿彌陀佛」、唸一句「釋迦牟尼佛」，可就老老實實了。所以老實念佛也不容易，因此得要從實證「此經」來下手，才能獲得金剛三昧及旋陀羅尼。

因此，眞正的學佛人，在沒有善知識出世之前，心中可以懷疑：「佛法很難實證，我這一世大概沒希望。」有這個念頭時並不羞恥，這很正常；因為在我破參之前，我也曾這麼想。等到我把人家教的法都丟了，參了十八天半，到了第十九天午齋過後還繼續在參，直到三點多才全部丟掉：「看來大法師教的沒用，無法證悟的。我不如自己來整理看看。」就用「明心見性」四個字下手，引出了往世證悟的種子，當時也就全部解決了。我出來弘法，正是為大家作了這個證明；後來也經過會內三次退轉者的自我檢驗，也經過諸方的挑戰，現在證明如實，眞實不二，所以大家就應該堅定心志說：「這一世我有希望實證，我應該去把實證的條件圓滿起來。」

那就依照佛菩薩的開示，探究一下眞要實證的時候需要哪些條件。也就是說該打的地基先把它打起來，沒有打地基可別一來到正覺就說：「蕭老師！我要開悟，您給我一棒。」我不打人的。所以基礎作好了，然後求證，就是水到渠成；你不先把水溝挖好，老是喊著說：「水啊！流過來！流過來！」它不會流過來的，你只要把水溝挖好了，最後源頭那邊一鋤頭掘下去，整個水流就通過來了，有水可用了，這才叫作水到渠成。因此進了正覺之後要立下的第一個願，就是開悟明心；那麼二年半的禪淨班課程，或是在進階班裡面，就要設法把應該具足的條件圓滿起來。也就是等你把水溝整條都挖好了，這時我扛著鋤頭來了，這麼一掘也就解決了。

接著就是內門廣修菩薩六度萬行，不必發愁說：「那我悟了以後要怎麼修行？」不必發愁。前些時候依舊有人在大乘見道的證眞如上面有疑問而提出質問，我又從見道方面作了一些整理。心想：「我這麼忙，不得不撥出時間來寫了這麼多法義，這些法義又是重要的，與大乘涅槃的實證有關，總不能把它丟棄了吧！」因此乾脆把它略作補充，就放進《涅槃》書裡面去連載。所以悟後該怎麼修，《涅槃》裡面也有講到，說明了應該怎麼樣進入初地；諸位可以配合我們原有的那一本《明心與初地》口袋書，你就知道悟後該怎麼修到初地了。所以，證得自性釋迦牟尼佛，證得自性觀世音菩薩，證得自性妙音菩薩、普賢菩薩，才是重要的事。你只要去親證了，經典自然漸漸就通了，除非你的因緣還沒有成熟，我就拉著你的耳朵罵說：「眞如就是如何、如何。你又沒有修無相念佛的功夫，想要參禪開悟？你就死定了。反之，如果有動中定力，一定可以成功。」以此緣故，普賢菩薩說：「以見『我』故，即得三昧及陀羅尼，」這眞是可以實證的；普賢菩薩摩訶薩說的是如實語，我們應當信受。接著，普賢菩薩又怎麼開示呢？

經文：【「世尊！若後世後五百歲濁惡世中，比丘、比丘尼、優婆塞、優婆夷，求索者、受持者、讀誦者、書寫者，欲修習是《法華經》；於三七日中，應一心精進。滿三七日已，我當乘六牙白象，與無量菩薩而自圍繞，以一切眾生所喜見身，現其人前而爲說法，示教利喜；亦復與其陀羅尼咒，得是陀羅尼故，無有非人能破壞者，亦不為女人之所惑亂，我身亦自常護是人。惟願世尊聽我說此陀羅尼咒。」即於佛前而說咒曰：

阿檀地（一）檀陀婆地（二）檀陀婆帝（三）檀陀鳩舍隸（四）檀陀修陀隸（五）修陀隸（六）修陀羅婆底（七）佛馱　波羶禰（八）薩婆　陀羅尼　阿婆多尼（九）薩婆　婆沙阿　婆多尼（十）修阿　婆多尼（十一）僧伽　婆履叉尼（十二）僧伽　涅伽陀尼（十三）阿僧祇（十四）僧伽波伽地（十五）帝隸阿惰　僧伽兜略　阿羅帝　婆羅帝（十六）薩婆僧伽　三摩地　伽蘭地（十七）薩婆　達磨　修波利剎帝（十八）薩婆薩埵　樓馱憍舍略　阿耨伽地（十九）辛阿　毘吉利　地帝（二十）

語譯：【普賢菩薩又說：「世尊！如果後世到了最後五百年的五濁惡世之中，比丘、比丘尼、優婆塞、優婆夷，來求索這一部《妙法蓮華經》的人，或者受持者、或者讀誦者、或者書寫者，想要修學熏習這部《妙法蓮華經》；他在三七二十一日之中，應該要一心精進。滿足三七二十一天以後，我普賢菩薩將會乘坐著六牙白象，與無量的菩薩圍繞著，並且我將會以一切眾生所喜見之身，現在這一些人的面前而為他們說法，並且開示教導利益他們而令他們歡喜；也會同時給他們陀羅尼咒，他們得到了這個陀羅尼的緣故，不會有任何鬼神之類能夠破壞他們的，而且也不會被女人所迷惑而迷亂，我普賢菩薩自身也自然會常常守護著這個人。誠懇的希望世尊聽我說出這個總持咒。」然後就在佛前說咒：

阿檀地，檀陀婆地，檀陀婆帝，檀陀鳩舍隸，檀陀修陀隸，修陀隸，修陀羅婆底，佛馱 波羶禰，薩婆 陀羅尼 阿婆多尼，薩婆 婆沙阿 婆多尼，修阿 婆多尼，僧伽 婆履叉尼，僧伽 涅伽陀尼，阿僧祇，僧伽波伽地，帝隸阿惰 僧伽兜略 阿羅帝 婆羅帝，薩婆僧伽 三摩地 伽蘭地，薩婆 達磨 修波利剎帝，薩婆薩埵 樓馱憍舍略 阿耨伽地，辛阿 毘吉利 地帝。（導師以梵音慢速誦唸。）】

講義：我特地唸很慢，因爲有人抱怨說：「您上回那個咒講好快，我都來不及讀。」其實我上一週唸咒時並不快，但因爲是梵音，諸位聽起來很吃力才會跟不上，我唸得不快。普賢菩薩接著向 世尊稟告說：「如果到了末法時代最後那五百年，那是五濁具足的惡世，那時如果有佛門四眾想要求索『此經』的人，或者想要受持『此經』、讀誦『此經』、書寫『此經』的人，他們是想要修學或者熏習這部《妙法蓮華經》，應該在三七二十一天之中，一心精進。」換句話說，在事相上想要來修學、求證、讀誦、書寫的人，目的是想要修學「此經」、聽聞熏習「此經」，「此經」當然指的是「妙法蓮華經」，也就是自心如來藏。如果到那時還有人願意這樣來求索，來受持、讀誦、書寫等；應該在二十一天之中不間斷，一心精進來求。例如《楞嚴經》說，以種種莊嚴而設置了楞嚴壇之後，要整整二十一天在壇中精進，想要求證初果。想要證得初果聖位，就得要整整二十一天不眠不休在壇中行道，不許睡覺；什麼時候可以離開壇中呢？不是吃飯、睡覺，而是吃飯、便利，不能離壇而去睡覺。然後如果有因緣，意思並不是每一個人都能得，而是說如果有因緣時才可以證得初果，也還不能證得金剛三昧，就無法受持「此經」了。

但是，普賢菩薩這麼老婆心切，說這三七二十一天一心精進，沒有規定你不許睡覺，因爲他沒講就是可以睡；所以當你很累了，中夜睡一會兒，有精神了再來一心精進行道。滿三七二十一天，普賢菩薩眞的會乘坐著六牙的白象王出現；當祂出現的時候，有無量的菩薩圍繞著祂。眞的啊！因爲我們的精進禪三不過是四天三夜，就有人可以親見　普賢菩薩摩訶薩，乘著六牙白象王前來，周遭有無量菩薩圍繞著祂。當　普賢菩薩乘著六牙白象王前來的時候，你看見所有人時，都只看見　普賢菩薩摩訶薩，而祂身邊圍繞著無量無數的菩薩都沒看見，你都只顧看著　普賢菩薩摩訶薩。爲什麼呢？因爲「普賢菩薩」「以一切眾生所喜見身，現其人前而爲說法」。

事上是如此，只要有因緣就能與　普賢菩薩感應；但是在理上，大家都只看見祂，所以我只好提示他說：「小心看著，普賢菩薩身邊有無量無邊菩薩。」大家才注意到：原來還有這個、還有這個。豈止這個、這個、那個、那個？簡直是無量無邊呵！所以叫他們喝水時，才發現原來有這麼多菩薩在，不是只有「普賢菩薩摩訶薩」一個人而已。再叫他們去學走路，管他七老八十了，照樣要學，因爲悟前眞的不會走路。走路回來了，接著驗收以後，我再指點他們，才知道到處都是菩薩；所以有的人喝過水以後再進小參室聽我進一步講解時就說：這眞是聞所未聞。

但那些法，絕對不會在講經的時候明說，因爲不能說，說了也沒有人會信；若沒有那些過程而把所有「菩薩」一個一個銜接起來，沒有人會信受的。最後終於才瞭解到：「原來普賢菩薩摩訶薩身邊跟著這麼多的菩薩，我都沒注意到，我都只看著普賢菩薩。」這會兒終於瞧見了，所以祂眞的「與無量菩薩而自圍繞」。然後祂顯現的時候，也是「以一切眾生所喜見身」來示現，爲眾生演說究竟、了義的第一義諦。好多眾生每天都看見「普賢菩薩摩訶薩」，結果總是對面不相逢；就得要弄一大堆的法在那一邊，然後給他們一大堆的障礙，讓大家去衝、去撞而渾身破皮流血了，再將他一把捉過來，回過身來一看說：「原來在這裡！」這樣才肯認。

你看眾生好不好度？難度啦！所以，人家少年男女有一首詞很喜歡唸的：「眾裡尋他千百度，驀然回首，那人卻在燈火闌珊處。」因爲燈火不夠亮，所以沒瞧見。因此我們禪三時就這裡一盞燈，那裡也一盞燈，每一盞燈都是一千燭光，這樣到處照得燈火通明，然後將他一把捉了，把頭扭過來問他：「你看，這是不是？是不是？」喔！是了，終於這樣子認了：「啊！原來如此！」終於認了，這時有好多大男生都還會這麼哭。妳們女生如果哭了，眞的沒什麼，連大男生都會哭：「原來我被祂騙了五十年。」我說：「不是你被祂騙，是你騙了你自己，祂從來沒有騙過你。」也只好承認了。「普賢菩薩」從來不騙人，永遠都是「以一切眾生所喜見身」來示現，來爲求了義法的人說深妙法。

其實眾生每天都看到祂，就只是不認祂，所以禪師有時罵人說壓主為奴，把主人貶作奴才、僕人；有時甚至罵人說壓良為賤，但這其實是凡夫眾生的想法。所以眾生說來還真可惡，對不對？真的可惡，明明自己是僕人，就好像河洛話講的乞丐趕廟公，結果善良的廟公反而要跟他借宿，由乞丐當起主人來，你說眾生可惡不可惡？真的可惡啊！可是你知道這個真相了，出去可不要指著眾生說：「你很可惡！你很可惡！」到時候人家說：「這個從正覺出來的，學到精神有問題了。」你可就壞了眾生法身慧命。所以常不輕菩薩，他就換一個好方法，見了人就禮拜讚歎：「我不輕視於你，你一定會成佛。」實在太老婆了，可是眾生都當他是個瘋子。因此，眾生都不知道說，「普賢菩薩摩訶薩」是那麼慈悲，永遠是普遍對一切眾生示現賢良之相，從來不虧待眾生，一切賢者無與相提並論，就這樣子每天為眾生不斷地示現。其實凡夫眾生也好，斷見外道也好，看見祂的時候全都很歡喜祂，只是壓良為賤慣了，不懂得認祂才是主人。

所以「普賢菩薩」也真的夠委屈，因為祂明明是用「一切眾生所喜見身」來「現其人前而為說法」，可是眾生不信，無可奈何，只好勞駕 釋迦牟尼佛人天至尊，這麼辛苦下生人間，才終於有一些人肯了、認了，然後得了總持，佛教才這樣子開始弘揚起來。所以「一切眾生所喜見身」，時時刻刻都在示現著，一切人、一切修羅、一切三惡道有情，「普賢菩薩」無有不示現者，當然祂是應該名爲「普賢」。而且，一切有情一直修到將來成佛，祂依舊不離不棄，仍然一往不變，繼續示現普賢之相，仍將是諸佛所喜見身，所以祂眞的應該叫作「普賢菩薩摩訶薩」。

如果有人三七二十一天，都能夠這樣用功的話，祂一定會示現。如果有誰自己建了一個所謂的道場，不管去山上何處買了間鐵皮屋的田園，就在那裡三七二十一天辦道；這樣精進努力修行求見「普賢身」，如果還看不見，來找我質疑，我就說：「好！我陪你去，我請『普賢菩薩』去那邊示現給你看。」他一定好高興，開車子載了我去。去到那邊一下車，我給他一巴掌，就回來了，因爲「普賢菩薩」已經去那邊爲他示現過了。今天講到這裡。

《妙法蓮華經》上週〈普賢菩薩勸發品〉，講到二〇四頁第二段第三行。上週講到正法後末世最後的五百年中，也就是末法時期只剩下最後五百年時，有的人想要修學實證「妙法蓮華經」，應該自己獨自在某處一心精進，滿足二十一天以後，「普賢菩薩摩訶薩」會乘坐六牙白象，身旁有無量菩薩圍繞，「以一切眾生所喜見身」，來這個人面前示現而為他說法。我們上週說到 普賢菩薩的「一切眾生所喜見身」，就是如來藏妙眞如心。那麼，乘坐著的白象王是有六根大象牙，也就是六根具足，伴隨著非常多的諸法而來示現。

這意思告訴我們大家，你如果想要找到自己的「普賢菩薩摩訶薩」，不要往身外去尋覓，應該在你自己這個色身上的六根門頭去尋找；所以 普賢菩薩示現時，都乘坐大象王，有六根象牙。好像沒有人笨到說，雕刻 普賢菩薩坐騎的時候，雕了六根象牙，因為那是一個隱喻的意涵，是說 普賢菩薩其實就在你六根門頭放光動地；但如果有雕刻師眞的雕了六根大象牙，也不必奇怪，因為他們只是依照經文所說去刻，可也無過，畢竟他們不是眞懂《法華經》的人，因為連大法師們都還不懂呢！

禪宗的祖師們也這麼開示過說，如來就在各人六根門頭大放光明，有因緣的人就能看得見。這一位在三七二十一天精進修行的人，他如果有因緣，就會看見「普賢菩薩」有種種的法眾來到他的面前，「以一切眾生所喜見身，現其人前而為說法」；只要眞的看見了，就會如實決定而不懷疑地相信「普賢菩薩」的示現，確實是「以一切眾生所喜見身」而示現；因爲當你實證了以後，一定會很歡喜看見祂。

還沒有實證的人，心中有時也許起念懷疑說：「爲什麼祂的示現，一切眾生都喜見？」但是我跟諸位打包票，不用懷疑。可是我這麼打包票，有的人一定更懷疑：「怎麼可能呢？他是菩薩呀！那如果是外道呢？那專門要破壞佛法的外道見了他，一定很討厭，怎麼會是一切眾生所喜見呢？」可我這個包票不會改變，不會因爲看見祂的對象是外道而有改變。即使是天魔波旬，哪一天如果有因緣看見了祂，一樣也會非常歡喜說：「唉呀！我終於看見『普賢菩薩摩訶薩』，太好了。」因爲他從來不曾看見，總是想要見卻看不見。

就好像有很多人一天到晚見怪：「大家都說家家阿彌陀，户户觀世音，我家爲什麼從來沒有人看見過觀世音菩薩？」如果遇見了這種人，我就告訴他：「觀世音菩薩每天在你眼皮下晃來晃去，你自己看不見，怪誰呢？」一樣的道理呀！「普賢菩薩摩訶薩」一天到晚在天魔波旬眼皮底下來來去去，他自己看不見，眞的不能怪誰啊！也許有人想：「再不然，那一些外道們全部，他們都會喜歡看見『普賢菩薩』嗎？」我告訴你：「不管哪一種外道，看見了『普賢菩薩』眞身的時候，一定都很歡喜，並且一時一刻也不想離開『普賢菩薩』。」

現在一定有一些人在想：「豈有此理！你又來籠罩我們嗎？」我說：「此話不然！打從我出來弘法二十幾年，不曾瞞過誰。」因爲當他們一旦看見了「普賢菩薩」眞身，保證他再也離不開了，每天膩在「普賢菩薩」身邊。到了晚上，即使閉起眼睛睡覺，他也把「普賢菩薩」緊緊抱著不肯放。妳們女眾可別說：「那普賢是大菩薩，我怎麼可以抱他？眞是不敬。」誰說不行？妳每天晚上都已經抱著祂睡覺，睡了幾十年了！妳打一出生以來，沒有一天不是這樣；過去幾十年都抱住不放了，現在繼續抱著有什麼關係？事實就是這樣，而且保證祂永遠不會背棄妳。

也許妳起個念好奇說：「我哪一天不要祂試試看。」我告訴妳：「妳找到祂以後，跟祂撞見了，妳不要祂也不行，祂可也不願離開妳。」我們曾經有位師姊好可笑，有一天過堂後，人家累了去休息，她老姊不去休息，她在樹下幹什麼，你們知道嗎？她在那邊甩，不然就踢腿，我說：「妳幹嘛呀？」「我要把祂甩掉，甩不掉呀！」我說：「妳能甩掉祂才怪。」你找到了祂，祂再也離不開你，你也離不開祂；你縱使想要把祂甩了，祂也不讓你甩，你說怪不怪？怪呵！可是想要遇見祂，還眞的難。

所以你看，「於三七日中，應一心精進」，咱們禪三不過四天三夜，這裡經文開示說得要整整二十一天。算起來，我這一世的經歷倒還差不多，不過我其實是不到二十分鐘就解決了，因爲前面十八天半都是用別人的方法，全都沒有用處；後來改用自己的見解，也沒什麼大費周章，也就二關全都解決了，講起來也簡單。因爲太簡單，我度人時也就太奢侈，所以大家參不出來時，最後一天全部找到小參室來，全部明講；結果是絕大多數全都死掉了，幾乎全部死光。

我心裡覺得：這個法本來就是如此，有什麼好懷疑的？沒想到我爲他們明講了以後，他們不久個個懷疑，於是一個一個就死掉了。所以現在還眞信：眞的不能夠明講，大家一定要自己去參究奮鬥。我能夠講的就是告訴你們：這是眞的，不是假的，是眞實可證的法，而且確實是萬法的根源，有情眾生最究竟的故鄉。因爲你不論怎麼樣說，那個脈絡是一貫的，不會前後互相矛盾，更不可能有所演變。所以，我二十來年說了這麼多法，不打草稿就這麼一直講下來，但是不會前後矛盾、不會自相衝突，因爲祂是法界的實相，依著實相的現觀而演說的佛法，是永遠都不會有矛盾的。

所以，你可能從上方講下來，從下方又講上去；從東方講到西方，又從南方講到北方，但都不會矛盾，因爲講的都是同一個東西，所以這是事實。當你找到了祂，你一定很歡喜說：「原來是你喔！普賢菩薩！好在有你！」你一定很歡喜看見祂，自古以來文獻上記載，見到祂而覺得恐怖的，只有一個叫作紹卿。他有一天參禪時，師父指給他看，當他悟了如來藏以後不敢承擔，就跟師父說：「我覺得很恐怖。」他爲什麼恐怖呢？因爲他覺得說：「怎麼有這麼一個東西在我身上，我竟然從來都不知道。」他覺得太陌生：「怎麼這個東西一直都在我身中？」師父就罵他：「是汝屋裡底，怕怖什麼！」他想想：「也對，我家本來有的東西，不是從外面找進來的，既然是我家本有的，我怕什麼？」才終於承擔起來，這時才終於說他眞的開悟般若了。

所以大部分的眾生，絕對多數的眾生見了祂，一定都很歡喜，只是剛開始時也許會覺得祂很陌生，可是不必多久就熟得不得了；過了半個月以後，根本就把祂給忘了，然後每天就這樣混在一起、膩在一起，打也打不死，割也割不開，就像人家說的「直教人生死相許」。眞的是生死相許！除非你死了，否則祂不會棄你走人的。其實這樣講是倒果爲因，應該說祂走了，所以你死了。

所以，祂眞的是「一切眾生所喜見身」，這跟你打包票，不論你要我怎麼保證都行，因爲當你找到了以後，我如果跟你作一個交易：「我用整個地球換你的這位『普賢菩薩』，你要不要？」你絕對不要。現在全球最有錢的人，算他美金一兆好不好？沒有人這麼有錢的，但一兆其實只是地球所有財物的很小比例，我用整個地球跟你換，你還嫌不夠嗎？這個買賣眞是大賺錢呀！對不對？是啊！所以你如果願意賣，我拿整個地球跟你換。問題是，我一定要求你先交貨給我，然後我把地球給你，可以有個公證人眞的沒問題。問題是，你把「普賢菩薩」賣給我的時候，你就沒有命享受這個地球了，那你要不要賣？還有沒有誰要賣？要賣的就是傻瓜呆。

所以你說，你找到祂以後，會不會喜歡祂？一定會，並且每天跟祂混得好熟、好熟；從這時開始，你一天到晚都在讀祂，就是這些經中說的「讀誦」。

世間人有時戲論，寫了歌說「讀你千遍也不厭倦」，但我告訴你：「你讀自己身中的『普賢菩薩』時，可得讀上三大阿僧祇劫，而你最後也不厭倦。」那你說，祂到底是不是「一切眾生所喜見身」？當然是啊！你讀祂，意思是什麼？表示祂顯現在你眼前，一直不斷地爲你說法，讓你更深入了知祂的一切。如果你懂這個道理，那麼〈普賢菩薩勸發品〉中說的內涵，你就不覺得奇怪。

那一些六識論的法師們，一天到晚高喊著「人間佛教」，但他們何嘗懂得「普賢菩薩」一天到晚到人間示現給他們看的道理？哪有資格跟人家談「人間佛教」？因爲「普賢菩薩」從來沒有離開過人間，一天到晚在他們的眼皮下晃來晃去，怪的是他們全都看不見，就說：「唉呀！這《法華經》所講的，都是神話故事啦！目的只是在啓發人家對大乘佛教的信心。」這是因爲他們讀不懂。

所以請問：「此經」到底深不深？由此可知啊！古時到底有沒有人這樣講過《法華經》？我的印象中是沒有讀過、沒有聽過。唯一聽過的一次，那是身歷其境在佛陀座下的時候，所以像法時代就沒有人知道這個密意了。

知道密意的大菩薩們都有事情要忙，沒時間來講。我們到這個時節因緣，正好講這一部經。

那麼當你遇見了祂，你就知道，祂每天在你眼前來來去去，就是爲你說法，這樣才眞的叫作讀誦「此經」。能讀誦以後，智慧越來越好，就能夠受持。能夠受持以後，智慧越來越深廣，才能夠爲人解說。所以「普賢菩薩」的示現並不稀奇，因爲祂非常非常的慈悲，一天到晚都在示現、都在說法，只是沒有因緣的人看不見，就說：「普賢菩薩呀！您到底在哪裡呀！我已經努力精進一個二十一天、二個二十一天、三個二十一天了，您怎麼還不示現來加持我啊！」我如果是普賢菩薩，我就突然冒出來給他一巴掌，眞是冤枉好人啊！每天從早到晚，在他眼皮下來來去去，竟然說我沒有示現，當然要這樣罵他。

所以《法華經》之所說，全部都是如實語，只是因爲處處密意難解，不懂的人依文解義，結果就想要看見事相上的 觀世音菩薩、妙音菩薩、普賢菩薩、藥王菩薩。那麼這種人，我們就說他是凡夫俗子；因爲這種人都只看表相，不看實相。實相是時時刻刻都在他眼前不斷地示現著，不曾一刹那中斷，所以他不應該怪「普賢菩薩」都不現前。如果有人來告訴我說：「蕭老師啊！我照《法華經》講的，每一個月最少打一次禪二十一，我已經打了一年了，怎麼都看不見普賢菩薩？」請問諸位，到底他應該怪誰？（眾答：怪自己。）不！要怪他師父！因為他師父沒有教好，他師父一天到晚講：「離念靈知就是眞如。」

好在他沒有錯把離念靈知當作「普賢菩薩」，不然他可就會死得很慘！可是反過來，只要你一找到了，那時往後腦勺一拍就說：「啊！原來如此！」這時就是「普賢菩薩」每天為你說法的時節開始了，於是每天不斷地顯示給你看，每天就顯示全部過程來教導你。而祂有許多、許多的法，讓你在佛菩提道中得到非常大的利益，讓你心中歡喜不已，這就叫作「示教利喜」；一定是分明顯示給你看，每天教導你，讓你瞭解「普賢菩薩摩訶薩」有好多好多的勝妙法義，以及許多許多不可數的功德性，於是經由這樣示教，你得到利益，心中就越來越歡喜了。

可是，如果來到正覺講堂聽經不久，老是覺得說：「這蕭老師在座上講那些法，我聽起來就是丈二金剛摸不著頭腦。」那也沒關係，慢慢學、慢慢熏習，總有這麼一天，你會跟你自己的「普賢菩薩摩訶薩」相撞；這一撞著，你再也捨不得祂了，你會永遠歸依「普賢菩薩摩訶薩」。接著就會有一個進展，你就會知道一切法——不管是世間法或者出世間法，或者大乘菩提這個世出世間法；三界六道一切諸法，原來都是由這一個心所總持；這個心在這一品裡面就稱爲「普賢菩薩摩訶薩」，又稱爲「此經」，又稱爲「妙法蓮華」，又稱爲如來藏。

當你找到了「普賢菩薩摩訶薩」，你就會開始慢慢地通達一些經，首先就是《心經》：「啊！原來《心經》就是在講『普賢菩薩摩訶薩』。」接著，你讀其他的經典，開始就會懂了，這表示你找到的「普賢菩薩摩訶薩」，祂已經給你一個總持，套在所有經中來閱讀，就會眞實瞭解經中所說的密意，所以說「亦復與其陀羅尼咒」。這個總持，你可把祂叫作如來藏，叫作眞如，叫作阿賴耶識，或者叫作異熟識、無垢識、阿陀那識都行，你把祂叫作心也行，因爲你得到了「此經」，你就開始可以由「此經」去瞭解其他的許多佛法。但是在剛悟不久時，你只是有一個總相，由這個總相而瞭解許多法，這就是第一個陀羅尼咒。

咒，就是用很多語言文字去編輯起來成爲一首咒。譬如〈正覺總持咒〉，這個咒，我們用一些名詞來作總持。五陰，就是一個總持，就是色受想行識等等，衍生下來就有許多法。十八界，也是一個總持；同樣的，涅槃、如來藏，一一都是總持。就這樣子二句話，就有四個總持了。可是這一些總持，其實追根究柢、追本溯源，其實就是如來藏。如來藏是最大的一個總持，經由這個總持區分下來就有五陰、十八界、涅槃……等，非常之多，但全部都在如來藏裡面，所以如來藏是一個總持。就好像煮肉粽，當你一大鍋煮好了，把那個繩頭一拉起來，整串全部都有了；拉起來之後，每一顆裡面又有很多內容，這樣譬喻就對了。

我們〈正覺總持咒〉爲什麼要這樣編？那是爲了度眾生的方便，否則的話，應該是如來藏、涅槃、五陰、十八界；可是你一開始便講如來藏，大家聽得懵懵懂懂，什麼也聽不懂，對他們沒有利益；所以我們先講五陰，再來講十八界，再來講涅槃，接著才講如來藏，說這一些法全歸如來藏所有；這是爲了說法的次第需要，但其實應該如來藏才是總持。你有了如來藏的時候，眞如、本來自性清淨涅槃、有餘涅槃、無餘涅槃、佛地的無住處涅槃，般若、實相、中道觀、解脫，所有的法全都在這個眞如妙心裡面；所以你只要找到如來藏，祂就是個總持，所以祂自己就是陀羅尼咒。

那麼你隨著所證的「普賢菩薩摩訶薩」的深入觀察，繼續去作深入的瞭解時，那就是「讀誦」。這時不是讀祂千遍不厭倦，而是讀上三大阿僧祇劫你也不厭倦。三大阿僧祇劫以後成佛了，再讀上無量萬億阿僧祇劫，你也不厭倦；雖然那時你已經不必讀祂了，但是你永遠不會厭倦祂。這表示說，你只要找到祂，首先獲得一個陀羅尼咒，這叫作根本無分別智；你只要找到祂，就懂《心經》了。那麼，這個叫作陀羅尼咒，又叫作總持咒；接著就會由這個總持開始衍生出許多的法，不斷地衍生出來。這時你就能夠爲人說法，所以說：「得是陀羅尼故，無有非人能破壞者。」

換句話說，如果會被破壞成功，一定是他自己有問題。我們先來說，爲什麼沒有非人能夠破壞他說的佛法？這意思是說，只有一種人能夠否定他，叫作無明愚癡者。可是非人不會來破壞，非人是誰？一切有情都是人，人就是有情；譬如你看見狗打架，你對人們投訴時會直接指著狗說「牠咬我」，你不會說「狗咬我」；除非狗逃離了，否則你一定說「牠咬我」。然後形容某一件事情的時候，你會指著那隻小狗這麼說：「被大狗咬了，牠都還不知道逃走。你看，有人就是這麼笨。」你不會說「有狗就是這麼笨」，你脫口而出就是「有人就是這麼笨」，有沒有？常常有這個情形。

人，往往指的是有情；非人呢？非人到底是誰？非人就是「普賢菩薩」，祂不是人，因爲祂是菩薩摩訶薩，祂不是人。只要你有了這個總持的智慧，就沒有非人可以來破壞你；十方三世一切「普賢菩薩摩訶薩」，一切「觀世音菩薩、妙音菩薩、藥王菩薩」，都沒有辦法來破壞你。只有一種人會破壞你的說法，是誰？就像釋印順，就像那些喇嘛們；但是當你出世弘揚世出世間的了義法時，他們就得退讓而默不作聲，不能回應你。那時，他們無妨繼續依文解義，卻是妨礙不到你，因爲你已經得到了這個總持的緣故，導致沒有誰能夠來破壞你。

以我爲例，我二十幾年前破參時，名不見經傳；你們在經傳上只能看到我過去世的名字，絕對看不到我這一世的名字。所以你從電子佛典中搜尋「蕭平實」，絕對找不到，眞的名不見經傳。可是我就這麼演說種種佛法，二十年來次第講了以後，有誰能夠來破壞？目前還沒有啊！有人自己覺得很行，敢來破壞的，在同修會之外就只有一個慧廣法師，可是被游老師修理到體無完膚；我們高雄有個學員帶了便當去他寺院門前野餐，他都覺得壓力好大。那種人叫作不自量力，都沒有衡量自己的智力有多少。至於會裡面的，說他親證了就可以來破壞嗎？也不行，所以眞的沒有一種心態不正確的人，可以來破壞你這個總持的，所以這個陀羅尼眞的勝妙。

也許有人說：「這個陀羅尼到底要怎麼證？」「很簡單啦！我一句話，你就證了。」如果哪一天，不信，來找我，我說：「找個沒有人的地方，我告訴你。」眞的，去到沒有人的地方，給他一巴掌，我就走了。這樣一巴掌，很清楚呵！他也告不了我，因爲沒有人在呀！現在度人要有方便善巧，不然你幫忙他求悟實相般若，卻不免動輒挨告。

所以 普賢菩薩說：「無有非人能破壞者，」假使哪一天，從天上來了一條金龍，就算他是最高級的化生龍好了，他學佛也學很久了，可就是悟不了，這時候變化爲人身來了，他算不算「非人」？是啊！他不是人類嘛！當他來了，一定會化身成一個人的模樣來，你就問他：「你從哪裡來？」「我從忉利天來。」「來幹嘛？」「我聽說你幫人家證悟『普賢菩薩摩訶薩』，我不太相信。你又說證得祂了就有總持，那不然你就把總持送給我吧！」那你得要先看看他的條件夠不夠，如果他學佛已經很久了，他學的知見也是正確的，福德也行，你就告訴他：「你想要得總持，也行！我能給你，就怕你得不到。」他一定不服氣：「我神通廣大，我還得不到？」你就戳著他的鼻子講：「你神通廣大，沒有用啦！」

可是他偏要得！怎麼辦？你非要給他不行啊！你就告訴他：「我可以給你，我一句話就講清楚，你耳朵要刮好了來聽，我不講第二遍的。我給了你以後，你如果得不到，不能生氣呵！」你得要先讓他作個保證，然後告訴他：「你如果還得不到，去求見諸大菩薩摩訶薩或者求見諸佛，你問問看，我是不是已經給你了？那時你還想要生氣，再回來找我。」等他答應了，你就告訴他：「來！耳朵靠過來。」把他耳朵拉過來：「我告訴你喔！不可以告訴別人。」然後你就走了，這就是總持。你說這《妙法蓮華經》深不深？太深了！假使他去問過了，諸佛菩薩都告訴他：「人家已經眞的告訴你了，已經給你總持了；你得不到，不能怪人啊！」他一定問：「那我該怎麼辦？」如果他的法緣在你座下，佛菩薩會告訴他：「你的緣還是在他那裡，回去再找同一個善知識去吧！」於是他又回來了。

回來了，也許他化現的那一身衣服就沒那麼光鮮了，表示他如今已不在意那一身天衣了。好，這一來，你伸手一把捉過來說：「你這個『非人』，不要來惱亂！」把他推開就好，因爲一切「非人」都不可能來破壞。老實說，就算人類能言善道，懂一些佛法名相，他其實也破壞不到總持，他破壞的只是一個表相而已，所以說「無有非人能破壞者」。因爲萬法從「普賢菩薩摩訶薩」而生，祂正是這句經文中說的「非人」；豈有可能被生的法，回過頭來破壞非人「普賢菩薩摩訶薩」？所以說：「無有非人能破壞者。」那麼人呢？能力可就更差了，更沒辦法破壞。

下一句說：「亦不爲女人之所惑亂。」什麼叫作女人？女人不是女人，女人就是說他的心地不直，彎彎曲曲老是要狡辯。你們看見網路上很多人罵我，那些人都叫作女人，沒一個男人；因爲若是大丈夫，一定是有理說理，無理就認錯。而那些人，我們同修明明已經把經教證據都講清楚了，現量上的道理也跟他們說了，還用譬喻以及比量爲他們講解了，他們還要繼續亂七八糟胡扯一通，而且纏著已經解決的題目繼續扭曲，永遠沒完沒了。那你說，那樣的人還能叫作丈夫嗎？當然是女人啊！可是這樣的女人，即使他的口才辨給，猶如釋印順一樣，依舊不能夠惑亂「普賢菩薩摩訶薩」，也不能惑亂你找到了「普賢菩薩摩訶薩」以後所得到的總持；因為只要你慧力夠，基本的知見夠，而你基本的定力也具備了，那麼你只要得到這個總持，就永遠不被那一些善於狡辯、有理講不清的人所惑亂。

這當然也有原因，因為 普賢菩薩早說：「我身亦自常護是人。」因為你只要跟祂相見過一剎那就夠了，接著祂就永遠不間斷地、恆常而不改變地繼續保護著你。為何這麼說？因為當你找到祂以後，把三乘菩提一切經典找出來，想要推翻祂，結論是推翻不了；你若是想要施設一個方法把祂壞滅，結果完全壞滅不了一分一毫，因為無法可以壞祂；宇宙中萬法太多了，但你就是找不到一個法可以壞祂。

這表示說，「普賢菩薩摩訶薩」一天到晚都在保護著你，那麼這個法身慧命就永不毀壞了。法身慧命，在證得「普賢菩薩摩訶薩」以後若是會毀壞，只有兩個原因：第一個、性障深重，第二個、他完全沒有學過五停心觀，一點點定力都沒有。這二種人就可能會退轉。只要無相念佛的功夫作得很好，有這種動中的未到地定，就算我跟你明講了，你也不會死掉。可是如果性障重，時間久了以後，他自己還會死掉。所以「普賢菩薩摩訶薩」其實是常常都不中斷地保護著每一個找到祂的人，這是事實。

那麼　普賢菩薩這樣稟白完了，接著又說：「惟願世尊聽我說此陀羅尼咒。」他這個陀羅尼咒，其實就是把三寶等幾個主要的法集合在一起，編成這麼一首咒來說。只要誦這一首咒，就會有擁護這一首咒的菩薩種族來擁護他，就沒有鬼神道等惡眾生可以侵害他，這是爲了保護眞正學佛的人。一般誦咒的意思最主要在這一點，其中的意涵倒是其次。所以，那一些來路不明的咒，或者從密教部出來的大部分咒語，千萬不要隨便唸。

外面好多地方在誦什麼六字大明咒，我說那叫作六字大黑咒。我還有個鄰居很有趣，他那個客廳中央的一根大柱子上，掛著一個直條，有這麼寬，大概有五尺或六尺長，寫著什麼呢？唵嘛呢叭咪吽。我看見了他，也不便講什麼；因爲我若是說法，只在講堂裡說，不在外面說法；他們也不知道我的身分，對面不相識。這樣子誦下去的結果，當然誦了六字咒時就是在呼喚那一些喜愛雙身法的夜叉、羅剎等鬼神過來。那到底好不好？一定是遮障道業。因爲護法神看了，搖搖頭，然後就離開了。因爲他們一天到晚不呼喚正法的護法神，都在呼喚那一些愛吸食精氣淫穢的夜叉、羅刹他們來；護法神沒有辦法排除，因爲是他呼喚來的。所以說，護法神無可奈何，最後只好離開了。有一些咒更邪惡，那一些咒更不要隨便誦。

但是，如果覺得鬼神靠近了，有個妙招，把〈正覺總持咒〉趕快唸起來，他們就離開了。我們有位師姊很有趣，她住五樓，然後在頂樓加蓋了佛堂，而隔壁沒有加蓋。有時她的隔壁鄰居不曉得拜什麼神，每一個月固定有一天就會上頂樓，乩童也會來，等到神明上身以後，那就很吵，她覺得厭煩。怎麼辦？突然想起來：「〈正覺總持咒〉行啊！」於是當他們來了，她就在自己佛堂裡面開始誦總持咒，結果他們那一群人都覺得好奇怪：「今天怎麼都起不了乩呢？」每一次只要他們來了，她就誦，也就起不了乩，最後就不來了，她就樂得安靜。眞的好用啊！以前還有一位師兄喜歡搞神通，後來也有起乩的現象；當時我們有位師兄─現在當老師了─在他身後就偷偷爲他誦〈正覺總持咒〉，結果他說：「今天怎麼都沒感應？」

這就是說，你誦這個咒，就是讓護法善神知道你在呼喚他們；你有事情，他們就來擁護你。〈正覺總持咒〉的護法神層級是很高的，他們那一些鬼神咒，那是呼喚什麼樣的鬼神呢？不過就是很低級的山精鬼魅、無主孤魂；所以你總持咒一誦，正法的護法神來了，他們就全部離開。所以，陀羅尼咒，意思就是一個總持。但 普賢菩薩所說的這一個總持咒，不是只有一個總持，它已經有好多個總持，所以他說，祈願 世尊允許他在大眾面前講出這個總持咒，於是他就誦咒說：

「阿檀地（一）檀陀婆地（二）檀陀婆帝（三）檀陀鳩舍隸（四）檀陀修陀隸（五）修陀隸（六）修陀 羅婆底（七）佛駄 波羶禰（八）薩婆 陀羅尼 阿婆多尼（九）薩婆婆沙阿 婆多尼（十）修阿 婆多尼（十一）僧伽 婆履叉尼（十二）僧伽 涅伽陀尼（十三）阿僧祇（十四）僧伽 波伽地（十五）帝隸阿惰 僧伽兜略 阿羅帝 婆羅帝（十六）薩婆僧伽三摩地 伽蘭地（十七）薩婆 達磨 修波利剎帝（十八）薩婆薩埵 樓駄憍舍略 阿耨伽地（十九）辛阿 毘吉利 地帝（二十）」

你看看這裡面，「佛駄」講了一次，還沒有講到「達磨」，接著是「僧伽」四次；到後面快完了，才講「薩婆 達磨 修波利剎帝」。「達磨」就是法，只有講一次，「僧伽」就是僧寶，講了四次；在前面講了「佛駄 波羶禰」，「佛馱」只有一次。這意思在告訴我們什麼呢？是說佛是擺在最前面的，你想要學佛法，要得總持，先得要依止於佛；如果你沒有辦法依止於佛，其他都是白費工夫。因爲法固然是法爾本有、法爾如是，固然常住不變，可是法要因佛的開、示以後我們才能夠悟、入。一切僧伽則是要依於 佛而修學，所以「僧伽」講了四位，那代表什麼呢？代表有很多的善知識，是從 佛陀那邊繼承而得；如果不是 佛陀的傳授，就不會有菩薩的存在。

可是如果 佛陀不在了，或者 佛陀在的時候，然而弟子四眾人數很多，不可能每一個人都跟著 佛陀受學，得要有很多的僧伽來代 佛傳授，永遠都是如此。其實我們正覺同修會裡面也是如此，我不可能每一個禪淨班都去帶領，所以一定要有老師們幫忙。同樣的道理，如來在世時有好多大阿羅漢，一千二百五十位大阿羅漢，全都是大阿羅漢；可是他們座下也各有許多的阿羅漢弟子，並非全部都由 佛陀親自來教導，因爲這是不可能的事情。所以，法是在 佛陀那裡傳下來的，因爲大家都無法實證，要由 佛陀的教授，然後有許多的「僧伽」，這些「僧伽」就可以把法傳給大眾。

所以，這首總持的意思，主要還是在三寶上面；這個總持咒雖然說以三寶為中心，但三寶卻是以 佛陀為中心，這是永遠都不可改變的事實。就好像儒家也有一句話說：「人能弘道，非道弘人。」道理是一樣的，所以這個總持咒所說的道理，跟 佛陀所示現的一代時教弘傳過程沒有差別。可是這一切的法歸根究柢終究還是「普賢菩薩摩訶薩」，因為諸佛還是依法而生。那麼這樣講起來，到底哪個是最重要的根本呢？你若說是 佛陀，可是諸佛由法而生；如果不是這個法，佛也不能出生，法就是如來藏；如果不是如來藏，佛陀也不能出生於世間。可是若沒有 佛陀，世間也就沒有僧伽，因為這些僧伽也不可能自己成為僧伽，也不能自己證得法如來藏，要由 佛陀來指導。但如果沒有這些僧伽，佛陀入滅以後大家無法可學了，那該怎麼辦？到底要以誰為中心？所以說三寶不可切割啦！把這個道理講清楚了，你才知道不可切割，所以諸佛如來永遠施設三寶之義，這是不可改變的，十方三世都是如此；諸位將來成佛了，也一樣會施設三寶。

懂得這個道理了，回到《妙法蓮華經》來。整部經到底在講什麼？就是講「**妙法蓮華經**」，難道我們講的這一部經典不是《妙法蓮華經》嗎？可是問題來了：你喚什麼作「**妙法蓮華經**」？大聲一點嘛！這麼怕！（眾答：如來藏。）對嘛！可是諸佛雖然由「妙法蓮華如來藏」而生，但是若沒有諸佛下生人間說法，就不可能有「僧伽」得度，眾生也不可能得聞如來藏妙義，所以說三寶不可切割。

那我們在修學這一部經的時候，就要看看這一首咒裡面講到這麼多的「僧伽」，那就知道說，還是要依止善知識比較快，否則自己每天在佛像前不斷地拜著祈求說：「佛陀快來教我，佛陀您來教我。」佛陀看你的因緣還沒到，去教你幹什麼？就是要經由善知識不斷地施設方便，該除的性障讓你去除，該修的定力教你去修，該種的福田請你去種，該修的智慧要你來聞熏修學；當這些條件都夠了，不管你求哪一尊佛、哪一尊菩薩，緣熟了，或者夢中、或者在白天，祂就突然給你一個念頭，你也就會了，你就當場找到「普賢菩薩摩訶薩」，那時你本身也就是「僧伽」中的一分子了。這樣子，把這個咒隱喻的道理講給諸位聽了，接著 普賢菩薩又怎麼說呢？

經文：【「世尊！若有菩薩得聞是陀羅尼者，當知普賢神通之力，若《法華經》行閻浮提，有受持者，應作此念：『皆是普賢威神之力。』若有受持、讀誦、正憶念、解其義趣、如說修行，當知是人行普賢行，於無量無邊諸佛所深種善根，爲諸如來手摩其頭。若但書寫，是人命終當生忉利天上，是時八萬四千天女作衆伎樂而來迎之，其人即著七寶冠，於婇女中娛樂快樂；何況受持、讀誦、正憶念、解其義趣、如說修行。若有人受持、讀誦、解其義趣，是人命終，爲千佛授手，令不恐怖，不墮惡趣，即往兜率天上彌勒菩薩所。彌勒菩薩有三十二相，大菩薩衆所共圍繞，有百千萬億天女眷屬而於中生。有如是等功德利益，是故智者應當一心自書、若使人書，受持、讀誦、正憶念、如說修行。世尊！我今以神通力故守護是經，於如來滅後閻浮提內，廣令流布，使不斷絕。」】

語譯：【普賢菩薩又向世尊稟白說：「世尊！如果有菩薩可以聽聞到這首陀羅尼的話，應當知道都是我普賢的神通之力，如果《法華經》流行於閻浮提，有能夠受持的人，他心中應該這樣子想：『這都是普賢菩薩的威神之力。』如果有人能夠受持、讀誦、如實的憶念、理解其中的眞義和它所附帶的其他法義，而且能夠如說而修行，應當知道這個人是在行普賢行，他是在無量無邊諸佛那邊已經深深種下了善根，而且已經被諸如來爲他摩頂了。如果僅僅是書寫《妙法蓮華經》，這個人命終以後將會生到忉利天上，這時有八萬四千天女作種種音樂而來歡迎他，這個人頭上就戴著七寶所成的寶冠，在八萬四千天女中有了很多的娛樂和快樂；何況是進一步而能夠受持、讀誦、正憶念以及瞭解它的正義和附帶的許多妙法，並且能夠如說修行的人。

如果有人受持、讀誦、瞭解它的正義和許多妙法，這個人命終的時候，將會有一千佛伸手拉著他、護持他，讓他不會產生恐怖，更不會下墮於三惡道中，就能夠隨即往生到兜率天上彌勒菩薩的所在。彌勒菩薩有三十二種大人相，有很多的大菩薩共同圍繞著他在聞法，並且這個人往生到彌勒菩薩所在以後，他會看到彌勒菩薩的所在，有百千萬億天女眷屬，在彌勒內院出生。因爲有這樣的功德利益，由於這個緣故，有智慧的人應當要一心專精自己來書寫『此經』、或者勸導別人來書寫，乃至於受持、讀誦、正憶念以及如說修行。世尊！我如今以神通力的緣故，而守護這《妙法蓮華經》，在如來示現滅度以後的南閻浮提洲之內，要讓『此經』廣爲流布，使『此經』的正義不會斷絕。」】

講義：現在　普賢菩薩說了：「如果有菩薩可以聽聞到這首陀羅尼，應當這樣子想：這都是普賢菩薩的神通威德之力。」諸位，我剛剛誦的時候，你們有沒有聽到？有啊！是誰的神通之力呢？（眾答：「普賢菩薩」。）哪一尊「普賢菩薩」？（有人答：自性普賢。）對啊！如果你自身沒有「普賢菩薩」，你是聽不見我誦咒的；所以這一首咒，你一定是因爲「普賢菩薩」的神通力、威德力，才能聽得見。

那麼接著又說：「如果這一部《妙法蓮華經》流布於閻浮提中，有人在宣揚了，當然就會有人受持。受持『此經』的人，心中也要這樣子想：『我能夠受持這部《妙法蓮華經》，都是普賢菩薩的威神之力。』」問問諸位增上班的同修們！你現在有沒有受持「此經」？有！是你自己能受持嗎？不行！就是因爲你的「普賢菩薩摩訶薩」，所以你才能夠受持這部《妙法蓮華經》。這樣我就不必多作解釋了，很容易就懂了。

如果有人「受持、讀誦、正憶念、解其義趣、如說修行」，這容易不容易？不容易！因爲「此經」的妙義，自古少人知，多數大師都是依文解義，就沒有講到它的眞實義趣。所以我若是講解圓滿，整理成書出版了，書名便叫作《法華經講義》。本來我想要使用《法華經演義》，可是「演義」二字古人用過了，他的《法華經演義》何曾演出什麼妙義？但那個名字被他用過了，我就不要用，所以我用「講義」，因為我是把其中的眞實義宣講出來。

這意思是說，受持《妙法蓮華經》是不容易的，因爲當他的知見還不夠成熟，還欠缺太多的時候，一定無法受持，他當然不能夠理解說：爲什麼這就是「此經」如來藏。如果他的知見夠了，可是基本定力不夠，他也不會有受用，於是遇到事業不順利、家庭不順利等緣故，他就開始懷疑了：「我證得『此經』以後不就是個聖人嗎？爲什麼我還有這麼多不如意？」他都沒想到自己往世對人家如何？只看別人而不看自己，於是他退轉了。再有一種呢？前面這二個問題倒也還好，只要道場裡沒有發生他所不喜歡的事，他也不會有問題；可是一旦發生他不喜歡的事，由於他的性障很重、貪瞋癡很重，所以他就連帶不信受了，因此他也無法永遠受持下去。所以說，受持「此經」，自古以來都是不容易的事。

那麼，當他能夠「受持」而且心得決定以後，才會開始去「讀誦」。因爲他信了，決不懷疑，所以每天不斷地勤讀「此經」，也就是勤讀「普賢菩薩摩訶薩」。於是他讀得越多，就越能爲人誦出來。「讀誦」熟練了以後，你想要叫他退轉是不可能的，因爲他知道：除此而外，再也沒有一個法是究竟的，只有這個是究竟的。他認定說：「這個《妙法蓮華經》，是不可改變、不可推翻，又是不可捨棄的。」於是他就能夠「正憶念」。「正憶念」時就會常常注意著這部《妙法蓮華經》，因此在行住坐臥之中，他就會「讀誦」出很多深妙法義出來。這些深妙法義後面又跟著其他微細的法，那就是「八萬四千法」，正是理上的「八萬四千天女」，她們每天「作眾伎樂而來迎之」；這八萬四千法衍生出來，又有非常多的法，便叫作百千萬億法；所以他因此智慧越來越增上，結果就是「如說修行」。「如說修行」時就說他是行普賢行。行普賢行，講起來很容易，實際上難啦！諸位讀過普賢十大願王嘛！對不對？就請歐老師把它秀出來一下：

普賢十大願王：「一者、禮敬諸佛，二者、稱讚如來，三者、廣修供養，四者、懺悔業障，五者、隨喜功德，六者、請轉法輪，七者、請佛住世，八者、常隨佛學，九者、恆順眾生，十者、普皆迴向。」出家眾大概都耳熟能詳，不看也能背。禮敬諸佛、稱讚如來、廣修供養，這就有三個了，先跳過第四、第五，從第六開始來看：請轉法輪、請佛住世、常隨佛學，這也是三個。這樣前三個後三個互相呼應，都是我們自己本身面對 如來時所應該要作的事，這都是我們身爲弟子的本分。

我們對於 如來，首先是要表示我們的恭敬與供養；所以「禮敬諸佛、稱讚如來、廣修供養」時，不要覺得這個沒什麼；你每天一早上了清香、淨水、水果，供上去時你覺得這是理所當然，沒感覺怎麼樣；可是你在佛道上的實證，就是從這裡開始，因爲你上供了就是廣修供養。那你上供之後，總不會一旦供上就轉頭走人了吧？你得要禮佛三拜，這也就是「禮敬諸佛」。你可別奇怪說：「明明我只是禮敬釋迦如來，哪有諸佛？」眞的沒有嗎？你禮敬了案上供的 釋迦如來聖像時，你不禮敬你自己的「釋迦牟尼」嗎？你這麼禮敬的時候，法界中沒有其他的自心如來嗎？那護法菩薩們不也都在嗎？你不也一樣禮敬了？不止是禮敬了未來諸佛嗎？你這麼一禮拜，可眞是禮拜好多欸！眞的是「禮敬諸佛」。

這是普賢十大願王之一，不要老想著說：「唉唷！佛都不在了，我禮敬誰？」儒家不也有一句話嗎？「祭神如神在。」世尊早就講過：應身佛不在的時候，可以創造了聖像來禮拜供養，同樣是福不唐捐，如同應身佛在世受供，一般無二。所以這時你要懂得什麼叫作「禮敬諸佛」。十方三世一切佛，你都一時禮敬。假使佛案上剛好有螞蟻爬來爬去，你就一併禮拜了吧！這是你本身所作的色身的供養，以身而作禮敬。

接著禮拜時，習慣上總是有個「南無本師釋迦牟尼佛」的作意，然後拜下去。你如果用無相念佛，不也是一心念著佛嗎？這也就是「稱讚如來」。你一心憶念著 釋迦如來時，法界中同一個名號的 釋迦牟尼佛也是很多，那你不都同時稱讚禮敬了嗎？接著「廣修供養」，你每天都有水果上供；如果水果供完了，午餐不久之後煮好了，可以先上供；等上香的煙過了以後撤下來，你再自己吃，也是供養未來佛。總之每天都上供就對了，這是「廣修供養」。

但這都是事相上的有情供養，可是，如來說還有一種供養最重要，叫作法供養。當你出去護持正法、救護眾生，事後迴向正法久住、廣利人天，這也都屬於「廣修供養」，這是本身對如來所作的供養。可是第六、第七、第八「請轉法輪、請佛住世、常隨佛學」，這就純粹是法供養了。請轉法輪爲什麼是法供養？因爲請 佛陀轉法輪，佛陀可以有一個名目開始演說某一種法，就好像世俗法說：「你作球給佛陀，佛陀就可以把球打出去。」道理是一樣的，因爲每一部經的演講都要有一個緣起。那麼，這是請轉法輪，「請轉法輪」就能利益很多的眾生；由於你「請轉法輪」而使得很多的眾生得到利益，你有沒有大功德？所以「請轉法輪」這件事情，如果有機會讓你碰上了，一定要好好把握；因爲這既是利益眾生，也是經由 佛陀的智慧力、威德力，讓你來獲得很偉大的功德，也算是對 佛陀的法供養。

接著「請佛住世」，天魔波旬一直希望 如來趕快入涅槃去，可是你要站出來「請佛住世」。即使 世尊預記的時間到了一定要走，你也得「請佛住世」，這表示你對於 佛的認同與護持，也是對於法的歸依，同時讓眾生瞭解到這個法是多麼重要、多麼勝妙，這也是幫眾生起信的一種善行。你「請佛住世」也是你對 佛所作的一種法供養。第八個「常隨佛學」，這根本就不必解釋，因爲你一定要這樣作；如果不這樣作，成佛之道遙遙無期，所以要「常隨佛學」。只要有佛即將在某處示現，不論如何，要趕快去那裡投胎；知道 如來什麼時候要去人間示現，你就先去投胎，不要怕生死痛苦。那一千二百五十位大阿羅漢們都是提前來投胎的，有沒有誰能夠把時間安排得剛剛好，佛陀剛剛要來時他才一起來投胎？那是等覺、妙覺等八地以上菩薩們的事，以外的菩薩都要先來人間受生等待著。因爲天壽很長，所以那邊的時間看起來好像已經沒有多少時間了，但你先下來人間受生以後，可能還要再經過十世、二十世、三十世生死之後，才會等到　佛陀下來示現，這都正常。所以只要知道了，就趕快來投胎，因爲　如來應世非常難得，有機緣親自值遇，一定要好好把握。那麼，這三個跟前面三個，這都是菩薩對　如來所應作。

回到第四跟第五「懺悔業障、隨喜功德」，這是自修。第九、第十「恆順眾生、普皆迴向」，則是利益眾生，不是自修了。所以這十大願王，把應該修的菩薩行已經函蓋了。換句話說，成佛之道不是只有在法上努力聽聞修學，而是同時要懺悔自己的業障。業障，也許有人覺得：「那眞的虛無飄渺，我怎麼會知道？」當然會知道啦！只要遇到了義法，開始修學的時候就知道了。在相似法裡面學，學再久都不會有業障現前，因爲跟佛法的實證無關，因此當他們被業所障而無法接觸到了義正法時，並不知道被業所障，也就沒有業障現行了。

對啊！這是事實啊！當你告訴他說：「現在正覺有個妙法，你要趕快去學。」他說：「唉唷！那個沒什麼啦！我知道了，就是如來藏，那是外道神我啦！我才不學。」你說：「老兄！你這個就是業障。」他說：「我哪有業障？我活得好好的。」所以有業障的人不知道有業障，這就是他的業障。因此「懺悔業障」在佛菩提道中非常的重要，從十信位開始，到十住、十行、十迴向、十地，統統要作；因爲業障有輕有重、各不相同，有急有緩也各不相同。所以「懺悔業障」這個事情，可不要說：「我都證悟了，有什麼業障可以懺悔的？」那可不一定，佛陀都親自示現給我們看過了。所以這件事情是自修時一定要作的，這也是你在十方三世遊盡普賢身的過程裡面，必須要作的一項。

接著第五個是「隨喜功德」，這是爲自己的利益而修。見到有佛說法、有善知識說法，即使是定性聲聞在講解脫道，你也都隨喜，你就有這個功德。隨喜時獲得的最現實功德，就是把自己的無慚無愧滅掉，也把自己對其他善知識的嫉心妒心滅掉，所以隨喜別人善行時的功德，自己本來就會有功德，這是自身現前得到的利益。功德不是虛無飄渺的東西，所以「懺悔業障」加上「隨喜功德」二個配合起來，道業進展就很快速了。

第九「恆順眾生」，我們就不從理上來說，因爲那說起來又是一番大道理，現在只說字面上的意思：你三大阿僧祇劫的修行過程，在十方諸佛世界來來去去，卻都只是在普賢身裡面，《華嚴經》早就告訴過我們這個道理。爲什麼 普賢菩薩特地提出這一點來？因爲你成佛時得要攝受佛土，如果沒有攝受佛土，自顧自地大踏步往前進，結果即將成佛時，身後沒有一個徒弟。連個徒弟追隨都沒有，那還能成佛嗎？不能啊！就算他眞的成佛了，倒像是個辟支佛，這表示他的福德大大不夠，他就不可能眞的成佛。

所以，成佛的過程中一定要攝取佛土，而攝取佛土就是攝受眾生。那麼要攝受眾生，就得要「恆順眾生」。雖然眾生難度，五濁具足，但是你得要教導他們。教導了之後，也許他們犯了錯誤，你應該要教導他，讓他如實懺悔而把罪業滅掉。滅掉之後，你不用跟他們計較，滅掉也就過去了，何必一天到晚叨叨唸著，到處去跟人家講說：「他犯了什麼戒，又犯了什麼戒。」他的罪已經滅了，你又何必再講？那麼，他與你就可以互相隨順，如果這樣的弟子都可以互相隨順了；那麼其他的弟子當然也能夠與你互相隨順，這樣子才叫作「恆順眾生」。

眞正的善知識都不記恨，記恨的人是有問題的；會記恨的人都是假善知識，顯然他作不到十大願王中「**恆順眾生**」這一項。作不到「**恆順眾生**」這一項，其實也表示他還沒有見地。沒有見地的人，表示他根本就不是善知識，因為他老是要記住弟子的過失，表示他未來世還會再跟弟子產生矛盾，他攝受佛土的時間就得拉很長了。所以慈心不夠以致「**恆順眾生**」修不好的人，會像須菩提尊者還要再供養三百萬億那由他諸佛，然後才能成佛。人家大迦葉是三百萬億諸佛，他卻是再加上「**那由他**」的單位，都是因為他不太能「**恆順眾生**」，很深入瞭解空性了，又有什麼用？所以這一點，雖然表面上看起來是利樂眾生，其實還是為自己好。

第十個「**普皆迴向**」，願以自己的功德迴向一切有情。你這個迴向到底有沒有用？有啊！如來藏會相應的。也就是說，你的意識起心動念，意根作了這樣的事去迴向了，眾生的如來藏會感應。那麼這樣子，這十個完成了，普賢的十大願王就完成了。如果百分之百完成了十大願王，你就是遊完普賢身，就該你成佛了。所以這十大願王的修行，普賢菩薩說了：「**當知是人行普賢行。**」可是修這大願王不容易啊！

《妙法蓮華經》上一週講到二〇五頁第二行，也就是講完了行普賢行的過程。今天接著是這二句：「於無量無邊諸佛所深種善根，爲諸如來手摩其頭。」如果是已經如實修行普賢行，雖然這十大願王很不容易行，但是也已經行了，這表示他已經成爲久學菩薩了。那麼這樣的菩薩跟新學菩薩不同，新學菩薩學佛以來不過萬劫、百萬劫、千萬劫，要到實證「此經」，而且又能夠「受持、爲人演說」，並且「如說修行」，把普賢十大願王一一如實履踐，這樣的菩薩一定是在無量無邊諸佛的所在，已經很深厚地種下善根了。種善根其實是學佛的過程中最困難的事，因爲有的人都只看表相，不曉得善根的種植有許多層面，所以忽略了其他很多的層面之後，導致他很努力修集福德，而結果仍然是善根不足。

也許有人想：「不該有這種道理吧？」我們便舉一個很簡單的例子，諸位來衡量看看有沒有道理。譬如有的人身家有幾百億、幾千億元，每天最少花十萬元作善事，而且他也很用心，都親自去作。這樣說來，他這個善根應該很大了。每天布施十萬塊錢，又親自去作，一個月就是三百萬元，一年是三千六百萬元；如果他作上五十年，他所種的善根夠不夠深、夠不夠多？沒有人敢否定說：他種的善根不深又不多。可是有一天，有個好朋友看他善根不錯，所以告訴他：「真正的佛法是要證眞如，眞如就是第八識如來藏；證這個眞如以後才能夠實證般若，三乘菩提才能夠漸漸地通達。」結果這位老闆一聽就說：「你亂講！這個第八識如來藏是方便說，其實如來藏跟外道神我是一樣的。」就這麼一句話，成就了謗菩薩藏的大惡業。不幸的是，謗菩薩藏這話才一出口，善根斷盡，那你想只因爲這麼一句話，成爲斷盡善根的人，佛在《楞伽經》中說這種人叫作一闡提人。

所以深種善根，其實要從很多個層面來看，不能單單只看一個表相。有的人不是因爲他對如來藏有成見，而是因爲對那一位好朋友不服氣；所以當那位好朋友證了如來藏之後爲他介紹，推薦他去正法道場學習如何親證如來藏時，他本來對如來藏是有好印象的，只因爲對好朋友不服氣，就故意牴觸而出口否定說：「你證那個如來藏沒什麼啦！那是外道神我，我不相信啦！」於是他依舊成爲謗菩薩藏者。那麼他有很多的狀況導致修集的很多善根，就這麼一把火全部燒光，成就一闡提重罪。所以，是不是深種善根，要從很多的層面來看；第一種人是因爲邪教導或者邪見而破壞了自己的善根，第二種人不是因爲邪見、邪教導，而是由於性障深重，於是成就了謗菩薩藏的大惡業。因此，善根是應當從很多個層面來觀察，當每一個善根的層面都有注意到了，他才是眞正的深種善根者。

深種善根的人，「爲諸如來手摩其頭」；也就是說，當他到了轉換另一期生死的時候，如來就會來接引，安排他下一世應該生到何處去；那麼這時如來當然是要爲他「手摩其頭」。這種人，除非偶有作錯事了，否則世世都被如來施以青眼。這就是說，能「受持、讀誦、正憶念、解其義趣」，再加上「如說修行」，這五個具足的人，都不是新學菩薩，都已經是無量劫來修學佛法已經很久、很久了，所以這種人都是奉事過無量諸佛而深種善根的菩薩。

如果有的人作不到這五項，他只能夠書寫。這是什麼道理呢？就是說他還無法受持，也無法深入去加以讀誦。讀誦的意思知道嗎？上週講過呵！就是現前觀察祂，去深入閱讀祂；因爲「此經」義趣深廣，讀之不盡，你要讀到成佛時才能全部讀完。若是沒有辦法受持，沒辦法讀誦，後面的「正憶念、解其義趣、如說修行」，那就都別提了；十大願王，他可就更難行。換句話說，他只能夠書寫。那麼書寫是什麼意思？也就是說，他還眞妄不分，還弄不很清楚，每天試著在那邊體驗：到底對或者不對？是不是應該如此？或者應該如彼？每天在那邊打量思惟，心中不得決定，所以他每天讀著禪宗祖師開悟的公案，要不然就看看這些證悟的菩薩們在幹什麼；有時候就來找證悟的菩薩們比手畫腳，他想要弄清楚，正因爲他無法心得決定，所以菩薩們看穿了他，也就隨順因緣，於是他永遠都只能書寫，都沒辦法受持。

受持，是心中已得決定；但他在這個法上面還沒有定心所，所以只能夠書寫。雖然如此，這個人果報也很好，「命終當生忉利天上，」生忉利天時已經超過四王天了，果報算很好了；因爲忉利天那邊有好多的享受，除了享受以外壽命又長，時間又長。他們在那邊一個早上還沒有玩過，看看人間就已經過了幾十年了；那壽命與時間是很長，因爲他們的一天等於我們人間多少？一百年。那你想，享樂的日子時間又長，當然就像一首歌唱的說「其快樂無比」，但那全都是世間法。

所以生到忉利天上，首先會遇見的是：「是時八萬四千天女作眾伎樂而來迎之，」因爲這個菩薩聽說是有開悟的人，就姑且聽之吧！畢竟他的智慧是比我們忉利天人要好，所以這麼多的天女吹吹打打、敲敲唱唱來迎接他。這比一般持五戒行十善的人生忉利天要好多了，因爲那種人才只有五百天女迎接他。但他因爲可以書寫「此經」，所以命終生於忉利天上，「八萬四千天女作眾伎樂而來迎之」，這時當然就可以把七寶冠戴起來，因爲他那時候想要什麼就有什麼，天女們也都幫他準備好了，所以七寶冠戴起來，處在這些打扮得很美麗的天女之中娛樂快樂。

修學佛法以後如果對「此經」有體驗，雖然還是朦朦朧朧、依稀彷彿、分辨不清，他就只能寫而無法讀誦，就有這樣的果報；雖然都只是世間法的範圍中，但果報已經如是增上。如果能「受持、讀誦、正憶念、解其義趣」，而且還能「如說修行」，那麼這樣的人，他如果想要得到可愛的異熟果，一定是難可思量的。所以能夠受持，也就是他已經心得決定，這是很不容易的。爲了讓大家心得決定，所以我們禪三施設好多的考題，就是要讓你心得決定，把你身後可能退轉的路，一條又一條全都砍斷，不留一條後路給你退；已無後路可退的時候，你能怎麼辦？當然要往前邁進啊！你總不能說：「我雖然無法退轉，可是也不願前進，我就原地踏步吧！」你不會原地踏步的，因爲看看左鄰右舍大家都往前走了，後面已是萬丈懸崖，你只好跟著大眾往前走，這就是要讓你心得決定。

我們早期度人證悟時就是沒有把大家的後路斬斷，所以他們有好幾條後路可退，於是心中起疑時又退回常見、斷見去了。現在把常見、斷見的路一概斬斷，一條都不留，大家只要金剛寶印拿到手，轉身一看就是萬丈懸崖，再無可退了，只好往前進發。這樣我就算沒有白費力氣，對得起監香老師、護三菩薩們。若是永遠都不再有退轉的人，將來轉到下一世的時候，可以坦然面見 釋迦老爹，這才是最重要的。

那麼能夠「受持」的人功德很大，可以受持「此經」之後，而日能夠「讀誦、解其義趣」，這可不簡單。讀誦是心得決定而不動搖之後，他又每天深入去研讀「此經」，行住坐臥時時刻刻在讀「此經」。那麼越讀越深利，越發能夠「解其義趣」，智慧就越發的好。這個人命終時，「爲千佛授手」，一定使他不會有任何恐怖之心。對一般人來說，捨報時是最恐怖的事，因爲前途未卜；對證悟者來講，捨報時沒什麼恐怖，只是有沒有牽掛的問題，所牽掛的卻只是自己是否所作已辦，正法的未來是否安全無虞，其他可就不牽掛了；所以對他而言，捨報只是再換一個五陰重新再來。因此我們有的同修捨報時，躺在床上要走了，就撐起手來跟大家揮一揮手：「再見！再見！」然後手就掉下去了，眞的要「再見」，二、三十年後就重新再見了。本來就應該如此，那麼對他來講，這不是恐怖的事情。

如果有千佛授手，當然更沒有恐怖可說了，這個人當然不墮惡趣。對於一個實證眞如的人，對於能夠受持「此經」、讀誦「此經」而且「解其義趣」的人來說，早已知道自己捨壽後「不墮惡趣」，因爲單單是一個斷三縛結的聲聞初果人，都可以不墮惡趣了，何況又證眞如，而且能夠「受持、讀誦、解其義趣」？所以，他很清楚知道，如果要改變個念頭，突然想要往生到某一佛的世界去，他也可以感應往生過去，因爲諸佛世界都歡迎這樣的菩薩，所以他的心中當然很清楚自己的去處。但是因爲他沒有想要往生諸佛世界，所以他在娑婆世界這裡捨壽了以後，就可以往生於兜率天上 彌勒菩薩的所在。

兜率天是從忉利天再上去二天，那裡的天人都有身光，不必依靠日月來照明；因爲日月的光明只照到忉利天，夜摩天已經沒有日月了，再上去的兜率天當然更沒有日月照明；可是那裡一片光明，宮殿也有光明，天人都各有光明。生到兜率天的彌勒內院去，那是繼續進修之道；跟隨著妙覺菩薩修道是很快的，因為智慧增長非常之快，只是修福比較慢。如果不願意生兜率天，那就是傻瓜；就像我這種人，要待到末法最後結束了，才會往生兜率天，這是天下第一號傻瓜。

當這個傻瓜到底好不好？我為諸位講答案：為什麼是好？因為有些祖師已經先往生兜率天去了，咱們大家再繼續留下來為正法努力，末法最後五十二年時——正法流傳剩下最後五十二年時，月光菩薩來了，咱們一起度過那最艱苦的五十二年，然後一起生到兜率天去。那時早早去兜率天的祖師菩薩們，他們可得要出來迎接咱們。進到大殿裡就坐的時候會發覺，我們坐在他們前面。這是真的，因為他們護持正法的福德遠遠不如我們，越到後末世護持正法的福德越大。所以最後那五十二年或者那最後八十年，膽敢出來弘揚如來藏妙義，住持正法於人間，佛說這是世間最難、最稀有之事，遠超過一個人挑著須彌山百千億劫，而去為眾生作事。

越到後面年代住持正法的福德越大，何況加上之前的九千多年繼續住持正法，這福德真不可思議；而且我們在人間，這三賢位諸法，乃至入地所應修的諸法，也都有善知識在教導，所以只要在這個地球上真的證悟了，證真如之後設法使你不退轉，還繼續教導諸位，如何去完成三賢位所應該要修的法。因此，往生兜率天上 彌勒菩薩所在，是一定要往生的；但是留到最後陪著月光菩薩一起去，才是最好的方法。這樣的傻瓜才真是佔便宜的人，成佛才會快，所以這樣的傻瓜到底是不是傻瓜？（有人答：不是。）不是呵！所以佛法就是這個樣子，聰明人不是聰明人，傻瓜也不是傻瓜，如何能夠端詳出其中的道理，那就看個人的慧眼。

接著說：「**彌勒菩薩有三十二相，大菩薩眾所共圍繞，有百千萬億天女眷屬而於中生。**」彌勒菩薩已經是妙覺菩薩了，是一生補處當來下生成佛的菩薩，他在兜率天上每天唯一的事情，就是說法利樂一切往生於兜率天的菩薩們；所以他的身邊，永遠是「**大菩薩眾所共圍繞**」。那麼，往生兜率天彌勒內院的人，是不是一定要證悟以後才能去？是不是？不是！只要能夠受五戒，也能夠行十善，並且是三寶弟子，發願往生就能去了。如果進而加修菩薩戒，那就更能去了。

證悟的祖師們也去，凡夫眾生們也去，只要是三寶弟子願意求生兜率天就可以去，那麼 彌勒菩薩在那裡說法時，講的是否全都是開悟後的人才能聽懂的法？例如我如果把《瑜伽師地論》那個課程搬到週二來講，或者說把《解深密經》拿到週二公開講經時來講。我想，第一次講經時人數是一樣多，第二次講經時會少掉十分之一，第三次講經再少掉十分之一，講上一年剩下多少人？因爲最後不會永遠都是十分之一，會遞減，所以最後剩下不到二個講堂的人，而且兩個講堂也是坐得稀稀疏疏，那時大家會說：「**現在冷氣好冷。**」所以有人建議我說：「**趕快講《解深密經》。**」我卻說：「**我很猶豫，因爲那種法義，你還沒有證眞如的時候一定聽不懂；當大家都聽不懂的時候再坐著繼續來聽，就沒有意義了。**」那時一定會有人想：「**我不如在家好好讀正智出版社的書，比較實在一些。**」

所以，在彌勒內院追隨　彌勒菩薩學法的菩薩們，大部分還是未悟之人。那麼諸位想想看，你往生去那邊時，特別是你已經證悟了，那麼　彌勒菩薩爲大眾講次法的時候，你好不好意思開溜？不好意思，還得繼續聽。這樣一想：我如果接下來這九千多年留在地球上，只要正覺同修會還在，就會有讓我永遠聽不完的法。這時你要打一個什麼主意呢？留下來繼續護持正法，一者、將來所聽的都是悟後所應該要聽的法，二者、我可以同時修集很多護法的大功德；但是有一個前提，你蕭老師別先溜了。所以，即使能夠往生兜率天，也不必太急，因爲 釋迦如來的正法還沒有滅絕，末法時期還沒有全部過去。

所以，如來滅後怎麼樣「受持、讀誦、解其義趣」眞的很重要，但是作得到這些重要的事情之後，還得要把正法住持於不墜。如果有人覺得：「我留在娑婆好辛苦，留在人間太辛苦，我還是先去彌勒內院好了。」也行！因爲鐘鼎山林，人各有志，不可強也，我也沒有辦法弄個繩子鐵鍊把你綁著，你要去也行，我也隨喜。因爲那邊畢竟不壞，那邊有「百千萬億天女眷屬」，不必得初禪就可以去彌勒內院，有那麼多天女眷屬也跟著 彌勒菩薩在學法。有的人說：「我這眼睛生來就是要看美女，你讓我去天上幹嘛？」所以，他房間裡都是貼電影明星，並且嘴脣大的還不要；嘴脣厚的，他也不要，他就要選那一種看得很順眼的，房間裡貼了好幾張。但他其實不用擔心，因爲那邊每一個天女都比電影明星美麗多了，而且隨你怎麼看。所以如果不急著在道業上快速成就，也無妨可以先往生兜率天上。

這意思是說，普賢菩薩告訴我們說，如果能夠「受持、讀誦、解其義趣」

的話，他可以生到兜率天彌勒內院去追隨大菩薩學法；而且那個環境非常之好，他可以在那裡出生而快速增長道業；正因為這個緣故，所以 普賢菩薩說：「有像這麼好的功德和利益，有智慧的人應當要一心自己來書寫，或者教導人家來書寫。」但還沒有證悟的時候該怎麼辦？也可以啊！自己拿了紙筆來恭敬地書寫也行啊！還有一個好方式，先把書法練好了，買一些泥金回家，再去買宣紙來，就這樣寫下來，留給子孫當作傳家之寶。

泥金知道嗎？用黃金磨成粉，加上一些黏膠，以毛筆沾了來寫，所以說是傳家之寶。你把這個寶貝傳下去，子孫看了說：「這是我老爸寫的。」「這是我阿公寫的。」「這是我曾祖父親手寫的。」而且是用金粉寫的，當然是傳家之寶。他們有時候想到了，也會請出來端詳端詳，至少也看到封面表皮上寫著《妙法蓮華經》五個字，為他們將來的佛種種下好因緣。如果有一天他們想：「我們來讀讀看，裡面到底是講什麼。」那也不錯。

或許你今天家財萬貫，孩子老是嫌賺錢難，你就說：「好！沒問題，你好好給我工筆書寫《妙法蓮華經》，寫成一部就給你五十萬元。」他想：「哇！這個好賺。」他當然就要努力寫，假使他寫完三部，賺得一百五十萬元，他有一天會想：「老爸爲什麼叫我寫這個？這裡面一定有道理。」等他問你道理的時候，你就說：「那就是你開始學佛的時候了。」再弄一個更大的胡蘿蔔等他：「你只要證悟了，我再給你一百萬元，你好好去學。」反正你這錢本來也是要留給他的，不如現在先給他一小部分，那你又攝受了一分佛土；將來你出世弘法時，跟他有因緣的眾生就被他帶進來了，你又攝受多少佛土呢！

算盤要這樣打才會漂亮，因爲你都不給他，有一天走了也還是他的；遲早都是他的，何不現在先拿來作這個用途，雙方都有功德。既然能夠「受持、讀誦、解其義趣」，可以生到兜率天，有這麼大的功德、這麼大的利益，有智慧的人當然應該要一心來書寫，有時也教別人來書寫，一樣都很好。如果自己對這部《妙法蓮華經》已經如是「解其義趣」了，當然更要好好「受持、讀誦、正憶念」；可別誤會了經中的道理，有很多人讀經往往變成斷章取義，原因何在？就是因爲無法「正憶念」；他有時知見偏掉了，閱讀的結果也就錯會了，於是無法「解其義趣」。既不能「解其義趣」，當然就無法「如說修行」；因爲佛法不是用來講的，佛法是用來實修的。

那麼　普賢菩薩這麼說完了，作一個結論說：「世尊！我今以神通力故守護是經，於如來滅後閻浮提內，廣令流布，使不斷絕。」他特別向　世尊稟報說：「我如今用我的神通力爲藉緣，來守護這一部經。」那要問諸位了：你們要不要用神通力來守護這一部經？當然要啊！這時可先要問諸位有沒有六通？大聲一點！（眾答：有！）當然有！因爲每天看著如來藏在六根之中互通，怎麼沒有神通？而且是六通，不是外道的五通。

回頭再來討論一下，每天用六神通的力量來守護這一部《妙法蓮華經》，那到底是你用六通來守護祂？還是祂來守護你？又不知道了！因爲這還眞難說。想要守護這一部經，確實得要有六通，而六通卻是「此經」本有的功德；可是六通雖然是「此經」所有，若沒有你，這六通又無法用來守護「此經」，那麼到底是誰守護誰？你如果看清楚了，二種說法其實沒有矛盾，因爲法界的實相本來如此；所以　普賢菩薩這麼說了，一點都沒有矇人，都是如實語。只要你證悟了，都可以看見你身中或者每一個凡夫身中的「普賢菩薩」，全都是用「神通力」在守護「此經」；你吩咐祂也好，沒吩咐祂也好，祂就是會守護「此經」，因爲這是「普賢菩薩」永遠都不改變的願力。

那麼普賢菩薩又說了：「於如來滅後閻浮提內，廣令流布，使不斷絕。」他特別指名閻浮提。所以如果有個地方，生存環境像瞿陀尼洲等等，而不是像閻浮提這種境界，你要不要去那裡弘法？去那裡弘法是沒有用的。以前有一個同修說，他在美國有個房子空著，要我每年去那邊度假幾個月。我說：「我沒興趣。」假使我哪天有興趣，每年去那裡度假一季好了，那麼正覺講堂呢？交給誰？有個辦法，請所有老師們輪流上來講經！怎麼跟我搖頭呢？可是如果我有這個去美國度假的興趣，我今天就沒資格坐在這裡講經；因爲去那邊弘法其實不是很有緣的地方，我若是連這一點都看不清楚，還弘揚什麼了義法？

在美國，他們最看重的是世間法；你把這種最了義的佛法去那邊宣講，不容易弘揚；可是如果用密宗的雙身法去爲他們傳授，可就容易了，那些大明星們個個愛得不得了。但是你若告訴他們五蘊是虛妄的，他們才一聽，隨即走人了，沒有下回了。所以這個法就適合閻浮提，在天上，譬如夜摩天、化樂天、他化自在天，你去演說這個法也不容易度人；正是閻浮提地最容易度人，因爲這個地方苦樂參半，不至於苦到像三惡道沒心思學法，但是又剛好有不少的苦，讓大家覺得出離是很重要的，所以就這個地方最好。

因此，假使有機會去其他三大部洲，應該說是去考察而不能說是去觀光，去考察適不適合弘揚了義佛法。結果你會發覺都不適合，就只是閻浮提最適合。因爲有的部洲，他們生活無憂無慮，壽命又長，每天快樂無憂，你告訴他們人間痛苦，他們想：「哪有苦？」所以他們不想解脫生死，心想：「我下一世繼續這樣生活，很快樂啊！」所以他們不覺得有苦，更不會想要出離，那你去那裡度一個人所花掉的時間，在閻浮提就可以度一百個人、一千個人，那你要不要去那邊度人？當然不要了！

而且在閻浮提佛法流布容易，因爲大家互相都會討論怎麼樣可以解脫生死；當你把這個道理清清楚楚告訴他們了，終於弄清楚了，他們知道：只要實證了，就可以離苦。大家就願意修學，就願意推介給親眷好友，於是正法就可以廣令流布，當然《妙法蓮華經》的弘揚就不會斷絕了，這就是 普賢菩薩的大願。事上也說了，理上也說了，世尊怎麼讚歎他呢？

經文：【爾時釋迦牟尼佛讚言：「善哉！善哉！普賢！汝能護助是經，令

多所眾生安樂利益。汝已成就不可思議功德，深大慈悲；從久遠來，發阿耨多羅三藐三菩提意，而能作是神通之願，守護是經。我當以神通力，守護能受持普賢菩薩名者。普賢！若有受持、讀誦、正憶念、修習書寫是《法華經》者，當知是人則見釋迦牟尼佛，如從佛口聞此經典；當知是人供養釋迦牟尼佛，當知是人佛讚善哉，當知是人為釋迦牟尼佛手摩其頭，當知是人為釋迦牟尼佛衣之所覆。如是之人不復貪著世樂，不好外道經書手筆，亦復不喜親近其人及諸惡者；若屠兒、若畜豬羊雞狗、若獵師、若衒賣女色。是人心意質直，有正憶念，有福德力，是人不為三毒所惱，亦復不為嫉妬、我慢、邪慢、增上慢所惱；是人少欲知足，能修普賢之行。

語譯：【這時釋迦牟尼佛讚歎說：「很好啊！很好啊！普賢！你能夠護持和佐助這一部經典，使這一部經典可以在很多地方令眾生得到安樂和利益。你已經成就了不可思議的功德，並且是很深很大的慈悲；從久遠劫以來，就發了無上正等正覺之意，而且能夠作出這樣的神通之願，守護著這一部《妙法蓮華經》。我將會以神通力，來守護能夠受持你普賢菩薩名號的人。普賢啊！如果有受持、讀誦、正憶念、修習書寫這部《妙法蓮華經》的人，應當知道這個人就是已經看見『釋迦牟尼佛』，猶如從釋迦牟尼佛的金口之中親聞這一部經典；應當知道這個人就是供養著釋迦牟尼佛，應當知道這個人，佛已經讚歎說，他受持『此經』是非常之好，應當知道這個人已經被釋迦牟尼佛以手爲他摩頂，應當知道這個人是被釋迦牟尼佛的法衣所遮覆、所保護。像這樣的人不會再貪著於世間法的樂趣，也不會再喜好外道的經書或者他們所謂的古本手跡，也不會再喜歡親近那一些外道諸人以及造作種種惡業的人；譬如那一些屠殺眾生的人，或者是蓄養豬羊雞狗的人，或者是專門打獵的人，或者是在路上販賣女色的人。在這個人的心中，他的意志是樸實而正直的，他對於『此經』有正憶念，而且他有福德所引生的力量，這個人已經不被貪瞋癡三毒所惱亂，也不會被嫉妒、我慢、邪慢、增上慢所困惱；這個人欲望非常之少，他對自己的所有已經知足，他可以眞實地修習普賢之行。」

講義：「善哉！善哉！普賢！汝能護助是經，令多所眾生安樂利益。汝已成就不可思議功德，深大慈悲；從久遠來，發阿耨多羅三藐三菩提意，而能作是神通之願，守護是經。我當以神通力，守護能受持普賢菩薩名者。」

這時世尊當然要讚歎，因爲　普賢菩薩已經理上、事上都說了；而且他說得不露痕跡，如果說得露痕跡了，就表示講得不很妙；因爲他不是爲一人私下講解，是當眾而說，就必須遵守　世尊的告誡：要隱覆密意而說。所以當眾演說時不應該露出痕跡來。就好像武學世家，天下一等一的大俠，一向隱居著；有一天來到城市街頭，看見人家賣藝的，功夫好像很厲害，一身的硬功夫。大家在那邊喝采，他只是看一看，面無表情，既不鄙夷也不讚歎，也就靜靜離開了，不會有人覺得他是個武學大家，這叫作眞人不露相。可是眞要到眾生的生命有危險，而旁邊又沒有人可以出來解救這一些眾生的危難時，他就會出手。

所以說，像我先依文解義講完之後，又從理上再來講一遍，這叫作不得已而爲；是因爲不願看到有人法身慧命死掉，所以得要這樣作，但這麼一作也就露相了。是不是露相了？怎麼沒反應？本來是可以不必露相的，所以我在市街行走時，例如有時要採買物品，或者出去辦什麼事情，人家不知道我是何許人。如果有人要談佛法的話，我也是簡單說一說就好，不多話，就像世俗人在講佛法那樣，所以沒有人會覺得說：「**你眞的很行。**」正是要像人家三腳貓一般的功夫一樣，讓人感覺不怎麼樣。

所以 普賢菩薩能夠這麼說，這不簡單，世尊當然要讚歎他，說他講得太好、太好，連讚二個「善哉」，然後稱呼他而說：「普賢！你能夠這樣來護持、來佐助這一部經典的流通，可以在很多方面對眾生產生許多安樂和利益。你這樣確實是成就了不可思議的功德，」因爲沒有多少人願意好好來護持「此經」，更不要說是用「此經」來利益安樂眾生，而 普賢菩薩有這樣的大願，所以說他已經成就了不可思議的功德；而他這個不可思議功德的來源，是因爲「深大慈悲」，是很深厚的慈悲、很偉大的慈悲來引生的。

那麼，這個慈悲有一個根源，就是從久遠以來便已經發起無上正等正覺之意。不說這個久遠的多少劫，因爲無法說明；如果可以說明的話，目前所知，最長的時間是怎麼說的？是過無量無邊不可思議阿僧祇劫以前。可是這裡沒有說是多少劫以來，只說「從久遠來」，顯然是超過這個時光；是說 普賢菩薩從久遠以來，已經發起無上正等正覺之意，才能夠作出這樣以神通力來守護「此經」的大願，就以這個願來守護《妙法蓮華經》。

所以 普賢菩薩太偉大了，世尊當然要讚歎；但這畢竟只是個事相，理上是什麼道理呢？就是說，你們各人身中的「普賢菩薩摩訶薩」都在護助「此經」，所以不管誰來否定「此經」，全都否定不了；不管誰怎麼否定「此經」，祂依舊繼續存在。否定時只是他們的語言文字在否定，可是在實相上不因爲他們愚人的否定，「此經」就會消失。所以，你們各自的「普賢菩薩摩訶薩」永遠護持著，讓「此經」永遠不會消失。即使不迴心阿羅漢死後入了無餘涅槃，他們自己的「普賢菩薩摩訶薩」，仍然繼續護持著「妙法蓮華經」，令永不失；因此說，護助此經可以讓很多很多的眾生安樂和利益。

正因爲每一位「普賢菩薩摩訶薩」都護助「此經」，所以造惡業眾生很痛苦的地獄果報受完了，可以離開地獄而來到餓鬼道獲得喘息，不像地獄那樣受苦無間。等他們餓鬼道的果報受完了，可以來到畜生道中，有時候得安樂，有時候痛苦，總是比餓鬼道好太多了，這也是他們各自的「普賢菩薩摩訶薩」給他們安樂和利益。畜生道過完了，來到人間時福德很差，先去索馬利亞過過苦日子，但是終究不會像狗一樣被人家打吧！對不對？終究不會像蛇、老鼠一樣，人人見了就喊打。然後業報受盡了，也許後來生到美國享福去了，這也是靠他的「普賢菩薩摩訶薩」神通之力護助才作得到。

乃至於終於來到臺灣——佛法的中國，經過一番努力修福、斷除性障、聞熏正見、鍛鍊看話頭功夫以後實證了，今天聽我講了這一段經文，你就說：「妙哉！妙哉！果然如是。」你當然知道，就是自己的「普賢菩薩摩訶薩」來護持佐助，才能夠得到這個在生死中已經離生死的偉大智慧和解脫功德。所以你看，下從地獄上至人間，經由人間這個證悟的功德就函蓋天界一切有情；你就知道，果然能「令多所眾生安樂利益」，所以 世尊讚歎說：「你已經成就了不可思議功德，深大慈悲。」

諸位！你們今天可以扮演「釋迦牟尼佛」，對你自己的「普賢菩薩摩訶薩」說：「汝已成就不可思議功德，深大慈悲。」你可以確定自己這樣講，一點都不含糊，一點都不浮誇，完全是如實語。因爲你的「普賢菩薩摩訶薩」確實已經成就這個不可思議功德，不是你修行以後祂才成就的；祂是本來就成就的，而祂這個慈悲很深、很廣大，永遠都不改變，無始劫以來已經如此，盡未來際亦復如此，你說像這樣的慈悲夠不夠深、夠不夠大呢？再也找不到像祂這樣的「深大慈悲」了。

而且繼續把祂探究下去：祂是從什麼時候開始的？你找不到一個開始的

時間，因爲祂是本來就存在的，而祂無始以來已經就是這樣子，所以當你說「過無量無邊不可思議阿僧祇劫之前」，這個時間對祂而言還是太短了，對祂而言，這個時間幾乎就等於白駒過隙，爲什麼呢？因爲你去推究祂什麼時候開始有這樣的「深大慈悲」時，假使你有 佛陀的宿住隨念智力，推究過去的事情沒有時空的限制時，你可以用來推究祂；但你推究到過無量無邊不可思議阿僧祇劫之前，再往前繼續推究過無量無邊不可思議阿僧祇劫，再往前繼續推究同樣的時間之前，你還是推究不到源頭，因爲祂不曾有出生，是本然就在的實相心；所以只能夠說祂是從久遠來就沒有辦法爲祂安個時間說：你是幾個阿僧祇劫之前開始出生了大慈悲。祂是本來就在，是無始的；而且本來就如是慈悲，所以只能夠說「從久遠來」，沒有辦法定出一個時間來。

祂久遠以來已經發出這個無上正等正覺之意，有人也許覺得說：「這有點奇怪，因爲發起無上正等正覺之意，應該是我意識心的事，怎麼又變到『普賢菩薩摩訶薩』身上去了？」不奇怪！諸位你想想，你證得眞如——證得自己的「普賢菩薩摩訶薩」之後，繼續努力進修，最後到達佛地，你是不是一樣依止於祂？那時祂改名叫作無垢識，而你完全轉依於祂，是不是你現在所發心的這個無上正等正覺之意就等於祂？因為你最後還是依於祂，以祂為歸，所以你所發的無上正等正覺之意，其實就是祂的意，就是祂所住的境界，所以你真的不能外於祂而證菩提；而你將來成佛也是依止於祂的境界，你所謂成佛的無上正等正覺就是祂的境界；而祂這個境界，久遠以來已經如是，不是你成佛以後祂才如此；也不是你修行以後，學佛實證以後祂才如此；所以祂真的是「從久遠來」，就已經發了無上正等正覺之意。

祂沒有第二意，永遠都是這個意，所以你自己的「普賢菩薩摩訶薩」，永遠都能夠作這一種神通之願，不管你問祂、不問祂；你問了祂，不管祂答你、不答你，全都一樣，祂永遠是「作是神通之願，守護是經」，祂永遠守護得很好。假使哪一天悟了以後，你說：「我偏不信！讓祂來守護看看，我把這一部《妙法蓮華經》設法毀壞，看祂能奈我何？」假使有一天悟了，你起了這個念頭，你將會發覺自己無可奈何；因為祂永遠把「此經」保護得好好的，你一絲一毫也壞不了祂，所以祂真的「作是神通之願，守護是經」。

那麼，世尊這樣讚歎完了以後，又說：「我當以神通力，守護能受持普賢菩薩名者。」世尊對眾宣稱要以神通之力來守護，凡是有人受持 普賢菩薩名號，世尊一體加以守護。事相上是如此，理上也是如此。釋迦牟尼佛是不是眞佛？是喔！那眞佛會壞喔？毘盧遮那法身才是眞佛，應身示現完了以後，就有報身住持於色究竟天宮，所以二千五百多年前的 世尊是應身佛，是因應我們的因緣而來人間示現，不是眞佛。這道理，在《金剛經》中都已經講了，諸位也聽我講過了，怎麼還跟我說是眞佛呢？

但是，在二千五百多年前，以應身示現給我們可以追隨、可以供養的 釋迦如來，是以什麼來代表說：這就是 釋迦如來？是以能夠爲我們說法的當時的八識心王，來說那是 釋迦如來。現在說，你證悟了，那你身中有「普賢菩薩摩訶薩」，也有「釋迦如來」；哪個是你的「釋迦如來」？正是你這個五陰；八識心王和合運作出來的這個五陰，就是你的「釋迦如來」。你依照這一段經文，看見你身中的「普賢菩薩摩訶薩」，如是令你多所利益，深大慈悲；而且久遠以來，已經發了無上正等正覺之意，並且以祂的神通之願守護著這部《妙法蓮華經》。那麼你如果有一天突然想起來說：「那我也應該感念我的『普賢菩薩摩訶薩』吧！」於是有一天心血來潮恭敬唸了起來：「南無普賢菩薩摩訶薩。」頂禮三拜。這時你受持了「普賢菩薩摩訶薩」名號，那你這位理上的「釋迦牟尼佛」，要不要守護這個受持名號的五陰這個人？當然要啊！因為你很清楚，你只要守護了受持「普賢菩薩」名號的人，你的道業就會繼續往前邁進。

世尊說：「普賢！若有受持、讀誦、正憶念、修習書寫是《法華經》者，當知是人則見釋迦牟尼佛，如從佛口聞此經典；」這一段經文如果依文解義就壞事了，因為如果自以為聰明，自以為有智慧，他可能就毀謗了：「唉呀！這《妙法蓮華經》講的這些事，都不可信啦！這不過是像小說一樣寫出來，給佛弟子們娛樂娛樂、排遣時間罷了！」結果一樣都是謗菩薩藏，因為這是圓教的最了義經典，不該依文解義的。

世尊既然如此開示了，這時應該換你這個五蘊來當「釋迦牟尼佛」，你就該對自己的「普賢菩薩」這麼說了：「普賢啊！如果有人受持、讀誦、正憶念、修習書寫這一部《妙法蓮華經》的時候，應當知道這個人就是已經看見『釋迦牟尼佛』了，他就是猶如從佛陀的金口之中親自聽聞到這一部《妙法蓮華經》。」你找到如來藏了，現前觀察是不是如此？你眞的無法推翻世尊這一句話。

所以明天你起床以後「受持」「妙法蓮華經」時，你該怎麼受持呢？你一起床就看見「妙法蓮華經」，認定不疑就是「受持」了。接著你開始觀察「妙法蓮華經」如來藏心，這就是開始讀祂，讀祂萬遍也不厭倦。接著穿了拖鞋——因爲冬天冷了，因此穿了拖鞋去到盥洗室，刷刷牙、洗洗臉，一面刷牙洗臉一面讀誦祂；這部經典可以這樣閱讀課誦，誰說廁所裡不能讀經課誦的？要看你讀誦的是哪部經？文字的經典自然就不可以在廁所裡讀，然而這一部勝義的「法華經」如來藏妙心，你想要怎麼樣讀、怎樣誦都行。

你一面盥洗、一面讀誦著，讀誦到以前沒讀到的地方時就說：「原來祂還有這個功德。」於是「正憶念」也就記住了，因爲是你體驗過的，絕對有勝解，當然會記住。然後也許你就來修習說：「我試著用這一部經，怎麼樣來利益眾生。」要用來利益哪個眾生呢？當然是你這七轉識眾生。要好好用來利益自己七轉識等五陰眾生，這樣就是「修習」。甚至於有時想起來說：「這個道理好。」因爲你已經又讀到以前沒有注意到的地方，趕快拿了紙筆寫下來，越寫越發覺說：「唉呀！我寫《法華經》寫得太棒了。」你寫到後來，會發覺自己眞的很會寫《法華經》，爲什麼這樣呢？因爲你已經看見自己的「釋迦牟尼佛」了。你所看見的自己，不就是一個能行於仁愛，而且恆時住於寂滅境界中的自性「釋迦如來」嗎？你這樣就是親見「釋迦牟尼佛」了，這時你所讀的、所寫下來的，其實都是猶如從 釋迦如來金口所說的時候親聞的。

「當知是人供養釋迦牟尼佛，當知是人佛讚善哉，當知是人爲釋迦牟尼佛手摩其頭，當知是人爲釋迦牟尼佛衣之所覆。」當你觀察到這個地方，自然就會知道說：「啊！原來我這樣才是眞正的法供養。」這就是無上的法供養。這是說，假使有人以遍滿三千大千世界的無量珍寶來供佛，不如證得「普賢菩薩摩訶薩」以後，如是「受持、讀誦、解其義趣」，然後「正憶念、修學熏習書寫是《法華經》」，來供養 釋迦牟尼佛，因爲一切供養中，法供養爲最。

當你能作法供養時才是眞正的供養 釋迦如來，當然就知道：「我現在是被釋迦如來所讚歎的，如來每天都在說我『善哉！善哉！』」接著你就知道說：「我已經被『釋迦如來』摩頂了。」沒有一個人不曾被「能仁寂靜佛」

摩頂。我問你們，你們都沒有自己洗頭過嗎？從出生以來都是別人幫你洗頭的嗎？洗頭時是不是要摩頂？喔！終於通了：「原來我早被如來摩頂了，只是自己不知道。」這時候你已經知道，自己一切行住坐臥都在自己的「釋迦牟尼佛」境界中，不曾一剎那外於自己的「釋迦牟尼佛」境界之外。

這表示什麼呢：「當知是人爲釋迦牟尼佛衣之所覆。」那麼從此以後，只要有人讀經時讀到「善哉！善哉！」你就知道說：「如來在讚歎我。」只要有人讀到 佛來摩頂而講出來時，你就知道說：「我已經被佛摩頂過了。」你就說：「大家都在『釋迦如來』的恩德庇護之下。」你當然就知道：「我是已經被『釋迦牟尼佛衣之所覆』，所以才能得到這樣的實相智慧。」當你這樣子一一深入去觀察，一一「讀誦」，「解其義趣」，而且能夠「書寫」了，這時人家再來邀請說：「聽說北極可以去觀光了，我們走遍五大洲，沒去過北極，你要不要去？」你一定說「不要去」，因爲不遠千里去到那邊時，也還是在自己的如來藏家裡面，並沒有到外面去啊！

「如是之人不復貪著世樂，不好外道經書手筆，亦復不喜親近其人及諸惡者；若屠兒、若畜豬羊雞狗、若獵師、若衒賣女色。」也許有人說：「現在哪裡又新開了一家素食餐廳，好好吃呵！要不要去？」你說不要，爲什麼呢？因爲吃來吃去都還是吃自己的如來藏，爲什麼？如來藏還可以吃唷？對啊！不然你吃那麼多，好多味道，你說好好吃、好好吃，你不就是吃那個味道嗎？那味道是誰給你的？是你的如來藏給你的六塵內相分。既然去那邊花了錢，吃了依舊是自己如來藏給的相分，在家裡吃雖然難吃一點，也還是自己如來藏給的相分，同樣是自己的相分，沒有差別。因此你可以放下貪著了，因此「不復貪著世樂」，因爲世間之樂都是自己的如來藏提供的內相分六塵，然後由自己的七轉識去領受，既然如此，又何須向外求法呢？

接著就會有一個現象出現：「不好外道經書手筆，」假使哪一天有人告訴你說：「我這一部《道德經》，是老子親筆寫的，並且考證是眞的。」當然不可能，我說的是比喻。假使眞的是這樣，譬如說《道德經》是老子的親筆原稿，那人家說：「送給你好不好？」你就說：「隨便。」因爲拿到了以後讀了，你會發覺言不及義。那麼這能作什麼呢？只有一個用途，拿去蘇富比拍賣，然後可以把錢用來利樂眾生，完全沒有想要把它留下來自己用。如果是古時候，譬如王羲之的墨寶，或者米芾、褚遂良、顏眞卿，還有個柳公權，他們的眞跡，有人拿來告訴你說：「這字畫現在價值不菲，我半價賣給你就好了，你要不要？」不要！因爲這一些所謂的手筆墨寶等等對你都沒有意義了。所以，你既然依止於「此經」了，你對這一些就沒有興趣了，有興趣的就是道業如何增長，性障如何修除，正法如何久住，眾生如何得利；只想到這些，其他則非所計。今天講到這裡。

《妙法蓮華經》上一週講到二〇五頁倒數第二行，最後一句還沒講。上回最後是講到：「不復貪著世樂，不好外道經書手筆，」今天說：「亦復不喜親近其人及諸惡者；若屠兒、若畜豬羊雞狗、若獵師、若衒賣女色。」這就是說，一個已經能夠「受持、讀誦、正憶念、解其義趣」的菩薩，乃至於能夠「爲人解說」，自身也「如說修行」，這樣的菩薩其實是在「法華經」上已經有很深厚的實證了，所以對於「見佛」、從佛口親聞「此經」，乃至供養於佛，爲佛所讚歎，爲佛所摩頂，並且被「佛衣之所覆」，都已如實知了，這樣的人當然不是貪樂於世間法的人。

以此緣故，對於貪著世間法的人，這樣的菩薩不會想要親近。對於世間法中，專門研究以及喜歡和推廣所謂的世間法，例如琴棋書畫一類，乃至於藝術，這位菩薩對這一些都沒有愛樂之心，並且也不喜歡親近這些人。譬如你以前在其他的佛教道場所謂的學佛過程中，還是跟大家一樣，在世間法中有很多的往來，所以互相介紹、互相轉介、結伴作生意，去獲得更多世間法上的財物。那麼來到正覺以後，耳聞目染熏習久之，結果這些漸漸地都遠離了。

所以，以前的酒肉朋友是最早遠離的，接下來就是在世間作各種琴棋書畫、買賣古董等等的朋友們，也次第遠離了。所以人家如果告訴你說：「我有一幅古畫。」也許告訴你是唐寅的作品，或是有一天來找你說：「我有一幅古人大師的字，米芾的字，很稀有，我急著用錢，半價賣給你。聽說你這個人太好了，我很欽佩，就是半價，你買不買？」「不買，沒興趣。」他如果硬要給你呢？你說：「不然這樣吧！我乾脆上網拍賣，你要給我的半價，賣得那個半價就給你，剩下的我拿來作善事，好不好？」如果他答應就可以。但你絕對不會拿錢出來買，雖然明知很便宜，專家也鑑定過了，但不想由自己的手去賺那個錢。也就是說，像這樣的事情，你不會喜樂，你沒有愛樂。那麼久而久之，互相傳聞了，最後這些文雅的朋友，這些風流雅士漸漸地就遠離了，因爲知道你對這些沒興趣了，只記得你這個好朋友，但不會常常來找你聊天，這就是「亦復不喜親近其人」。

如果一天到晚在追求享樂的人，你更不會去跟他們親近，他們也會遠離於你，因爲他們覺得每一次邀請你喝酒，你都不去，他們就不來邀請了。這就像我有些同學們開同學會，邀了一次、二次、三次沒去，因爲我的時間與他們無法配合；其實不是不想去，是因爲我沒那個時間。因爲我這個人最眷戀情誼，同學之情怎麼可以不去？那是不能不照顧的，可是時間眞的忙不過來。因爲前一次答應了，結果我正好有事沒辦法去，後來每次邀約時，我只能說：「我盡量，我盡量。」到第三次就說：「我可能去不了。」所以人家乾脆不邀請了。這就是說，因爲你走的路跟他們不一樣，因爲你已經證了「此經」，已經「受持、解其義趣」，甚至於能「爲人解說」；而且你既然已經「如說修行」的時候，怎麼可能又去跟隨他們而把世間法當作最重要的事情呢？所以「亦復不喜親近其人」。老實說，當你開始「如說修行」的時候，他們也不喜親近你。

後半句又說：「及諸惡者；」「世樂」一類的人，喜好「外道經書手筆」

一類的人，你都不想親近了，如果是殺雞宰羊、殺豬屠牛的，你更不會想要跟他們親近；因爲你每次一接觸他，心裡就覺得說：「他雙手沾滿了血腥，跟他在一起，那一些幽冥界的眾生見了，不是氣我氣得要死嗎？」所以，自然而然就遠離了。如果是蓄養豬羊雞狗的人，你想一想，他們養豬、養羊、養雞是爲了什麼？爲了賣牠們的肉。也許有人想：「不一定啊！人家養蛋雞就不殺牠們。」焉知無殺？蛋雞關在那裡一直生蛋，生到牠的產蛋率降低了就被賣了。賣了以後會跑到哪裡去？跑到炸雞店去；炸雞大部分都是這一類的雞，結果養大了也還是賣肉。

如果是養狗呢？如果是養小狗作寵物，倒也罷了。可是，有的人養狗是用來咬人的，而且一不小心，溜出去就咬了無辜的人；乃至於把小孩子咬得皮開肉綻，新聞也時常報導，所以這是不好的事。雖然說，我個人其實也喜歡狗，可是不敢養、也不能養；因爲你養狗，牠一定比你早死，牠死了你會很難過，這是小時候就體驗過了，當時發誓再也不養狗了，因爲那個心情很難過的。如果有幸，養到一條狗比你長壽，你養不養？譬如說，有的人養鸚鵡，鸚鵡可以活五、六十年，如果你五十歲了，養那一隻鸚鵡才剛出生不久，你把牠養大了，很通人性，將來你臨走的時候是不是也要牽掛牠？對啊！所以寵物最好是不要養，因爲你行菩薩道以來，那麼多世的眷屬又聚在一起學佛。這麼多的眷屬，當你要走人的時候，已經夠你想念的了，足夠你依依不捨的，何苦再增加那些狗、鸚鵡等來牽掛？因爲這對於你的成佛之道不利。

所以，這一些養豬羊雞狗的人，大部分不會有什麼善事；除非現在有新的狀況，例如雪地裡救難的聖伯納犬，還有現在大地震或災難時用來救人的那一種狗，否則就不要養。如果是養這一些動物的人，咱們也不會想要親近；因爲養這些動物的人，他們學法的因緣比較粗淺，還不夠深厚，而且比較貪愛於世俗法，跟我們不相應。如果是獵師呢？就是喜歡打獵的人。這類喜歡打獵的人，有一種是用槍，另外一種也叫打獵，他們用釣竿，也算是打獵的性質。更可惡的是撒網，所以我看見人家撒網，心裡面就爲那些魚不平；因爲用釣竿至少有東西給牠吃一口，他撒網是強迫把人家給網上來，這眞沒道理；所以我對這類人，很不喜歡；對那些打獵的人，也不喜歡。可是不喜歡歸不喜歡，也不必憤恨不平，因爲各各有命，這就是牠們的因緣，但我們不需要去親近這一些人。

另外一種是「衒賣女色」，譬如開綠燈戶。是綠燈戶還是紅燈戶？我不曉得點什麼顏色的燈。（大眾笑……）沒見過。又譬如開午夜牛郎的餐廳——星期五餐廳。還有什麼？還有比較早期，那時叫作純喫茶；其實純喫茶不純，他們故意用個純字掛羊頭賣狗肉，所以以前的純喫茶又叫作摸摸茶。更早的時節南部也有一類冰果室，那種冰果室有冰不對外賣，只賣裡面的客人；再稍微晚一點——比冰果室晚一點——就有理髮廳，但這種理髮廳不理髮，只賣女人的肉。這些都屬於「衒賣女色」，這些人在性障上都是很重的人；因為作這些事情的人，如果本身不是黑道人物，就是背後有一些黑道的因緣，背後都有黑道的背景，否則沒辦法作這種生意。

你既然證得「此經」了，你看看屠夫所殺的有情；看那一些畜養豬羊雞狗的人，他們所養育的那些眾生；你再看被販賣的男色女色，或者打獵者所獵的獵物，莫不都有「此經」。你都受持「此經」了，人家在這「此經」上面作壞事，把那一些有情一部又一部的「妙法蓮華經」殺了拿去賣，你覺得這個不應該；所以如果有一天要廣義的講起來，那一些人也都在賣佛法——販賣「此經」、稗販如來。當然這樣定義就太苛刻了，大家當作笑談吧。

也就是說，這些人所作的事情，從你的所證來看，你會覺得不能接受。因爲你已經有了妙觀察智，你也有平等性智，而你看看這些有情大家平等，爲什麼要這樣互相糟蹋？所以你看不下去了；但你又不能對他們作什麼，總不能看見人家養雞，你去叫人家不養；也不能看見人家在釣魚時，你去告訴他們說：「你別釣那些魚，牠們每一條魚各有一本『妙法蓮華經』。」那人家不把你罵慘了才怪，一定說你精神病。既然你也不能講，就只好遠離了。

「是人心意質直，有正憶念，有福德力，」接著說：「這樣的人心意質直，對『此經』有正憶念，還有福德力。」這個人，他的心起了作意的時候，表現出來的本質就是直爽的人，是心地不彎曲的人。也就是說，他不喜歡在事相上面斤斤計較、拐彎抹角，他是樸質而且直爽的；因爲他依止於「此經」「妙法蓮華」了，所以他有了智慧，總是有正憶念，他心中的作意就是在這個法上。因爲這個緣故，他也有福德的力量。這是說，他既然已經有所實證，而且「解其義趣，如說修行」，也能「爲人解說」，一定是有許多的護法菩薩在追隨著，然後他一定也顯示出多劫的修行，才能有今天的智慧；這顯然是一個很有福德的人，因此說他的福德已經有具體的力量顯示出來了。

接著說：「是人不為三毒所惱，亦復不為嫉妒、我慢、邪慢、增上慢所惱；是人少欲知足，能修普賢之行。」這是說，他已經不會被貪瞋癡三毒所困擾、所惱亂，因為對於《妙法蓮華經》能夠「解其義趣」，這眞的不簡單。「解其義趣」可不是像一般大師那樣依文解義，這是已曾經歷很多劫修行之後才能達到的；這樣的人不會再有三毒的現行了，他剩下的是三毒的習氣種子，所以三毒對他已經不會有直接的影響了，因此他也不會產生極度偏差的心態。假使有修證比他好的菩薩出現了，他不會要去比較，反而想要去弄清楚：這個人的證量比自己高出了多少。如果眞的高出了很多，一定會去拜以為師。如果有人要來挑戰，他也一定歡迎，因為挑戰者之中，也許有一天出現了一個證量很高的菩薩，遠超過他，那麼他辯輸了對方，要不要自殺？不要啦！要趕快拜師啦！這叫作「踏破鐵鞋無覓處」，眞是「得來全不費工夫」。

這不是老天送上來的禮物，應該是 佛陀送來的最偉大的禮物。天大的好機會，怎麼可以放過呢？當然要趕快拜師。所以說，這樣的人不會嫉妒。如果看人家一個凡夫大師，每個大山頭都二、三百公頃地，道場蓋得金碧輝煌，徒眾廣大，他也不嫉妒，因為他知道那不是好東西；弘法所需要的建築物只要夠用就好了，弄那麼大一片，那擔子太重了；而且那個擔子不是如來家業的擔子，想要弘法的人去挑那個世俗家業的擔子，眞的沒意義！所以他根本就不喜歡，自然不可能生起嫉妒心。

這就好像說，我們弘法以來，常常遇見有人要捐寺院、捐地皮，我都要先去看。不是人家要捐，我就去接；因爲接了來以後，管理等等都很費事。我們目的不在財產，所以都要先去看過；如果看了以後不適合就說句「謝謝」，我們就回來。如果是要財產而去接，我們可能已經有好幾個地方了；但是接了來，對我來說是個累贅，於弘法無益。所以，人家有什麼道場金碧輝煌，我們都不嫉妒；徒眾廣大，我們也不嫉妒；因爲我們很清楚知道，我們徒眾比他們更廣大。

這話怎麼說呢？我的想法是，度十萬人歸依三寶，不如度一個人斷三縛結；度一百萬個人斷三縛結，不如度一個人得阿羅漢；度一萬個人成阿羅漢，不如度一個菩薩開悟。一個阿羅漢就能抵得上幾百萬徒眾了，有沒有人反對？沒有嘛！老實講，度得一個初果人，就抵得過他們幾百萬的徒眾了。這就好像人家有一大群的綿羊，而我養了一頭雄獅，結果是誰行？當然是雄獅啊！何況我們有這麼多雄獅，所以我們才是眞的徒眾廣大。當你把本質看清楚了，他們幾億的徒眾，我也不看在眼裡，因爲幾億的徒眾能幹嘛？我隨便一位老師派出去跟他們聊天就夠了，眞的只能跟他們聊天，不能談法；聊什麼天？聊次法，從三惡道跟他們談到無色界天，聊聊「天」，（大眾笑⋯⋯）就是聊「天」啊！他們若是聽我們一位親教師跟他們聊「天」，聊完了就知道說：「原來我這個開悟的境界還不離欲界，應該是悟錯了。」他們就會知道了，還敢講大話嗎？所以，我隨便一頭雄獅就勝過他們幾百萬眾了。那些人，我們雄獅出去跟他們聊「天」就夠了，不必眞的說「法」，所以需要嫉妒他們嗎？都不需要。

說過「嫉妒」了，至於「我慢」呢？「我慢」很容易誤會。很多人都說：「唉呀！你這個人，我慢深重。」其實都講錯了，那種要叫作慢心深重，不是「我慢」，他們還沒有資格談「我慢」。「我慢」是已經得到八解脫的人，還沒有辦法去證得阿羅漢果，空有滅盡定而無法出三界，《阿含經》中說這種人要修「不放逸行」，他修「不放逸行」時就是要斷除「我慢」，就是對於滅盡定中還存在的意根自我，平常他的心中對意根還有那麼一絲的喜樂，所以他縱使證得滅盡定了，也還是無法取證慧解脫、俱解脫的阿羅漢果，不能像人家俱解脫的阿羅漢那樣對滅盡定中的自我不生喜樂，這才是「我慢」。

至於「三毒」，已經「不為三毒所惱」的人，都不會有我慢；他很清楚地從諸法之中，觀察到自己意根也是虛妄的；他每一世都可以滅掉的，只是留惑潤生而再來受生，當然不會有「我慢」。至於邪慢呢？更不會有。有邪慢的是什麼人呢？有二種附佛法外道有邪慢，第一種諸位都知道是密宗。密宗那個邪慢眞是邪到無以復加，也慢到無以復加；例如他覺得證量遠不如你，又想要當眾把你壓制下來，他們說這時候要生起「佛慢」。但他所謂的「佛慢」是什麼呢？就只是講話口氣很狂，然後臉色很嚴厲來嚇唬你，這其實叫作「邪慢」。且不說諸佛完全無慢，阿羅漢都已經沒有慢的現行了，何況會有佛慢？所以說他們最邪。而且他們對三乘菩提俱無所證，竟然說他們那個樂空雙運、即身成佛的外道境界，是超過 釋迦如來的境界。這個若還不夠邪，還有什麼可以叫作邪的呢？所以他們是有邪慢而且慢心深重，而他們的邪慢也是最嚴重的。

第二種就是一貫道的教義。一貫道又名一貫盜，就是一貫要竊盜人家的教義。他們以前常常批評佛門僧寶與道教的法師說：「地獄門前僧道多。」一貫道以前都這樣，你們離開一貫道的人都知道，他們向來有這樣一句話。可是自從正覺開始弘法以後，他們這一句話就講得越來越少，現在幾乎沒聽見了。但他們早期常常這樣講，還有他們所謂的聖訓、聖賢等雜誌，有沒有讀過？他們那些月刊常常都這樣講，但我說那也叫作邪慢。因爲一貫道本身就是個盜法者，而且是竊盜慣犯及現行犯；他們竊盜佛法，竊盜多久了？從羅祖開始算好了，那已經是幾百年了，眞的是竊盜慣犯；而且他們不只竊盜佛教的，還竊盜儒家、道家的，還有天主教、基督教、回教的，所以他們眞是竊盜的慣犯——一貫要竊盜別人的教義，所以叫他們一貫盜是沒有冤枉他們的。

但他們怎麼邪慢的？一天到晚指責說：「佛教出家人犯戒以後要下地獄，所以地獄門前都是佛教的僧人。」那麼問題來了，僧人至少受了戒，只是不小心犯了。但他們敢受戒嗎？他們連戒都不敢受，甚至於連戒條都不敢施設，還敢來笑人家犯戒，對不對？所以那也叫作邪慢。外道的邪慢最主要是這二種。如果是佛門中的邪慢，那已經是其次了，就是「未證言證、未悟謂悟」，甚至於凡夫自稱阿羅漢；不過後來還是有人公開懺悔了，也算是不錯的；這樣講起來，佛教修行人還是最好的。關於邪慢，這個「受持」乃至「為人解說」《妙法蓮華經》的人，絕對不會被邪慢等所困擾，更不要說邪慢等惡法要來惱亂他。

接著最後一個是「增上慢」，那更不會，因為增上慢是未悟言悟、未得言得。至於親證「法華經」的菩薩們，凡是有所實證的，他就講；還沒有實證的，他就不講，這是很好的菩薩軌範；可不像凡夫們，沒有得都說他得了，已得的更要誇大了。到了末法時代這二十世紀末、二十一世紀初，其實找不到一個可以說為已得而加以誇大的人，因為後來發覺根本都是未得而妄自誇大；並沒有已經證得而誇大的，這真的很不好。在正覺還沒有出世弘法以前，好多人證果、得禪定；到了正覺一出來弘法以後，怎麼都沒有了？全都消失了。所以我們正覺還眞是個壞人，可是這個壞人寧可現在當惡人，不用婦人之仁來姑息，所以那一些消失掉的「聖人」們，他們捨壽以後就不用下地獄。多好！所以正覺當惡人還眞是好。

「增上慢」其實有二個部分，就是二乘菩提跟大乘菩提的部分。如果是禪定上面的未證言證，那其實還不算是增上慢，只能夠說他是慢過慢。我們弘法早期也講過禪定的實證內涵，當年就有外道，當然還是一貫道的人，他們就說：「你們佛教這麼差，正覺雖然是有修證，也不過是個初禪、二禪；我們是先得第四禪，再回來修三禪、二禪、初禪，我們都是早就得第四禪了。」結果他們所謂的四禪是什麼？原來他們誤會了第四禪。是因爲他們讀了書以後說：四禪叫作捨念清淨定。而他們誤會了就認爲說：「我打坐的時候，把念捨掉了，成爲一念不生，這時候心中很清淨，就叫作第四禪。」原來是不懂禪定的外道。

就好像南懷瑾老師一樣，他說：「當我們坐到沒有語言文字妄想時，就是證得無想定了。」這都是誤會一場。所以那一種禪定上的實證，完全不懂的人竟然把第四禪的捨清淨、念清淨，當作是「捨念」的清淨，所以就誤會了。但是這個也還好，還算不上「增上慢」，所以捨壽後最多去畜生道受受苦就是了。如果後來讀了正覺的書，知道自己誤會了，趕快對眾懺悔，什麼惡業都可以滅除，那麼我們就等於救了他。

眞正的「增上慢」，主要是二乘菩提的未證言證，以及大乘菩提的未證言證；或者進而誇大其辭，沒有證而自稱他證得，然後再往上高推。那麼這種增上慢，自從正覺弘法到最近這幾年，佛教界這個情況已經消失了，所以算是好事一樁。包括以前大陸一位很有名的大法師，我就不提他的名字，因爲人家已經有善心所了，所以我們就不提了。後來他捨報前吩咐徒眾們，指定了他的某幾本講禪的書，說以後別再印了；已經流通在外的書，能收回來就盡量收回來，然後表示說：「以前評論蕭平實的那一些話都不算數，因爲他還是有證量的。」然後才捨壽，這倒是好事；表示他下一世無妨繼續生而爲人，依舊還有出家學法的因緣，所以我們當惡人還當對了。

當惡人可以救人，當爛好人卻是會害人下地獄。所以正覺在法上絕對不和稀泥，但在世間法上我們可以跟人和平共處，而我們一向也很低調。可是在法上絕對不能低調，一定要高調，因爲只有高調才能救人。所以有人要跟我和稀泥時，我絕不接受，因爲那個因果太大。假使有人說：「我承認你正覺的開悟，你們正覺也要承認我的開悟。」我不會接受；除非他所悟的跟我一樣，我就會公開說他也有開悟，但是我當然得要先跟他談過，也就是要勘驗他，套句俗話叫作「掂掂斤兩」；想要爲人家公開宣稱對方證悟了，也得知道他悟到什麼地步，總不能亂講。這樣作是可以的，可是如果要互相當好人，把未悟謂悟的大妄語業擺在一邊，雙方互爲表裡，你來推崇我，我來推崇你，那可犯不著；因爲如果他悟錯了，我去推崇他的結果，等於我在引導他的徒眾跟著他走錯路，那個因果我負擔不起，所以法上不能和稀泥。

那麼「增上慢」最主要的還是在大乘法上，因爲二乘的增上慢，雖然罪責很重，但是比起大乘法的增上慢來，又不算什麼了，相形之下顯得渺小了。所以大乘法上的增上慢要很小心面對，因爲證眞如的事，到底是有證或沒證，這是一個很嚴肅的事，這會成爲很大的增上慢。如果沒有證，誇口說有證，那就是增上慢。像印順法師，他就是特大號的增上慢，因爲他自認爲成佛了，其實還只是個未斷我見的凡夫僧。如果在五十二個階位上的實證，還沒有實證而宣稱他實證了；或者說他證得第七住位，或者宣稱說已經證得初地，那也是增上慢；這一樣是十重戒之一，犯下大妄語業得下地獄。

也許有人想說：「那會不會有一位初地菩薩自稱八地而成爲增上慢？」會不會？我說不會，因爲入地的時候，他已經清楚這絕對不能碰；未證言證的行爲，如果沒有親自實證可不能亂講；萬一隨便講了，捨報時就知道了；

因爲入地的菩薩們，已經很清楚捨報將會變成怎麼樣，所以他不可能有這個增上慢，因此入地後一定不會有這種現象。那麼爲什麼能夠這樣？因爲他對《妙法蓮華經》已經能「讀誦」；「讀誦」到後來，他可以如實「受持」，而且能夠「正憶念」，還能夠「解其義趣」，進而「如說修行」，還能「爲人演說」，已經有無生法忍了，所以他不會有「嫉妒、我慢、邪慢、增上慢」來困惱他。

因此這個人一定是「少欲知足」；好朋友來找，說有什麼好機會：「我們再來賺錢，你出五百萬元，我出五百萬元，這一賺，一定是五千萬元。」也已經證明確實是眞的，確實是可以大賺的，這時你邀請他來賺，你想他賺不賺？他不想賺。如果家人在旁邊聽到了說：「你不賺，我來賺。」他一定會罵：「你這個人貪心。」一定會這樣罵。因爲他對這個並沒有欲求，而且懂得因果：這錢是人家的因緣分給你賺的，你賺這些錢能不能帶去未來世？你不能帶去，那是把福德實現在這一世，死時又帶不走，那麼未來世的福德呢？想清楚了就說：「我還是別賺的好。」因爲已經夠用了，何苦再去賺那個錢呢？

那是人家布施來的福德，想清楚了，還是別賺。有人也許想：「我賺了給我的寶貝兒子，有什麼不好？」好啊！兒子這一世很有錢，而你下一世去當個窮漢，有什麼不好？當窮漢也不錯，因爲學佛還有一條路可走，到處謀生都碰壁，那就出家去，好好修行，也算好啊！對不對？所以說像這樣的人，一定是「少欲知足」，這個人當然也是「能修普賢之行」的人，所以他一定會一世又一世把 普賢菩薩的十大願王付諸於實行，永不休止。接下來 世尊又開示了：

經文：【「普賢！若如來滅後後五百歲，若有人見受持、讀誦《法華經》者，應作是念：『此人不久當詣道場，破諸魔眾，得阿耨多羅三藐三菩提；轉法輪，擊法鼓，吹法螺，雨法雨，當坐天人大眾中師子法座上。』普賢！若於後世，受持、讀誦是經典者，是人不復貪著衣服、臥具、飲食、資生之物；所願不虛，亦於現世得其福報。若有人輕毀之言：『汝狂人耳！空作是行，終無所獲。』如是罪報，當世世無眼；若有供養讚歎之者，當於今世得現果報。若復見受持是經者，出其過惡若實若不實，此人現世得白癩病。若輕笑之者，當世世牙齒疏缺，醜脣平鼻，手腳繚戾，眼目角睞，身體臭穢，惡瘡膿血、水腹短氣，諸惡重病。是故，普賢！若見受持是經典者，當起遠迎，當如敬佛。」

說是〈普賢勸發品〉時，恒河沙等無量無邊菩薩，得百千萬億旋陀羅尼；三千大千世界微塵等諸菩薩，具普賢道。佛說是經時，普賢等諸菩薩，舍利弗等諸聲聞，及諸天、龍、人非人等，一切大會，皆大歡喜，受持佛語，作禮而去。】

語譯：【世尊又開示說：「普賢啊！如果不久之後，如來示現入滅度以後的正法存在最後的五百歲中，如果有人看見別人能受持和讀誦《法華經》的時候，應該要這樣子想：『這個人不久以後就會前往道場，住於道場之中，破壞種種的魔眾，得到無上正等正覺；他將會轉法輪，擊法鼓，吹法螺，雨法雨，然後將會坐在天眾與諸人大眾都在的那個師子法座之上。』普賢啊！如果到了後世，受持和讀誦這一部《妙法蓮華經》的人，這個人不會再貪著於衣服、臥具、飲食、資生之物；他心中的所願終究不會虛妄，也可以在現世之中得到他所應該有的福報。假使有人輕視而毀謗他說：『你只是一個狂人罷了！所作的這一些修行其實都是空無，最後終究不會有所獲得。』這樣的人輕毀之後得到的罪業和果報，他未來世將會一世又一世眼根都不具足；如果有人來供養讚歎這一位受持、讀誦《妙法蓮華經》的人，他將會在今世就得到現前的果報。如果看見受持這一部《妙法蓮華經》的人，而去向別人講出這個受持者的過失或惡事，不論他所說的是眞實或不眞實，這個人現世就會得到了白癩病。如果用輕蔑的態度來嘲笑受持《妙法蓮華經》的人，他未來將會一世又一世連續不斷的牙齒疏鬆或者短缺，而且他的嘴脣會長得很醜，並且鼻子是扁平到幾乎不見了；而他的手腳將會彎曲變形而不利於他在各種生活上的活動，並且他的眼睛也會成爲斜眼之人，而他的身體也將會發臭而且不清淨，並且還會長了惡瘡，然後腫脹積膿而在最後破裂流血；他的肚子會常常因爲積水而使他呼吸都產生了困難，有種種不好的重病果報在等待著他。由於這個緣故，普賢啊！如果看見受持這一部《妙法蓮華經》的人，應該趕快起身走向前去，遠遠地迎接他，應當要恭敬他猶如尊敬於佛陀一樣。」

世尊演說這〈普賢勸發品〉的時候，有恆河沙等無量無邊的菩薩，得到了百千萬億的運轉陀羅尼；另外有三千大千世界微塵等數量的諸菩薩們，也生起了普賢願而開始行普賢道了。佛陀演說這一部《妙法蓮華經》到此演述圓滿了，普賢等等諸大菩薩們，示現聲聞相的舍利弗等大阿羅漢們，以及諸天、諸龍、諸人、非人等等，一切大會中的佛弟子們，大家都非常大的歡喜，於是受持了佛陀所教誨的這一些聖教，大家一一作禮然後離去了。】

講義：世尊說，如果 如來示現入涅槃以後，正法期過去了，像法期也過去了，末法期逐漸過去而來到剩下最後的五百年時。諸位可以想像一下，那時是什麼樣的景況？現在末法時期不過才剛開始一千年。正法時期五百年，像法時期一千年，現在是佛示現入滅後二千五百多年，所以現在才是末法剛開始的一千年，咱們在此時弘揚「**此經**」—「**妙法蓮華經**」—第八識如來藏的工作，輕鬆嗎？你們都搖頭。容易嗎？也是不容易啊！如果再去到未來八千五百年後，那時只剩下最後五百年了，諸位想想，那時受持「**此經**」會像現在這麼容易嗎？一定更困難。因此我們現在可以說是很不錯的了，所以我已經覺得心滿意足。雖然我還有後面的計畫要把它完成，但是以現在已經過去的這一段時間來放眼未來，我覺得正法是有希望的，所以還算是心滿意足。當然還是得要繼續信受、繼續努力，否則那個目標依舊無法達成。

有位師兄告訴我說：「現在有一個大山頭，他們的報章上面又登出一篇堂頭和尚的文章，又在說明眞實有如來藏等等。」這位師兄爲正法著想而說：「如果那些大山頭一個一個都開始講如來藏了，我們好像就沒有專利權了。」類似這樣的意思。我就說：「他們以前登過一篇堂頭和尚的文章，承認有阿賴耶識如來藏，後來就沒消沒息了。」而我們說那只是茶壺裡的風暴。我們的理解其實是很簡單的，就是他們內部一定變成二派人，不是權力上的二派，而是法義上的二派；另一派不從法上考量而主張說：「只要教育信徒們作好事、說好話，要把家庭生活照顧好，把事業照顧好，那麼佛教界大家都要和諧。」我這樣講，諸位一定猜不到是誰，因爲我故意混了一些東西而說。

那一篇文章登過以後再也沒有新的消息出來，我們等了幾年還沒有看到第二篇文章出現，大概是那個守舊派又得勢了。可是師兄告訴我說：「最近他們又登了一篇文章，承認說五陰名色是阿賴耶識所生的，可是他們如果這樣，大家全都來講如來藏，我們不是就好像沒有這個特權了，就變成不是專利了。」其實不用掛慮，因爲我正是要他們這樣，我從來不去申請專利。這個如來藏妙義，我絕對不申請專利，事實上也不能申請啊！從世間法來講，智慧財產局要怎麼樣爲你審核？他們又沒有證得如來藏。就算你幫他們證了，他們也不會發給你，因爲那時他們一看就說：「我自己也有，每一個人都有啊！你怎麼可以申請專利？」然後再從聖教來說：「這也都是諸佛已經講過的，怎麼你可以申請專利？」所以我從來沒想過要申請，其實也申請不到。

但我就是要他們這樣子，如果每一個大山頭都在講如來藏，妙極了！正法未來無憂。我在這裡私下講一句話：他們自己有憂。因爲徒眾們一定會問：「師父！您怎麼不教我們證如來藏啊？」那時能怎麼辦？我當然希望他們都講，整個佛教界的佛法知見水平就整體拉高，未來密宗外道大概就沒得混了。所以我正要他們講，我不想主張專利；如果他們認爲有需要，希望我幫他們修改堂頭和尚要登的專寫如來藏的文章也行，我會親自幫他們潤色，不收潤筆費。古人作這件事情一定是要收潤筆的，看要幾兩紋銀。但我不收，免費，就算交個朋友。

所以說，我們現在已經算是不錯的了，至少有個大山頭願意出面來承認有如來藏，不管他們是不是被逼而不得不承認，都是好事。我們比起八千五百年後，現在算是很幸福的了，所以諸位都不用抱怨。你們現在很幸福，因爲既可以證初果，也可以證眞如，成爲眞實義的菩薩。不但如此，你們悟了以後，該怎麼樣邁向初地，福田該怎麼種，性障該怎麼除，智慧該如何增長，我在增上班課程中也是重複宣講。所以，這是非常非常幸福的年代，我們要從法的本質來看，不要從事相上來看。若是從法的實證本質來看，你會覺得：「**我在同修會眞的很幸福。**」只要你證了眞如，進了增上班學過五、六年以後，你發覺：原來我以前所以爲的佛道，還有這麼細緻的法要給我。

你們看，自從臺灣有佛教以來，或者說，這二、三百年的中國佛教界，有誰告訴你如何證眞如的？有誰告訴你說證眞如以後，如何可以到達初地的？都沒有！但我們全部都告訴你。這不是這二年才說的，這是我弘法以後，大概五、六年或六、七年，開講《成唯識論》時就已經都講過了，只是當年有很多人聽不懂而已。不是你悟了就一定能聽懂，那就看各人能吸收多少就算多少。因此，以現在的正覺同修會來說，我認爲大家都很幸福。福德怕不夠，我開福田給你們種。而且不是只有一方福田，是很多方；這一方你覺得不適合，可以種另外一方福田。福德夠了，定力不夠，我們教你修定力；知見不夠，我們教你正知見。如果條件差不多了，我們就幫你，看你能不能悟得眞如，所以每年辦禪三。

假使禪三悟了以後來問：「我要怎麼到達初地？」就有增上班的課程，裡面就有講。我不怕你能吃，因爲我開飯店的人不怕你們肚子大！就怕你們吃不了，這就是我們正覺同修會。所以，你悟後有很多很多法可以修學，你學這一輩子都學不完，實在是很幸福。我們還計畫增上班課程的將來；這部《瑜伽師地論》現在講幾年了？十年？十年過了，已經超過十年了，我們講解了差不多一半，將來全部講完了就會開始重播，諸位以前沒聽到的內容都可以從頭聽起。我要求行政組，每四、五年就把 DVD 重新拷貝一次，免得碟片上的藥水失效後所錄的內容消失了，就是爲了要保持著將來可以重播。也許不必等全部講完，就可以從前面開始重播了。（編案：已經在二〇一四年開始重播了。）將來會重講《成唯識論》，講完了也是會重播的。你們第一次聽時沒有全部吸收，第二次再來吸收也可以。這眞的很幸福！佛教界二千五百多年以來，沒有這麼好的事，這些好處都給你們碰上了。

接著如果能夠把法延續，用這個方式延續上三千年，那我們接下來的三千年就是救護眾生，在道業上大家都不必愁，因爲我這一世留下來的這些DVD，以及我預定一年半以後準備要開始寫的《成唯識論》略註或者略解，大家都可以持續用上三千年。我不相信你們三千年後就可以超越這個層次，所以夠諸位用上三千年，那你說幸福不幸福？（大眾回答：幸福！）對啦！於我心有戚戚焉。那麼正覺同修會一定要永續存在，大家在這個制度下，每一世回來時永遠都會有親教師教導，悟後也永遠都有DVD可以看，未來幾千年中的道業進展一定很快。

下一輩子，我回來同修會時，就當個親教師，跟所有老師們一樣帶幾個班就行了，不用出頭，這樣日子也過得舒服，也許就有機會來修回我的禪定，把以前佛世的五通再要回來，這也行啊！這對大家都好。可是這個幸福，到了八千五百年後，諸位就知道了，那時局面全非，外道邪魔橫行，可是你們都不許當逃兵。（眾答：不當逃兵。）不錯！你們有這個雄心壯志，老實講，當逃兵對自己也沒有好處，我說的是老實話。大家就一直把它維繫下去，最後五百歲時還要繼續留在這裡，等候月光菩薩出現了，繼續維持最困難的末後五百年正法命脈，然後大家跟著他一起去彌勒內院。能夠這樣的話，道業的進展是非常快速的。也許到了兜率天，親承　彌勒菩薩教誨以後，你已經入地了，最遲則是等到　彌勒菩薩下生人間成佛時，可以證得阿羅漢果。而那一些求生極樂世界的學佛人，都還在蓮花裡面享受著永和豆漿；因爲你在那裡要什麼就有什麼，隨念即至，永和市的燒餅油條全都有，就是沒有葷的。他們還住在那個大寶蓮花宮殿中，對他們來講，那眞的叫大寶蓮花，方圓十二由旬，那個宮殿眞的好大；他們還在那邊觀光享樂，而你都已經入地了。那麼你想，你要走哪一條路，就自己決定。不過沒關係，阿彌陀佛不會怪我，因爲佛佛道同，諸佛都不計較這個。所以如果現在還覺得不夠幸福，那就是人在福中不知福。這麼幸福的事給你遇上了，而你悟後，我們也繼續培植你可以共同來挑起如來家業，你就不能當逃兵，那就要繼續奮鬥了。

去到　如來滅後的後五百歲，你應該來當這個人——來當這個受持、讀誦《法華經》者。爲什麼要你來當？因爲你來當，對別人有好處；你來當這個受持、讀誦《法華經》的人，別人看見你在受持「此經」、讀誦「此經」，知道的人就會說：「這個人不久就會坐道場，破諸魔眾得無上正等正覺。」凡是眞懂的人就會這樣想，因爲如果你這個時候證眞如了，繼續進修，而悟後怎麼到初地的內涵，我們也都告訴你了，你可以如實去修集應有的福德，如實把非安立諦的觀行完成，並且把性障永遠斷除了，去取得阿羅漢果，因此你也有了初禪，得慧解脫再來觀修安立諦十六品心，觀行完了，把十六品心歸爲九品心也觀行完了，發十無盡願就能入地了。那時你可以在 如來滅後的後五百歲來受持、讀誦《法華經》。

我希望的是，那時不是只有一個人，而是有很多人已經「不爲三毒所惱，亦復不爲嫉妒、我慢、邪慢、增上慢所惱」；也就是說，我希望那時有很多人已經入地了，這是我的期待。那麼到時人家看見你，會說：「你不久就會坐道場，會破諸魔眾，得阿耨多羅三藐三菩提。」爲什麼呢？因爲可以計算了，第一大阿僧祇劫已經過完了，剩下二大阿僧祇劫，眞的叫作不久。「不久」，確實不久，不要笑！對啊！你想想，過往不曉得多少個超過無量無邊不可思議、不可思議阿僧祇劫，你都已經過去了，現在剩下二大阿僧祇劫，當然是「不久」啊！好高興呵？對嘛！

所以，人家如果有智慧，一定會這樣說，然後他會期待你怎麼樣呢？期待你成佛的時候「轉法輪，擊法鼓，吹法螺，雨法雨」。這四句到底有什麼差異？有什麼差別？「轉法輪」就是要爲人天大眾演述三乘菩提，可不要像密宗那樣，弄個銅片雕上一些密宗的咒，在那邊轉啊、轉啊、就叫作轉法輪，那其實不是轉法輪。他們還弄一個像小鼓一樣，還有小的經幡掛著一個重重的銅珠，搖著搖著也會轉，但那都不是轉法輪。哪一天如果他們拿了來，要跟我辯解說：「我這個才是轉法輪。」我還是會跟他說：「你這個不是轉法輪。」他可能反問說：「那你怎麼轉？」我說：「你送給我，我就轉。」送了給我，我就轉起來，（大眾笑⋯）這才是眞的轉法輪啊！但他們完全無法意會。

所以佛法深妙難解，確實難信難知。他們如果哪一天來找我，想要從我手裡得到什麼東西，我還是很奢侈送給他們，但他們得不到，因爲他們的福德不夠，性障深重，知見偏斜，又加上當喇嘛以來已經幹了多久惡業了；所以我一樣爲他們轉法輪，而他們一定得不到法。那麼成佛一定要爲眾生「轉法輪」，所以有初轉法輪的二乘菩提，二轉法輪的實相般若，三轉法輪的唯識種智，一定都有三轉法輪。那麼，這一些三乘菩提如實而具足爲大眾演述時，就是「轉法輪」。

可是單單「轉法輪」，沒有辦法得到非常好的結果，因爲眾生的智慧總是不夠。所以你單單「轉法輪」，眾生得利比較小，因此你還得要同時「擊法鼓」。「轉法輪」只是顯示正法，「擊法鼓」則是破斥邪說。就像《大法鼓經》說的，有一面非人間所造之鼓，上面塗滿了解毒藥；這面鼓一打起來，聲震人天，凡有人聽聞者，蘊處界入等我見全都得死掉，那法身慧命就活過來了。是因爲觸了解藥，再也不認五陰十八界是眞實有，這個就是破斥邪說。

「擊法鼓」是因爲眾生的智慧不夠，你單單爲他說明怎麼樣才是眞實法，他們聽了似乎理解了；可是另外有人在演說相似法，《阿含經》中叫作「相似像法」。像法時期爲什麼被叫作像法？因爲大家說的法，都是相似法，都好像佛法，所以叫作像法。但別人在講那些相似像法的時候，眾生聽起來會認爲與正法都是一樣的，無法瞭解正法與相似像法的差異所在；因此這時你得要「擊法鼓」，把相似像法和正法的差異舉示出來分別，要告訴他們說：「這落入五陰中，這也落入十八界中，而這個是落入識陰，這個是落入受陰等等。你得要把那一些我見、邪見、惡見，全部都要殺滅，這叫作擊法鼓。」

然後還要「吹法螺」，當你把眾生的惡見、我見、邪見等等都殺盡了，還得要宣示：「是有一個常住法可以實證，不是虛設。」你必須要宣示。當你「擊法鼓」時，眾生有的人會困惑，有的會痛苦。這個週日親教師會議開會，有一位老師說他班上有幾位一貫道過來的同修（其實過來正覺以後就不再是一貫道了），他們說：「我們以前道場那一些道親們說：『你們把我們一貫道都給破了，都說我們不對，叫我們何去何從？』」我聽了那位親教師的說法，就回答說：「你可以告訴他們，到正覺來就對了。」根本沒有何去何從的問題存在，因爲我們有宣示說，在我們正覺中，佛法是可以實證的；他們要繼續留在一貫道中竊盜佛法，當然得不到正法。那麼這樣的宣示，就叫作「吹法螺」。也就是告訴大眾：這法螺一吹，聲音會傳很遠，因爲這種聲音是低沉的，會傳很遠；當大家聽見了，就說原來是在那個地方。我們就是宣示說，在正覺是可以實證的。

那我們「吹法螺」時是怎麼吹的？我們用文字吹，所以我們印在書後：佛菩提二個主要道的次第概要表。並且加上正覺同修會修學的三個階段。這在告訴大家什麼道理？說我們正覺的法是可以實證的，不是玄學，不是戲論，也不是思想，這就是「吹法螺」。可是有的人不瞭解，就說：「老師！您講這個部分有一點誇大吧！」我說：「我若是不誇大，眾生會注意到我嗎？」所以有時我把它誇大來說。然而，其實你眞正推究下來，有沒有誇大呢？根本就沒有！因爲我說的都是如實語，只是外人沒有聽過、沒有讀過，因此他們覺得：「怎麼可能？末法時代有這種人可以講這樣的法。」所以他們認爲誇大，但我其實都沒有誇大。

可是我這樣作，我把法螺吹了以後，佛教界注意到了；注意到以後，大家就不會再來否定或者毀謗正覺同修會的正法。因此，現在假使有誰找上堂頭和尚請求說：「師父！我想要開悟。」師父就告訴他：「那你去正覺。」這就是「吹法螺」所得到的結果，而我們正是要這個結果，這就是宣示。你一定要有宣示，當你把他們的錯誤知見打破以後，要讓他們有一個內涵可以求證。不能說：「你不對，他也不對，大家都不對。」然後拿不出一個像樣的東西給人家。《廣論》就是這樣，宗喀巴的《廣論》宗旨，就是人家所講的，他們統統否定；可是他能給人什麼？沒有！最後就在止觀的內容中給人家一個樂空雙運，只是外道邪淫的下墮境界，就只是這樣子而已。但我們正覺不是，我們說這些都不對，而我們有一個東西叫作如來藏，還有如來藏的本覺性，也就是佛性，我們有這些東西。證了以後，後面還有東西給你，這叫作宣示，這就是「吹法螺」。

「轉法輪，擊法鼓，吹法螺」之後，還要「雨法雨」，也就是這三個作到以後，向佛教界宣示正覺有法可以實證以後，不可以就嘎然而止，而必須要繼續不斷把許多許多的妙法說給大眾，這叫作「雨法雨」。也就是說，你必須要演說種種勝妙法；雖然「雨法雨」時不免淹死了不少小草，但也無可奈何，希望法雨雨過以後，他們懂得趕快離開那一灘毒水，也就沒事了。

也就是說，成佛的時候一定要有這四種作略，所以我們就依著這樣的作略去作。因爲諸佛常法都是如此，我們既然要住持正法於末法時代，就要學習佛陀的這一些方便善巧，這樣對正法久住有利益，對有緣的眾生也有利益。這時說的有緣眾生就很廣義了，包括能讀到我們書籍的人，都叫作有緣眾生；即使他們有人拿了我們的書，目的是要去找碴，也是有緣眾生；因爲他們爲了要找碴，找到最後一定會找到可以喝的無生茶，所以他們就變成有緣人了。有一些人眞是這樣，買我的書去讀，目的就是找碴，結果後來發覺我們的講法才對，然後他就轉變了，於是他的道業日進千里。所以你一定也要「雨法雨」，這四種你都要作到。

如果後五百歲，你能夠這樣子作，這表示你已經入地了。就期待到了那個時候，看有沒有十位、百位這樣的同修；我想至少也要有十位才行吧？那時可以像這樣子，然後我跟大眾就來讚歎你：「當坐天人大眾中師子法座上。」這不是開玩笑，而是眞正期待著。如果不這樣期待，我的憂鬱何時了？因爲有期待，所以覺得還堪忍受，因爲我認爲這是可能的。在以前幾乎沒有這個可能，但我現在認爲有這個可能，因爲看你們大家這樣努力在奮鬥，我覺得是有可能的。不久「當坐天人大眾中師子法座上」，就是成佛了！眞的不久，只要再二大阿僧祇劫努力修行。

那麼 世尊告訴 普賢菩薩說：「如果於後世受持、讀誦這部《妙法蓮華經》的人，這個人不會再貪著於衣服、臥具、飲食、資生之物；而且他所願不虛，也於現世得到他應該得到的福報。」這倒讓我想起來說，臺灣佛教界現在是很正常地在往上提升，大陸佛教界有一些人已經開始在修正自己原來的錯誤；可是有一些聰明伶俐的人，讀了我們的書以後卻開始走偏鋒。這眞的是很諷刺，照理說，讀了我們的書，應該不會走偏鋒才對，因為我們書中教導的都是正確的。

可是他們為什麼會走偏鋒呢？有一個原因，用一句俗話說，他們都是半吊子。半吊子聽懂嗎？懂呵？也就是說，大陸有些人很聰明伶俐，讀了我們的書，但不肯如說修行，而且他們對我們所發行的書沒有全部詳讀，只讀一半或只有幾本；因為他們只讀一半，問題就來了！他讀到這個部分說這樣是阿羅漢，可是另一個部分有說到的，也是成就阿羅漢的其他條件，他並沒有讀到，然後他自己以為是阿羅漢了。這樣子宣稱自己是阿羅漢的人，竟然還會毀謗正覺同修會的法，而說他證眞如了，說他開悟了，那你信不信？你們為什麼搖頭呢？因為這是絕不可能的事！他們既然同樣證得如來藏了，就不敢毀謗正覺同修會的法了，怎麼可能否定正覺同修會呢？

他們若是眞的證得阿羅漢了，更不會否定正覺同修會的法，因為正覺同修會說的法，不迴心阿羅漢是讀不懂、聽不懂的。當他們自稱是阿羅漢又說已經開悟了，那麼問題來了，《阿含正義》明明用粗體字標示出來說：「有證**得初禪的凡夫，沒有不證初禪的三果人與慧解脫阿羅漢。**」這表示什麼？表示他應該是離五欲的，他應該不會再貪世間的財利，也不會貪世間的名聲等等，這些斷欲的證量要以初禪爲證。得初禪的人不會說，人家正確的法，故意去把它毀謗。這是一定的道理！

一個自稱阿羅漢而且自稱開悟般若的人，卻在否定正覺同修會的法，而這個人表現在外的，是每天抽菸而且還喝酒，這還是個離人間五欲的人嗎？顯然不是！所以這種人都是狂慧。這樣的人可想而知，一定還會貪著「衣服、臥具、飲食」以及種種「資生之物」。只有「不復貪著衣服、臥具、飲食、資生之物」的人，才能夠「所願不虛，亦於現世得其福報。」那個人聽說還很喜歡抽菸，喜歡喝酒，更喜歡去搞勸募，叫人家捐錢給他，這樣的人顯然還是對飲食等等有所貪著。當他有所貪著，所願則虛，不於現世得其福報。這就是 世尊告訴 普賢菩薩的這一小段開示中，反面所顯示出來的眞理。

在佛法中有一個特色，就是越想得的越不能得，越不想得的人越能得。以我爲例，以前有人一直想要上來當同修會的領導人，他們叫我退休。我是很早就想退休，我不想繼續幹下去，因爲眞的太累了。但那時還早，我也沒有想到要把如來家業一個人挑起來。結果有人說：「同修會成立了，老師說要退休了，好極了！我來當領導人。」就勸我退休。可是，我固然不想當領導人，卻也卸不下仔肩；因爲想當的人，沒有人要讓他當。你看慘不慘？親教師們都認爲他不夠格。所以世間法眞的很奇怪，在佛法道場中也是如此。我這個沒想當的人，現在抽不了腿；人家想當的人，大家要掂他的斤兩，他也實在當不起。唉呀！眞的無可奈何！

佛法中也確實是如此，而世間禪定亦復如是。好多人說：「我要得初禪。」我告訴你：「你不是得初禪，而是失掉了欲界法，是失掉了才叫作得初禪。」如果把這個道理去告訴會外那些學佛人說：「讓你得初禪好不好？」「好！」「好！那你把欲界法統統送給我。」他一定會說：「不要！」對啊！其實佛法的得都是失掉。譬如你得初果，是把欲界我全部殺死，全部推翻，所以那是捨，而不是得。所以中國話還眞妙：捨得、捨得。「你能捨嗎？」能！那才眞的得，捨了才能得，所以佛法中就是這個樣子。

如果不懂的人，不像前面這個人這樣讚歎；讚歎隨喜的人，得了隨喜功德，不懂的人就會輕毀。若有人輕毀之言：「汝狂人耳！空作是行，終無所獲。」這眞的叫作愚癡人。世俗俚語有一句話說得很好：「飯可以亂吃，話不能亂說。」你今天想吃白米飯，想吃炒飯，甚至於像石崇吃那個金包銀都行，隨你怎麼吃；你想要改吃雜糧飯、十穀飯，什麼飯都行，就是話不能亂講，因爲講話有因果。講話的因果很重，我也曾經看見過去世輕嫌一個得四禪的人說：「唉呀！那個也不算什麼，那又不是證得什麼佛法。」可是沒想到，他單單是凡夫的四禪就有很大的威德，就不必談到證得佛法三乘菩提。就這麼一句話，當然那時我也還是個凡夫，就這樣去當老鼠去了。後來定中看見說，原來老鼠也是八識心王具足，從此以後不敢看輕老鼠了；因爲人在講什麼，老鼠可都聽懂；牠只要跟你住久了，牠就會聽懂，牠也是八識心王具足。可是爲什麼下墮當老鼠？就是那麼一句話，你說厲害不厲害？厲害啊！那時對方還是個凡夫，是個證第四禪的凡夫，毀謗他就得到這個罪報。

那你想，如果到後五百歲，有一個初地菩薩這樣住持正法時，這個人來輕毀他說：「你是個癡狂的人！你作這些事情結果都是空，沒有什麼所獲，什麼證果都是假的。」他這樣子毀謗，這可不得了！未來世就是世世無眼，一世又一世都當盲人。這不是空話，你們如果讀過《不思議光菩薩所說經》，也是因爲毀謗的緣故，所以他一世又一世都是被妓女所生，出生以後妓女就把他丟棄，就被狐狼野狗所食，也是毀謗之罪。你看嚴重不嚴重？可是聰明人反過來，作事就不一樣了：「若有供養讚歎之者，當於今世得現果報。」如果聰明，知道應該讚歎、應該供養這樣的人，那麼他供養了這位菩薩以後，一定會在現世得到「現果報」。也許有人不信，但是我信；因爲你只要恭敬這樣的菩薩，禮拜供養這樣的菩薩，這一世不悟也難，這不就是「現果報」嗎？所以一出一入、一正一反，那個落差就太大了，今天講到這裡。

迴向是一件很重要的事情，因爲迴向也是攝受佛土。十幾年以前，有一位很有名的法師，他以神通著名，但是因爲錯說第一義法，加上也有一點輕微的未證言證，所以捨壽後並不好，雖然他持戒很清淨；後來他就來找一位師姊，這位師姊以前在他創建道場的早期，爲他解決了很大的債務困難；後來這位師姊進入正覺同修會，那時她的無相念佛功夫還算不錯；那位大法師捨報後連著三天，每次當她禮佛作無相念佛功夫時，那位法師就來了，都給她看見了；她覺得很難過，因爲那位大師看來就是容顏慘淡。她來上課時就問親教師，親教師告訴她：「妳要爲他迴向。」她說：「我又沒有開悟，怎麼辦？」親教師說：「妳會無相念佛，淨念相繼的功德就很大了；他跟妳有緣，妳就爲他迴向。」然後第四天又來了，她就當面爲他迴向，迴向淨念相繼的功德給他，以後就沒有再來了，應該是已經往生善處了。所以迴向的功德很大，這個迴向也同時可以使冤親債主獲得往生善處的功德。

有時冤親債主不能脫離鬼道，雖然不是餓鬼，但終究是鬼道，他們無法脫離，一直期待著咱們把功德迴向給他們；當我們爲他們迴向時，他們眞的有獲得功德，所以未來世看見你們的時候，他們一定滿心歡喜，你叫他們學佛，他們就會跟著你學佛，因爲他們是因你而可以離開鬼道。鬼道眾生非常多，比人類多過無數倍，經由功德的迴向，他們得到很大的利益，至少眼前就已經可以減輕他們的痛苦。所以迴向的功德很大，如果不是搭火車或者走遠路，聽經後能留下來迴向的人，還是盡量留下來參加迴向，因爲這個了義正法的共修功德很大。我們是了義正法而且是集眾人之力，所以迴向功德很大，因此大家一起來攝受佛土，將來成佛也會更快。

《妙法蓮華經》上週講到二〇六頁第二段倒數第三行的第一句，今天要從第二句開始：「**若復見受持是經者，出其過惡若實若不實，此人現世得白癩病。**」這是 世尊向 普賢菩薩開示：「**如果看見有誰受持了這一部經典，**

只要是能夠受持，」這有一個前提，還是要先說一下；可能時隔一週諸位忘了，這一段前面講的是，到了後五百歲，末法時代剩下最後五百年時，如果有人受持《妙法蓮華經》，是這樣的前提。「假使有人看見了後五百歲時受持《妙法蓮華經》的人，就故意去講出他的過失或者惡事，不管那個過失或惡事是眞實的、或是不眞實的，講出受持『此經』者的過失，這個人現世會得到白癩病。」爲何這麼嚴重呢？這是因爲「此經」非常的重要。

從世間法來看，一般人都認爲家庭最重要：「誰要是來殺害我的家人，我就跟他拚命。」政治人物則說：「我的官運最重要。」乃至於眞正的政治家（我說的是眞正政治家，不是政客），他說：「國家最重要，誰要是可能毀了我的國家，我會盡一切力量跟他奮鬥。」可是在三界中，什麼最重要？「此經」最重要。因爲剛剛講的世間事，都只是地球上的一個國家裡面的事情；若是在四王天呢？他們重要的事情顯然遠比人間的事情更重要。那麼忉利天呢？又比四王天重要。這樣一直推上去到第四禪天，世間沒有什麼比四禪天的事情更重要，因爲他們位階最高。若是四空天呢？四空天沒有什麼事情可以說重要、不重要，他們就只是住在定中，一念不生而已，所以沒什麼事情重要或不重要的。所以由此來看，連四禪天再重要的事情，都比不上「此經」重要。

當然，到了末法最後五百歲時，單單是受持「此經」，這個人就很稀有難得；因爲大眾都很難信受，就益發顯示「此經」的重要。受持「此經」的人，當然就是在這個人間最重要的人，而且遠超過天界的重要性。這是說末法最後五百歲，單只是受持「此經」而已；如果他受持「此經」，又弘傳「此經」，也就是再轉授他人，那麼他弘傳「此經」正法就是人間最重要的事情。但世尊說的是一個後末世五百年時受持此經的人，這時不管他有沒有道種智，或者說他是否已入七地、八地，都不論這個，單說他還在三賢位中而能受持「此經」；所以在後五百歲中，如果有人看見這樣的人，因爲談論法義時不如受持《法華經》的人，心中不服氣，所以就四處去「出其過惡」；故意去探聽這位受持《法華經》的十住菩薩、十行、十迴向菩薩有什麼身口意行的過失，就去加以宣揚；這時，不管他所宣揚的受持《法華經》者的過失，到底是眞的或是捏造的，這一個毀謗的人現世會得到白癩病的現世報。可見「出其過惡」是很嚴重的事，因爲不論那個過惡是眞的或是捏造的，都一樣會得白癩病。

白癩病，現在比較少見了，我們以前少年時常常看見。白癩病就是全身皮膚白白的，他並不是白種人，但是皮膚整片白白的，連毛也都是白的，包括睫毛都是白的，就好像雪銅紙那樣的白。因爲是病，他的皮膚老是覺得不舒服，而且很畏光，很怕看見光線；所以得白癩病的人，白天出門一定要戴太陽眼鏡，否則眼球受不了。還有就是白斑，以及目視困難；而且他的身體會覺得僵硬疼痛，四肢都會疼痛。聽說他還有一個痛苦的地方，就是肌肉會覺得好像常常有針在刺一樣，會覺得刺痛，這就是白癩病。

單單是「**出其過惡**」，縱使那人的過惡是眞的，比如他有一天大發脾氣打了人，但他是個受持《妙法蓮華經》的人，在末法時代的最後五百年時，有人遇到這樣的人而去加以毀謗，縱使毀謗的事情是眞的，現世一樣會得白癩病。諸位要從這裡來體會出 世尊這麼說的用意，表示說「**此經**」是非常重要的；因爲「**此經**」是世出世間一切法的根本，乃至外道法也要以此法作根本才能存在，否則也不能存在，由此可見「**此經**」的重要。

世尊接著又說：「**若輕笑之者，當世世牙齒疏缺，醜脣平鼻，手腳繚戾，**

眼目角睞，身體臭穢，惡瘡膿血、水腹短氣，諸惡重病。」所以有根毀謗、無根毀謗受持「此經」如來藏的人，除了現世得白癩病以外；且不說這個毀謗的，單單說「輕笑」，也就是嘲笑這個受持「妙法蓮華經」如來藏的人說：「你是個愚癡人，所謂的「妙法蓮華經」——所謂的如來藏，只是人家方便施設，其實就是緣起性空的別說，你還當作是眞的。」或者假使他私下去探聽知道如來藏是什麼了，因爲沒有參究的過程體驗而沒有功德受用，所以他就嘲笑說：「唉呀！這個東西人人都有，這有什麼好珍惜的，你看得這麼嚴重幹什麼？」就這麼輕笑說：「你這個人是個傻瓜，這是後人編造的經典，又不是佛陀親口講的，你還當作是眞的，傻瓜！」就這麼輕笑。只要這麼一個輕笑，未來世可就很難受了，因爲他未來「世世牙齒疏缺」。例如 佛陀的牙齒是很緊密、很整齊、很潔白，一見便覺得很莊嚴；但他因爲輕笑受持《法華經》的人，所以每一世牙齒都是稀稀疏疏的，而且若不是缺了這一顆，就是缺了那一顆；要不然就是上牙缺了二顆，下牙缺了三顆，飲食時老是沒辦法好好地咀嚼，這個就是因爲他往世輕笑受持《法華經》的人。

不但如此，而且「醜脣平鼻」。如果嘴巴非常醜，鼻子又幾乎不見了，臉上又是很平的；你遇到這樣的人，不會產生歡喜心。所以有時候我們說，有人臉被燙傷而毀壞了，然後去植皮等等，那眞的是很不好看；但我們知道他不是因爲造惡業，只是不小心而被燙傷，然後導致這個結果，只是這一世難看。可是這個「醜脣平鼻」的人，是世世都如此；也是生來就如此，不是意外才如此。也就是說，他每一世的人緣都不會很好，因爲人家見了他，都不拿他當一回事，把他當空氣一樣。

而且他還「手腳繚戾」，若不是出生以後得了小兒痲痺，就是生來手腳伸不直，或者是有其他的手足缺陷等等。又加上斜眼，「眼目角睞」就是斜眼，他的眼珠子是斜的；人家是看什麼東西時眼珠子都是正的，但他看某一個東西時，你以爲他是在看另一個東西，其實他是在看你；或者雙眼的眼珠方向不對稱，你不容易確定他是否正在看著你，因爲他有一顆眼珠子好像是在看另一個地方——他的一顆眼珠子是斜的，這叫作「眼目角睞」。眼目角睞似乎沒什麼壞處，其實不然，常常會使人誤會；有時人家不知道而誤會了，就會想：「你瞧不起我，跟我講話時老是看著別人。」如果知道他有這個毛病而沒有誤會，但是知道他有這個缺陷時，總是不像對一般人那樣來正常的對待他。

還會再加上「身體臭穢」，人家是有時吃了不正常的東西，所以「身體臭穢」，吃錯了食物或是沒睡好而上了火氣，吐氣如糞而覺得身體有臭穢。他卻是不管怎麼樣養精蓄銳，吃飽喝足睡夠了，照樣是身體臭穢，這就是過去世曾經有過毀謗或者輕笑受持《妙法蓮華經》的人，因此而產生這個過失。還有就是「惡瘡膿血」，這也是個麻煩。現代的人皮膚病很多，所以現代皮膚科的醫師生意都不錯；我晚上開車經過師大路，有一家皮膚科排長龍，其實那些人過去世不一定曾經造過什麼業，而是因爲現代企業家正在造業，老是弄一些不應該加進去的東西賣給大家吃；大家不知道，吃了以後皮膚就開始出問題了；有時是內臟出問題，發而爲表，就跑到皮膚來，所以都是食物的問題。因此，現代人的醫院越開越大間、越開越多家，每一家生意都很好，這是現代文明造成的，無關往世的造業。

現在臺灣有很多產品特別奇怪：沒有水果汁的果汁，沒有豆漿的豆漿，沒有牛奶的牛奶，沒有橄欖的橄欖油，沒有奶油的奶油……，其實很多東西都是這樣，聽說還有沒有杏仁的杏仁粉，沒有蓮藕的蓮藕粉；現代食物就是這樣子，當然醫院生意越來越好，所以這是文明病。但是為富不仁沒良心的企業家，這一世賺夠了，未來世要怎麼還？可惜他們不信因果，他們都不會考慮這一點。至於有良心的人就得苦撐，因為競爭不贏黑心企業家。

昨天看那個新聞報導，還說我們吃的燒仙草汁，也是用香精製作的，所以是沒有仙草的仙草汁。現在臺灣就是這樣子，眾生好可憐，所以有時想一想，復古還是好的，回到三十年前的生活物質還是好的。可是還有諸位不知道的問題，聽說沙拉油是個很大的問題；一卡車黃豆拉進了工廠，倒進一個大池子裡面，池子裡面是什麼東西呢？是甲苯。浸一個晚上就整個都透了，然後拿出來絞碎，再用離心機離析出來，剩下的渣就是可以用來洗碗的黃豆粉，碗盤再怎麼油都洗得掉，因為油都不在裡面了。那黃豆裡的油跟甲苯混在一起了，再去把甲苯提煉掉，剩下的就是沙拉油。可是那沙拉油能吃嗎？不能吃，你一定不樂意吃，因為好臭；所以就要脫臭，脫臭以後就變成無色無味、清清如水。沙拉油的廣告詞就是這樣：無色無味，清清如水。

然而那只是除臭而已，殘餘的甲苯還是存在沙拉油中，那你要不要吃？你們自己選擇。所以現代可怕的事情還很多，只是還沒有全部公布出來而已。因此，現代食物會導致現代人皮膚病或者肝病、其他的病，醫院生意越來越好。這個道理諸位也得要瞭解，可別一去到醫院看到病人就說：「唉呀！這些人往世有惡業。」其實不是，這些人是正在領受別人造的惡因而成為受害人，不是因為往世有惡業的果報，而是背後的黑心企業家正在造因而成就的惡事。所以現在跟以前不一樣，若是看到有人「惡瘡膿血、水腹短氣」，可就不一定是往世造了惡業所致。古人吃的都是天然的食物，沒這些事；但現代人吃的往往是添加了人工化合的不天然物質的食物。對了，如今還有沒有黃豆的醬油，對不對？眞的有好多種不該給人吃的食物在賣給人們吃，也許可以列表了吧？這眞是很不好的事。

言歸正傳，末法最後五百歲時毀謗受持「妙法蓮華經」的人，除了前面講的以外，還加上「惡瘡膿血」，就是他身上會無故長瘡，瘡長出來久了總是會破，就流膿流血；這個瘡終於好了，那個瘡又生出來，總是不斷地有「惡瘡膿血」。又加上「水腹短氣」，水腹就是肚子積水很多，你們看十幾年前索馬利亞，還有一個國家叫作什麼？（有人說：衣索匹亞。）喔！衣索匹亞。新聞記者拍攝出來，那裡的兒童五、六歲時排骨一根一根，肚子好大，裡面都積水，那都是嚴重的疾病。肚子積水的時候排不掉，擠壓到肺部就短氣，所以呼吸就有一些困難；只要他有稍微大一點的活動，就會喘得很厲害。這個「水腹短氣」，都是因爲往昔某一尊佛過去以後，最後五百歲時毀謗受持「妙法蓮華經」的人，或者加以輕笑，未來世就得到這個毛病。

如果有根毀謗、無根毀謗，會再加上「現世得白癩病」，不但如此，還有「諸惡重病」，是說他一直有很嚴重的病，永遠醫不好，可是偏偏死不掉。有的醫生專門醫治別人醫不好的病，但是晚年都不好過，因爲他們干預了因果；所以聰明的醫生專治這種病的時候，都會教導病患還要去作善事迴向；否則他把病人的病醫好了，怨家債主會來找他出氣：「你要出頭管我的因果，我就找你。」當他氣運比較衰微時，一群本來跟他無怨無仇的鬼神就找上門來了，所以晚年大多不好，有這種因果問題存在。所以「諸惡重病」的情況中，有很多事情是很難講的，往往都是有一些往世的因果；同樣的病，別人醫得好，他就是醫不好，這就是有往世的因果。最嚴重的業因就是輕笑、或者有根無根毀謗受持「妙法蓮華經」的人。

世尊最後作了一個開示說：「是故，普賢！若見受持是經典者，當起遠迎，當如敬佛。」也就是說，由於對受持「法華經」如來藏妙義的人，加以毀謗或者加以輕笑，有嚴重的後果，就顯示出受持《法華經》時有很偉大的功德；因爲眞能受持的人，表示他的智慧已經生起了，他的解脫智慧、實相智慧都已經生起了；如果到了末法最後五百歲時還能如法受持，這眞的很不容易。

如果不相信的話，舉一個例子來看，我們現在進入末法時期才一千年，都已經有人在我們幫助下親證以後還不相信，還敢出來公然否定而出現了二〇〇三年時的法難事件，可見「受持」確實是很困難的。因此一定要等到大家各方面的條件都具足了，我們覺得這個法你已經可以堪受，悟後不會退轉了，我們才能幫助你實證，禪三報名的審核與禪三期間嚴加鍾煉的原因就在這裡。否則的話，萬一像那三批退轉者悟後又來否定，甚至於我們已經爲那三批退轉者寫了那麼多書，到現在都還有人無法接受第八識「妙法蓮華經」，都還公開毀謗說：禪宗的開悟不是悟得第八識。那麼請問：佛法中說的證眞如，究竟是要證什麼東西？那就沒有眞如可證了，那麼《般若經》是否眞的就像釋印順說的，要叫作性空唯名了？也就是純粹只有名相上的談論，沒有眞實義，那可就是戲論了。

所以說，這是很嚴重的事情；由這個地方來看，受持「此經」第八識確實是不容易的；即使是現在都已經不容易了，都是容易退轉了，如果再往後而到了最後五百歲時，當然更不容易「受持」，所以那時還能「受持」的人，功德可就不得了！因此，那時只是去輕笑一個受持「法華經」的人——輕笑一個受持如來藏妙義的人，就有那麼多種無量世中會有的不可愛異熟果報。由此可見，受持「妙法蓮華經」——受持第八識心如來藏，確實功德很偉大。因此 世尊交代說：「由於這個緣故，普賢啊！如果有人看見人家是受持『妙法蓮華經』如來藏妙義的人，當他來了，就要趕快起身走向前去，在遠遠的地方就得迎接他了，不要等到人家走過來。並且還應當猶如恭敬於佛陀一樣來恭敬他。」

那麼，諸位想想：遇到一個受持「妙法蓮華經」的人來了，應不應該起身走上幾步路去迎接他？應該嘛！當然在正覺講堂裡面不用如此，否則你一天到晚要在講堂裡繞來繞去了。我是說當你在家中，遇到有一個受持「妙法蓮華經」的同修來了。你看到是個佛法的「家裡人」，應該很歡喜去迎接他，可別安坐著不動，等他靠近了才說：「你來了。」

從另一個層面來說，當你看見一個受持「妙法蓮華經」的人來了，是不是心裡面有一個作意說：「『妙法蓮華經』來了，我要趕快迎接『妙法蓮華經』。」應當如此啊！是應該前去迎接「妙法蓮華經」。一世之中可以迎接幾部，你就迎接幾部；越多越好，這部經典永遠都不嫌多的；因爲你去迎接的是「妙法蓮華經」，不單單是那個人，所以 世尊說：「當起遠迎，當如敬佛。」

那麼請大家再回憶一下〈見寶塔品〉，當你看見一位受持「妙法蓮華經」的人來了，趕快迎上前去接他進屋時，既是迎接了「釋迦牟尼佛」，也是迎接了「多寶如來」，也是親見「寶塔」。還記得嗎？在〈見寶塔品〉中我們已經講解過了。所以今天晚上好高興，爲什麼呢？因爲看見好多的「釋迦牟尼佛」、好多的「多寶如來」、好多的「七寶大塔」，應該以這樣的作意來受持「妙法蓮華經」；所以看見有什麼人是證得「妙法蓮華經」的，知道他受持而歡喜不退，有這樣的人來找你，就趕快迎上前去，接引他進到家中坐定，該奉茶就奉茶，該奉果就奉果，因爲這樣也是「上供」，這叫作供養「釋迦牟尼佛」、供養「多寶如來」，也供養了「多寶佛塔」，何樂而不爲呢？功德無量啊！

那麼以世尊這樣的開示，來對照前一段經文的說法，爲什麼說輕笑受持「妙法蓮華經」的人，會有很多世得到很不可愛的異熟果報？因爲：「當知是人則見釋迦牟尼佛，如從佛口聞『此經典』，當知是人供養釋迦牟尼佛，當知是人佛讚善哉，當知是人爲釋迦牟尼佛手摩其頭，當知是人爲釋迦牟尼佛衣之所覆。」這表示說，這位受持「妙法蓮華經」的人——證「妙法蓮華」如來藏而不退失，依止於「此經妙法蓮華」而繼續受學不退，表示他的實相與解脫智慧都非常好；這個人有這麼大的功德，釋迦如來這麼看重這個人，我們當然應該要起身遠迎，應該如同敬佛一樣來恭敬他；因爲這個人顯然已經是大乘法中的勝義僧，這才是眞正大乘法中的沙門。

那麼世尊說完了〈普賢菩薩勸發品〉時，有恆河沙等無量無邊的菩薩，得到百千萬億旋陀羅尼。這就是說，其實有許多人在法上已經有所親證，可是他心中不得決定，定心所還沒有生起，心中還在猶豫著；等到〈普賢菩薩勸發品〉講完時，他終於放下了猶豫，心得決定，所以因此緣故，百千萬億旋陀羅尼就生起了。

諸位也許會懷疑說：眞的如此嗎？那麼不然，我們就舉個例來說好了，就說我們會裡面退轉的那些人；他們當時退轉，都以爲自己是增上，是證量更高了；但他們所謂的增上其實都是退回到意識或識陰的境界去，本質是退轉，所以我說他們是退轉。但他們退轉以前，所說的法大致上都還不會錯誤；可是一旦退轉了，就把所證的第八識如來藏否定，去建立另外一個、去另外認取想像中才有的所謂眞如或如來藏，因此而落回識陰境界時，他們所說出來的法就開始出現嚴重錯誤了，而且說得越多就錯得越多。這很奇怪吧！但事實就是這樣子，從理上來說也必然會如此。

所以，如果他心中還在猶豫的時候，智慧就很不容易生起。有的人其實是有觸證到，可是他心中猶豫著，不敢承擔下來，又因爲慧力比較弱，因此他的智慧就起不來；可是等到他承擔起來以後，他的智慧就開始出現了。這就是由於他心中仍沒有決定性，沒有產生定心所，以致於不能得到總持陀羅尼或旋陀羅尼的原因。所以實證了以後如果心得決定，他那一些旋陀羅尼就會慢慢地一一出現，也就是能夠爲人家解說許許多多的總持，後來就開始出現；在一個總持下面可以分成很多的總持，那一些總持就可以用來爲別人解說，就稱為旋陀羅尼。

這一些菩薩們在二千五百多年前，親值 釋迦牟尼佛，當然往世是有很大的因緣。而他們在修學的過程之中，其實有許多的智慧總持已經受學過了，只是不敢承擔。因為這是法界中現存的事實，是很平凡而實在的，當你發現了以後，心裡覺得說：「也不過是如此而已，我並沒有覺得怎麼樣奇特。」所以心中猶豫就不敢承擔，智慧也就起不來。就譬如眼見佛性好了，見性以後講出來時，人家聽了就說：「好玄呵！怎麼會這樣？」可是他有可能自己覺得：「這沒什麼玄，就只是這樣而已。」證得陽焰觀、如夢觀時也是如此，乃至於三地菩薩可以改變別人的內相分，大家會覺得說：「喔！這個好奇妙！」可是對他來講，這個也沒什麼，就只是一個智慧而已。

也許你說：「那『色陰盡』，聽說很奇妙；沒有燈光，無月的暗夜，竟然可以看得很清楚，而且比平常人在白天看得還要清楚，這真的很妙。」可是等你證得那個境界的時候，你又覺得：這個也沒什麼，這很平常，本來就應該這樣。所以有很多人修學佛法的過程中，證得很多的、各類的總持時，他心中不得決定，因為他會覺得說：「我這樣就獲得了，真的可能嗎？我真的可以證得嗎？」他心中有猶豫而不敢承擔，因此就導致他後面緊接著應該出生的很多旋陀羅尼，就都無法出現。可是他一承擔起來，跟他有關的那一些陀羅尼就跟著出現了；出現以後他就能用，能用就不叫陀羅尼，而要叫作旋陀羅尼了。

所以，世尊講這個〈普賢菩薩勸發品〉時，就會產生這種功德了。因爲世尊與 普賢菩薩已經把受持「此經」的功德講出來了，於是「恒河沙等無量無邊菩薩，得百千萬億旋陀羅尼」。至於其他還沒有得到百千萬億旋陀羅尼的人，其實更多，數目有多少呢？是「三千大千世界微塵等諸菩薩」，這些人的功德是「具普賢道」。把一個三千大千世界都磨成微塵，那些數目有多少？沒辦法計算。微塵很細微的，如果把一個杯子磨成微塵，要怎樣才能如實計算微塵數？眞是難以想像的數目。擴而大之，如果是把三千大千世界，也就是把一個銀河系所有的星球萬物全部磨成微塵，那數目太龐大而無法了知；世尊說還有這麼多數目的菩薩們「具普賢道」，就是說他們已經具足發心，願意生生世世勤行普賢道。可見〈普賢菩薩勸發品〉的功德很偉大，這一些人永遠都會受持 普賢菩薩所發過的十大願王，盡未來際而行。

最後說：「佛說是經時，普賢等諸菩薩，舍利弗等諸聲聞，及諸天、龍、人非人等，一切大會，皆大歡喜，受持佛語，作禮而去。」講經總會有一個始終，講解圓滿了，大家要各自休息去了，所以應該要「作禮而去」。《妙法蓮華經》講到這麼勝妙、這麼圓滿，大家想想，這部經真的不簡單、不容易，而且見到 多寶如來、十方來的化身諸佛等等，眞的不可思議，所以「皆大歡喜」。「作禮而去」就是各隨所安，那麼 普賢菩薩又應該回到哪裡去？回到他原來從東方而來的那個地方去，所以仍然回歸本懷。

普賢菩薩從東方而來，於《妙法蓮華經》演述時他是最後出現的，然後又回歸於東方世界。這告訴我們說，當你「具普賢道」的時候，不可以說：「我要永遠留在娑婆世界。」也不可以說：「我要永遠住在極樂世界，都不離開。」不行！你得要「具普賢道」。想要「具普賢道」，十大願王就不能忘記。且不說別的，單說「供養諸佛、請轉法輪」，是不是常常要在十方世界來來去去？現在聽說哪個世界有佛出世，你要趕快去行普賢行，就要投胎到那裡去請佛轉法輪，請佛住世，供養於佛；一定要世世都這樣作，才能「具普賢道」，要把普賢行全部都行完了才能成佛。所以《妙法蓮華經》講的是整個佛道的各個層面和內涵，這一部經典講授圓滿時一定要由　普賢菩薩來圓滿，當然最後一品就是〈普賢菩薩勸發品〉。

那麼這一部經典圓滿含攝了一切經義，所以這一部經屬於圓教的經典；而這一部經典又有一個名稱，叫作「終教」——始終的終，因為是諸佛如來入滅之前，在後面要圓滿的時候必說的最終一部經典，否則無以顯示諸佛世界的廣袤豐富偉大和富麗堂皇，所以最後一定要講授這一部經典。當這一部經還沒有講完以前，就不能示現入無餘涅槃，將來你們成佛以後都是一樣。如果還沒有講完這部經典就走人，就一定重新投胎再來把這部經典說完；可是諸佛沒有來人間示現第二次的，永遠都只有一次，因此一定要在最後走人之前講完這一部經典，所以說這部經典是「終教」。

既有「終教」就表示一定有「始教」，也就是成佛的時候一定要先講《華嚴經》，從人間講到他化自在天，把整個佛道的內涵都略說完畢。由天人以及其他隨著　世尊來到這個世界示現的大菩薩們來作證，證明　世尊成佛時已經把全部成佛之道的內涵略說完畢；然後才可以在人間，從初轉法輪的聲聞、緣覺權教開始演說，接著在二轉法輪時期宣講般若，三轉法輪時期宣講唯識種智及方廣諸經，眾生知道這個原由以後就不會毀謗，所以一定要有這樣次第施設的說法過程。

那麼，「**此經**」同時也是圓教的經典，圓教是以什麼而圓？當然是以如來藏而圓滿。如果不是如來藏，就不能圓滿佛菩提的一切法教。「**此經**」又是諸法的本母，所以「**此經**」又叫作妙法。那麼「**此經**」如來藏心自身本來就沒有汙染，所以就說祂叫作「**蓮華**」，因爲好比蓮花出污泥而不染一樣。「**此經**」又是佛法之因，所以「**此經**」就是「**妙法蓮華**」，有時世尊乾脆簡稱爲「**此經**」，例如在《金剛經》中或《妙法蓮華經》中所說。因爲十方三世一切諸佛的報身、化身、應身，全部都要會歸於「**妙法蓮華**」如來藏妙心，而一切三乘菩提中的所有賢聖，也都是由「**此經**」而出生，所以《妙法蓮華經》就非常的重要。

那麼「**此經**」講到這裡，講解完了沒有？圓滿了沒有？（有人說：圓滿了。）還沒有！因爲如果只是這樣把它講完，就不是眞正的圓滿。所以，我還得要再從頭來回顧一下，才能首尾相照而圓滿起來。但不是要像前面講的那樣細說，接下來我要講的是「**法華大義**」，就得要從〈序品〉先開始說起。

〈序品〉第一，告訴我們《妙法蓮華經》的基礎是《無量義經》。《無量義經》是以一法來函蓋一切法，是以一法來演繹出一切法，表示一切世間、出世間、世出世間法，全都是從這一法而出，是以《無量義經》作爲序經來演述；在《無量義經》演述圓滿之後，世尊再放光作爲緣起，而且是用白毫相來放光，照耀於「**東方一萬八千佛世界**」；先顯示出東方一萬八千個佛世界中有無量無邊眾生，有各式各樣的生存狀態；而其中有非常多菩薩，各自行於不同的法道；這些菩薩們的層次差別萬端，修行的方式以及各自的位階也各不相同。並且也在這一萬八千個佛世界中，顯示有許多的諸佛正在示現八相成道的過程，其中有很多佛陀正在示現入涅槃；而且有一些佛入涅槃以後，祂們座下的菩薩弟子們正在爲祂們起造舍利塔，來作種種供養。這目的是讓大家看見東方一萬八千個佛世界，許多眾生的不同，菩薩們的不同。

示現完了才開示演說這部《法華經》，才由 文殊菩薩來說明，過去無量無邊不可思議阿僧祇劫之前，有 日月燈明如來等二萬尊佛相繼出世，同樣都演說《無量義經》和《法華經》。然後由 文殊菩薩來回應 彌勒菩薩的請問，而說明了他與 彌勒菩薩在往昔的因緣，第一次來顯示出《妙法蓮華經》的勝妙，並且告訴大家說：世尊即將要宣演《法華經》了。

在《法華經》〈序品〉中顯示出一個道理，就是說，它是依《無量義經》所說的唯一妙法，也就是如來藏妙法；而且顯示是從東方作爲緣起，東方是太陽初升，並不是像淨土法門要求歸宿而歸向於西方；這就是先告訴我們說：想要實修成佛之道，必須要從最初始的部分開始修學菩薩道。然而，菩薩道是積極而進取的，不是消極應付的；是活潑而生動的，不是像死灰不能復燃那樣死氣沈沈的。而這個菩薩道，從東方一萬八千世界的諸菩薩們來看，顯然是辛苦的、是勞累的，但卻是有所實證而法喜充滿的，不是像世俗一般人所以爲的，要等到老了才學佛，要等老了才念佛，求個歸依，所以《法華經》的〈序品〉一開始就顯示出這個道理。

到了〈方便品〉第二，世尊宣示了佛法與聲聞法、緣覺法有很大的差異，告訴大家說：諸佛的境界難知難了，都是因爲「法華經」如來藏心太勝妙的緣故。世尊作了簡短的開示以後，舍利弗想要瞭解佛法的全貌，想要瞭解十方三界中佛教的狀況，所以請求 世尊宣演《妙法蓮華經》；這是因為 世尊平常曾經偶爾講過十方世界諸佛的情況，舍利弗想要瞭解，所以作了這個請求。

但 世尊並沒有立刻宣說，因為凡夫及不迴心的定性聲聞人都會驚訝，都會懷疑而不能信受。可是，舍利弗太想要瞭解了，因此三拜三請之後，世尊終於應允了。當 世尊終於應允時，五千位聲聞和凡夫們退席了，世尊竟然完全沒有制止，而留下來的全部都是菩薩種性的弟子們。這時 世尊才提出宗旨說：諸佛世尊都是由於一個大事因緣而出現於世間，這個大事因緣就是要向有緣人打開、示現而教導大眾證悟「此經」，然後進入於「此經」；世尊開示說，「此經」妙法蓮華是一切諸佛的本源，也說明諸佛的成佛都是由「此經」的悟入而開始的。

那麼，在「法華大義」中的〈方便品〉所提示的，跟前面〈方便品〉中所說的，我要提出一點點不同的地方，是因為那時還不能這樣講，當時若是這樣講了，一定有很多人會生起煩惱。但現在我可以這樣講了，因為《法華經》到這裡已經圓滿解說完了，大家對於《法華經》和 釋迦如來所開示的內涵，已經有一個具足的正知見存在了，因此我現在可以再作如實說了。我要說的是：沒有不信第八識的阿羅漢，但是有不信《法華經》的阿羅漢，不信《法華經》的人並不完全是凡夫僧。這就是說，聲聞人證得阿羅漢果而不肯迴心於大乘法中，他在佛菩提道中，仍然要被稱爲「增上慢人」。所以，我現在要提出另一個說法了：世尊即將開始宣講《法華經》時，離席的五千個聲聞人，並不是全部都屬於凡夫僧。爲什麼我要這樣講？在〈方便品〉中世尊說那些退席的人都是增上慢者；增上慢的人就是未證言證、未得謂得，當然都是增上慢人；而退席的五千個聲聞人，世尊說都是增上慢者。現在我們要來研究當時那些人的增上慢，但不是平常說的那種增上慢，我要從另一個層面來談論這個增上慢。

四大部《阿含經》中總共有二千多部經典，這一些經典能不能稱爲成佛之道？行不行？不行！因爲阿含部的二千多部經典，並沒有把成佛之道的次第與內涵解說出來；可是結集那四大部阿含諸經的阿羅漢、三果乃至凡夫們，竟然把那四大部經典命名爲《阿含經》；「阿含」的意思寓有成佛之道的意涵，那麼這代表什麼意思？代表說，結集四大部阿含的那四十幾位阿羅漢跟其他的三果、二果、初果以及凡夫僧們，認爲他們已經具足了知成佛之道，認爲他們所結集的那四大部所容納的二千多部阿含諸經，就已經把成佛之道具足顯示出來了。那麼，他們心中是不是認爲阿羅漢就是佛？是不是？一定是如此啊！不然他們怎敢把只能使人成爲阿羅漢的經典命名爲《阿含經》呢？那麼由此看來，那一些結集四大部阿含的，大約有四十位阿羅漢，跟其他三果、二果、初果人和許多的凡夫僧，在佛菩提道中就應該說全都是增上慢人。

這話，如果在剛開始講〈方便品〉的時候，我就這麼講出來，一定會有好多人生起煩惱。但我現在可以說了，因爲諸佛的境界、十方佛世界的狀況，已經很清楚明白演述過了；而三乘菩提的異同，我也解說過了，那麼現在大家就會接受我這一個說法；如今少數人也許聽了以後心中還有懷疑，打個問號，但是已經不會再起煩惱了。我如果當初就這樣子講，一定有很多人生起懷疑，而且會再加上生起煩惱。所以我現在說：結集四阿含的阿羅漢們，把自己所不知道的強以爲知，而說那就是成佛之道，其實就是增上慢。所以我現在終於能夠補充一個說法：那退席的五千人之中，其實還是有少數阿羅漢，都是大乘佛法中的增上慢者。

那麼由此延續下來，一直到末法時代的現在，都還有人說：「佛就是阿羅漢，阿羅漢就是佛。」這些人是以凡夫之身而作此說，更是增上慢人。所以凡是不信受《法華經》的人，即使是阿羅漢，也是增上慢者；因爲他們結集經典的時候，把解脫道的經典命名爲成佛之道，這就是個增上慢的具足證據，顯示他們心中自認爲已經成佛了，所以這一些人當然也是「增上慢者」。

那麼，在〈方便品〉的經文中，剛才可能有人重新再把它讀了一遍，對我剛剛的說法還會有一點懷疑。沒關係！我們把後面下一品〈譬喻品〉裡面的經文，大家再來複習一下便可以釋疑了。我舉出〈譬喻品〉第三的一段經文來：【爾時舍利弗白佛言：「世尊！我今無復疑悔，親於佛前得受阿耨多羅三藐三菩提記。是諸千二百心自在者，昔住學地，佛常教化言：『我法能離生老病死，究竟涅槃。』是學、無學人，亦各自以離我見及有無見等，謂得涅槃；而今於世尊前，聞所未聞皆墮疑惑。善哉！世尊！願爲四眾說其因緣，令離疑悔。」】

舍利弗這一段話告訴了我們什麼？告訴我們說，這一千二百位心自在的大阿羅漢們，以前還在三果以內時，佛陀常常教化說：「我這個法能夠讓大家離開生老病死，可以究竟涅槃。」這些人證得大阿羅漢果時，其中也有人當時還在三果中，所以叫作學、無學人。「學、無學人」表示什麼？表示其中有三果以下乃至初果，也有阿羅漢；「這一些人就以為說：我成為阿羅漢，我就是已經究竟涅槃了。」這表示留下來的一千二百位大阿羅漢之中，仍然有人心中疑著說：我的境界是不是跟佛一樣，同樣是究竟的涅槃？舍利弗當時已經告訴我們這一點了，在〈譬喻品〉中已經這麼說過了。那麼留在現場沒有退席的大阿羅漢們，都還有人會這樣子想，如果是那些退席的人呢？顯然更作此想，所以那都是佛菩提道中的「增上慢者」。於二乘解脫道而言，他們並非「增上慢者」，可是於佛菩提道中而言，他們仍然是增上慢人，這就是〈方便品〉裡面 世尊所說的道理。

接著來到第三品〈譬喻品〉，從〈譬喻品〉開始連著三品，都是在敘述 佛陀的本懷，也就是在告訴大家：如來示現於人間的目的是什麼？是要給大家什麼？所以來到〈譬喻品〉時，先說明舍利弗往昔追隨 釋迦菩薩的時候，曾經共同奉事過二萬億佛了，可見舍利弗追隨 釋迦如來已經追隨很久了；

無數劫前的往昔，釋迦如來奉事哪一尊佛，他就跟著去奉事那一尊佛，他總是跟著 釋迦菩薩修學，跟隨很久，怪不得他的智慧那麼好；他一直都接受 釋迦菩薩的教導，乃至接受成佛以後 釋迦如來的教導，所以他今生仍然是在世尊的法教之中來學法；但他因爲胎昧，所以把往昔的事情忘記了。

而 世尊這時就爲他提醒，緊接著就爲他授記：未來如何成佛，佛號、弟子以及正法、像法住世多久等等。於是鼓舞了一切當時示現爲聲聞相，而具足證得聲聞法也證得佛菩提的大阿羅漢位的菩薩們。然後，世尊並且爲大眾說明，「**諸佛世尊以種種因緣、譬喻言辭方便說法，皆爲阿耨多羅三藐三菩提**」。這意思是在告訴大家說，諸佛如來到人間示現，運用了很多的因緣，演說了很多的譬喻來幫助大家，目的是要讓大家證得無上正等正覺，不是只要大家證得聲聞或者緣覺菩提；所以諸佛來人間受生示現，都是爲了度化菩薩而來，不是爲了度化聲聞人而來的。接著用火宅來譬喻三界，然後用大白牛車、鹿車、羊車來譬喻三乘菩提的差異，所以這一品先隱約的說明了 世尊的本懷。

接著在〈信解品〉第四，由於舍利弗被授記了，所以須菩提、迦旃延、大迦葉、目犍連，這四個人就被鼓舞了起來。他們心中有了信解，知道自己一定同樣是追隨 世尊已經無量劫了，修過菩薩道很久了，所以他們四個人就講了一個譬喻：猶如一個孩子離開了大富長者，他走失了，變得很窮困，將來他成長及回家之路就很漫長。那大富長者想要他直接回家都沒辦法，他以為大富長者要害死他；長者得要巧設無量方便，所以放走了他，再找人去把他拉來家裡後院除糞；然後一步一步經歷了很多、很多年，漸漸讓他進入內室管理各種寶物。

可是他進入內室以後，從來也不敢想像內室這麼多的珍寶，自己可以擁有，他都不敢妄想。而且每天下工就回去住在原來的破屋子裡，從來不敢想說：「我是否可以成為大富長者的兒子？」窮子就是這樣子。所以長者要有無量無邊的方便來擴大他的心量，來拉拔他、攝受他；一直到捨報前召集了親朋好友、國王大臣，對大家說明：「這是我眞正的兒子，很久以前走失的。現在我內室有多少的寶物，他全部都知道，我如今正式把家業都交給他。」這個窮子當眾聽完了，才歡喜起來說：「啊！原來我眞的是長者的兒子。」如果一開始就告訴他，他一定不敢接受，以為是設計陰謀要害死他。所以，這一些大阿羅漢窮子們，要回到大富長者 釋迦如來的家中，如來得要巧設種種方便，然後大家才終於能夠正式回家繼承 釋迦如來的大財。

從這裡就可以知道，世尊下生示現成佛，不是要接引大眾成為阿羅漢，阿羅漢只是那個挑糞的兒子而已，每月的所得就只是兩錢（二倍價）而已。剛回到釋迦如來家中成為大阿羅漢時，猶如剛剛回到大富長者家中，為大富長者挑糞一樣，每月所得，跟大富長者的萬貫家財不可為喻。所以，這一品是明說 世尊的本懷，前一品則是隱說。在這一品中明說 世尊的本懷是什麼呢？就是要幫大家證真如，要見佛性，也要修學佛菩提道，最後究竟成佛時，擁有 如來所有的一切法寶。要能夠這樣子理解，才能夠說自己對於佛教和佛法有如實的信解。

那麼，從這一個長者與窮子的譬喻，引生出一個道理來；這個窮子剛剛回到大富長者的家中，可不可以隨即向大富長者提出要求說：「長者！你所有的家業全部都交給我。」行不行？不行！因為他還沒有那個能力。這在告訴大家說，剛剛進入大乘法中，就想立即得到大乘法的證悟，然後馬上出來弘法，行不行？不行！因為能力還不夠。所以要得到長者的全部財寶，一定要經過很漫長的過程去訓練，要從最粗重、最低賤的挑糞工作開始，接著才能進入屋裡面作打掃的工作；把屋裡的環境都弄清楚了，然後再跑跑腿，知道有哪一些事情該怎麼作；然後才能讓他作一個小主管，知道某個部分應該作什麼，另一個部分又應該作什麼。全部都弄清楚了，再讓他到長者身邊來，看長者把這一些金銀珠寶怎麼運用。

這些都作好了，而他心中依舊沒有一念說：「這些財寶，長者都應該交給我。」他心中是無私的，所以到那個地步時，長者就全部交給他了。這道理很多人不懂，所以一進了同修會就說：「你蕭老師就是應該給我法，你們不是號稱可以幫人明心見性嗎？如今我來了，你就應該幫我明心見性啊！這是你們正覺同修會的義務啊！你幫我悟了，我馬上出去開山立派，我馬上要出去弘法了。」好比窮子才剛剛回到家就說：「大富長者！你該退休了，把全部家業都交給我。」沒這個道理啊！若是像密宗那樣，才聽到一些佛法名詞，都還誤會了，就說他們已經成佛了，要把持 釋迦如來遺留下來的全部家業，眞是不可理喻的大頭兵。

所以這個〈信解品〉中所隱含的道理，大家也得瞭解。並不是說回到家時，馬上就立刻繼承家業；因爲老父奮鬥了那麼久，而他離家那麼久，從來不曾在家業中有所奉獻，而且也都還不懂，怎麼可能平白就得到這個家業？他至少也要先按部就班把整個家業的內涵都弄清楚了，才能給他繼承吧？這是大家都應該要認知的。可不要像早期的某一些愚癡人，才進了正覺還不到幾個月，就說：「你們爲什麼不幫我開悟？」因爲證悟的人一定要有一個修學的過程，這正是 如來的方便，否則只會害了他們。我們既是如來弟子，當然要遵循奉行而不可違背。

這個〈信解品〉的大義說完了，接著就來到〈藥草喻品〉第五。這〈藥草喻品〉說明諸佛在人間說法時，眾生各隨其類，獲益也各不相同；所以世尊用大樹、小樹跟藥草來作譬喻。那些大樹，世尊降下大法雨時，他們可以獲得滋潤，都不會被淹死或受損。至於小樹呢，降下大雨的時候，他們會東歪西倒，但不會死掉；雨稍微停了，他又漸漸生機蓬勃起來，而且長得比以前更好。可是如果像那一些藥草一類的人，下雨以後他們不見天日，就被淹死了。

這就是說，「佛以一音演說法，眾生隨類各得解」。如果不是其類，聽聞到最勝妙法的時候，就猶如毒藥一般被毒死，或如小草在大雨之後被淹死了。所以說，針對不同的根器，要給他們不同的法。不是可以證悟的人，不能硬要幫他證悟；就好像嬰兒剛出生，不能吃生糖、不能吃鹽，這事情，現在這幾天新聞也正在報導；剛出生的嬰兒，若是給他吃得很甜、吃得很鹹，保證他會死掉。世尊早就講過了，嬰兒不能吃生酥、熟酥、醍醐，只能喝新鮮的人乳。對你來講，醍醐是上妙保養品，可是你若每天餵給嬰兒吃，他就死掉了。

所以，這個大乘法只能對大乘根性者說，如果去對那一些定性聲聞人說，他們聽了會生起煩惱，未來可能會出生的法身慧命就此死掉。就好像樹種子發了芽，才剛剛長出來半寸、一寸，下一場大雨淹了也就死掉了。大雨好比什麼呢？好比了義的、勝妙的、實證的大乘正法，所以那一些在佛菩提道中，對如來藏妙法有信受的人，你還得要在次法上繼續幫他們的忙，使他們的根基都鞏固了，讓他們長成小樹了，然後你才可以「雨大法雨」；他們最多只是被大法雨壓得東歪西倒，然而雨停了，他們不但回復了，而且比以前長得更快。如果他們還沒有成長到小樹的階段，只是剛發芽，你把大雨一下來，他們的菩提種可就全部爛掉了。

所以，在正法之中應當要看自己對正法的信，已經修到什麼地步；信有了以後，再看自己在修學的過程中，正知見學得好不好？這就是慧力。然後自己的心性有沒有調伏下來？五停心觀至少要修一種，要先得到好品質的未到地定。五停心觀，譬如念佛觀、因緣觀、數息觀等，在五種裡面至少要修學一種，而且有所收穫，就是要發起好品質的未到地定，才能降伏性障。定力修好了，自己本身的福德夠不夠？還得再觀察。佛陀說：如果沒有福德，而說他能證得佛菩提道，無有是處。因爲福德是證道的資糧，要先衡量自己的資糧夠不夠？資糧若是不夠，只能用上幾天，而說你要走上一個月、二個月的遠路，根本到不了。這是 佛陀所說的。

意思就是說，什麼時候是自己應該得法的時節，要先有一個斟酌。如果自己無法衡量的時候，可以拜託同修們、拜託親教師來爲自己打算、打算。那麼這樣去看到自己一步一步的生長，長到小樹的階段了，那時可以承受大法雨了，也就是說那時候眞的可以求開悟了。大法雨下來就開悟的時候，悟了以後東倒西歪也沒關係，但是雨停了以後，自己長得就很快。如果是大樹呢？一場大法雨以後可以出來弘法了。

所以想要在正法中，安穩地次第前進而不會出差錯，一定要把大樹、小樹、藥草弄清楚，到底自己現在是屬於哪一類；如果沒有自知之明，應該求教於親教師，求教於其他久修行的老同修們。如果還在否定第八識，這樣的人，你就知道他根本連藥草都還不是，只是浮萍而已。如果承認有第八識，但是認爲佛法的實證、佛法的般若正觀，不是由證第八識開始，那就表示他連藥草都還不是，他不過是一般的小草。大家都應該要瞭解這個道理。如果在正覺同修會中發願說：「我要成爲大用。」現在會裡最大的大用是什麼？是上電視說法，站到檯面上來了，這才是大用。但是要成爲大用之前，要先衡量一下，自己夠不夠那個分量。

這就是說，世尊告訴大家，諸佛來人間的目的，不是要給大家得到聲聞、緣覺法成爲小樹而已，而是要讓大家都長成大樹，這才是諸佛的本懷，講到〈藥草喻品〉時就把這個本懷清楚告訴大家了。那麼，知道 世尊的本懷了，是不是可以說「我一證悟了，就立刻繼承如來的家業」？有沒有那個能力？沒有那個能力啦！因爲證悟時就像嬰兒剛出生，別說走路、跑步，連坐都還沒辦法坐，連翻身都還不會翻，就想要出來當大師，那也是愚癡之人。因爲《法華經》一開始已經示現給大家看了：東方一萬八千佛世界中有很多的菩薩，各個狀況、各個層次都不一樣，有的還在十信位裡面熏習而已，都還沒有入道；有的剛剛入道，有的已經成爲摩訶薩等等，各有不同，所以不是一悟了就可以出來弘法，還早著呢！還得要在善知識的攝受下，由善知識幫助一步一步來走，等到可以健步如飛了，那時就是棵大樹可以作棟梁了，才能夠出來弘法。這個〈藥草喻品〉把佛陀的本懷也講得很清楚，只是大家都忽略了。

然後來到〈授記品〉第六，這裡面可精彩了；世尊授記給苦行第一的大迦葉，說他未來要供養三百萬億佛以後，就會成佛；他的佛土是清淨佛土，沒有三惡道，連諸魔也都來護持他的正法。接著授記須菩提，未來供養三百萬億那由他諸佛以後才能成佛，是大迦葉的那由他倍數時間；他也是清淨佛土，也沒有三惡道，而這兩位是一個對比。接著授記大迦旃延，未來供養八千億佛以後，再供養二萬億佛就會成佛，也是清淨佛土，沒有四種惡道；又授記大目犍連，先供養八千佛以後，再供養二百萬億佛然後成佛，也是清淨佛土，也沒有三惡道。這又是另一個對比。

我們先來談第一個對比，大迦葉苦行第一，大家最恭敬欽佩他；最怕的是須菩提，大家恭敬他卻是帶有畏懼之心，因爲他很嚴肅。大迦葉要供養三百萬億佛以後才會成佛，可是爲什麼須菩提要再供養那由他倍數（三百萬億那由他佛）的諸佛才能成佛？這必須對其中的原因有所瞭解。

大迦葉修苦行，跟隨他的人也是同樣要修苦行。但修苦行的人，福德成就比較慢，而且攝受佛土也比較不容易。老實說，我們正覺同修會，諸位進來以後，其實也等於在修苦行。你看：每天要撥時間拜佛作功夫，還要讀書，週二要來聽經，另外一天要來上課，而且還作很多義工，眞的是苦行。這如果換了一般外面道場的信徒，他們沒有辦法這樣辛苦修行的。可是諸位這樣覺得還可以接受，但如果像大迦葉那樣呢？我告訴你，同修會剩不到三分之一的人，因爲他那個苦行很難堅持下去的；而且有人想要供養他而結下深緣，生生世世當他的弟子，其實都不容易；所以能跟隨他的人，一世又一世、一劫又一劫，都不會很多人，一定不會是最多人的（跟隨彌勒菩薩那樣修行才會是很多人，所以他成佛慢，沒關係，但是弟子很多）。這就是大迦葉，由於他苦行無欲，所以成佛慢；是因爲攝受佛土很慢，跟隨的人很少，那他成佛自然就慢。也因爲這個緣故，所以他將來的國土中也沒有三惡道眾生。

現在以另一個人須菩提來作對比。大迦葉還要供養三百萬億諸佛以後成佛，已經夠慢了，但須菩提是要再供養三百萬億佛的後面再加上「那由他」爲倍數，二者相差幾倍？相差那由他倍。大迦葉已經夠慢了，須菩提是更慢——差上那由他倍，但爲什麼他會那麼慢？因爲他大多時間住在空性境界中，弟子們難得面見他請益佛法；他雖然心性好而不會記恨，可是轉依眞如而不動心，也就變得嚴肅而難以親近。當他難得常常與弟子相處時，願意追隨他的人也就少了，所以他度眾生時—也就是攝受佛土時—的速度就很慢，因此他將來的成佛，是所有師兄弟裡面最慢的一位。

接著第二個對比是大迦旃延——摩訶迦旃延，與目犍連。迦旃延要先供養八千億佛，大目犍連是神通第一，則是要先供養八千佛。接下來，迦旃延再供養二萬億佛以後成佛，目犍連後面則是要再加二個零，就是要再供養二百萬億諸佛，這樣相差幾倍？相差大約七十倍。但是爲什麼會這樣？諸位應該要去瞭解。迦旃延未來的佛土沒有四惡道，就表示連阿修羅道的眾生都沒有，因爲迦旃延不喜歡度化那些脾氣大的人。他的爲人，心性溫和，不想跟人家吵架，討厭那些脾氣大的人；所以他根本不與脾氣大的人論法，他不想攝受修羅道的眾生；所以他成佛的時候，他的佛土中沒有四惡道。這表示什麼？他是以溫和的、和平的方式來攝受眾生，所以跟隨他的人都不必害怕說：「唉呀！上師哪一天會不會大聲辱罵我？會不會當眾侮辱我？」不會！跟隨迦旃延有這個好處，所以跟隨他的人，沒有心理上的負擔，因此大家願意追隨，他攝受佛土就快。

而且，他不攝受那些脾氣大的人，表示他不必一天到晚爲某甲、某乙調理糾紛，也不必後天又爲某丙、某丁調理糾紛，他可以有很多時間用來利樂大眾，大家道業進展很快，因此他成佛就很快。這就是大迦旃延，因爲他不追求世間有爲的境界，他重情誼，厭惡瞋心重的人；而他不吝惜於法，只要大家能夠攝受的法，他就願意教。不像有許多大師，總是這裡留一手，那裡也留一手。大迦旃延他不會這樣，所以追隨他的人道業進步很快；他也不必去調理那些無意義的紛爭，那一些瞋心重的人，他寧可不度，專心說法，所以大家道業進展很快，他成佛也就快了；因此他供養八千億佛以後，再供養二萬億佛便可以成佛。

可是目犍連神通第一，他供養八千佛以後，還要供養二百萬億諸佛，與迦旃延相差大約七十倍；二萬八千億佛，跟二百萬億八千佛相差很多，但爲什麼如此？因爲大目犍連是神通第一，所以大家跟隨他，要花很多時間修學神通。把神通修成的時候，人家學般若、學種智已經學很多了，他們還在弄神通。諸位想一想，單單得到佛菩提的總相智以後，就一天到晚在修神通，徒眾們也跟著他這樣子，那他成佛的速度當然慢；因爲悟了就去修神通，結果事倍而功半。你如果無生法忍等等繼續修，當你修到了三地心的時候，你修禪定也很快，修四無量心與五神通也都很快，叫作事半而功倍；等於是花五毛錢可以買到二塊錢的東西，另一個人則花二塊錢買到五毛錢的東西，就差在這裡。

所以大迦旃延跟大目犍連兩個人又是一個對比，一位是要先供養八千億佛，另一位是要先供養八千佛，除了這個差別以外，接下來是一個要供養二萬億佛以後成佛，另一個是要供養二百萬億佛以後成佛。你想，這二組的對比放在這裡，這樣子授記給大家看，大家要瞭解 佛陀言外之意是要告訴我們什麼？佛陀總不能當眾說：「唉呀！你大目犍連就是愛神通，所以……。」佛陀不會當眾這樣責罵聖弟子，佛陀也不會當眾說：「須菩提！你就是慈心不夠，所以你成佛就是這麼慢。」佛陀總是一味平懷，把這個授記的內涵作成二組對比給大家看，然後大家事後去想一想，終於知道：「喔！原來如此。」

可是我相信有很多人讀過《法華經》了，卻沒有人去瞭解到這個情形。我們現在就把這個道理告訴大家，所以〈授記品〉前面把那些鋪陳好了以後，接著授記就是告訴大家：你們證得《法華經》以後，未來該怎麼修行；你要學須菩提？還是學大迦葉？這是第一個對比。第二個對比說，你是要學目犍連的神通，還是要學迦旃延的悲心與智慧？這是另一個對比。讓大家瞭解以後，接著佛菩提道應該是如何作意，要在什麼樣的心態下去修，當然大家就清楚了。這就是〈授記品〉中 世尊的言外之意、弦外之音，大家要能聽懂。

可是這樣演說《法華經》還不算圓滿，於是進入〈化城喻品〉第七，要攝受那些心中還有懷疑、還沒有迴心大乘的阿羅漢們，以及那些三果以下的聲聞人。雖然他們不是定性聲聞，但他們對於聲聞法仍然有所愛著，所以要攝受他們，因此就有了〈化城喻品〉第七。在這個〈化城喻品〉裡面，告訴大家說：「其實聲聞、緣覺的涅槃不究竟，就只是達到半路而已。最難修的解脱道，你已經完成了；世間人作不到的出三界生死的功德，你獲得了，接著你來修佛菩提道就會很快，那你爲什麼不修呢？」

可是，又怕大家證了《法華經》——也就是證得「此經」如來藏以後，心中就生慢，誤以爲說：「這樣就是成佛了，佛是悟得這個，我也是悟這個，那我跟佛一樣了。」生怕大家這樣亂想，所以故意講了大通智勝佛的典故說：「大通智勝佛，十劫坐道場，佛法不現前，不得成佛道。」告訴大家說：即使是最後身菩薩，佛菩提的實證並不是只有「坐道場」開悟明心而已，還得要眼見佛性而使成所作智現前，才能使一切佛法現前。這個道理，私下其實都已經跟那些菩薩摩訶薩們說過了。也就是說，一生補處菩薩來到人間，證悟明心時都還不能成佛，得要進而眼見佛性時才能成佛；然而諸佛開悟明心與眼見佛性之間的時間，快與慢之間差很多。

釋迦如來以這種百歲之身示現在娑婆世界，所以初夜以手按地，降魔後明心了，大圓鏡智現前時也還沒有成佛；還要到了夜後分，東方明星出時，看見那一顆明亮的星星於是眼見佛性，成所作智才現前，才是眞的成佛，這時就說是見性成佛。初夜明心時，有哪部經中說已成佛呢？沒有。所以初夜到後夜，相差多少？十二個小時。那麼　大通智勝佛的明心與見性是相隔多久呢？是十劫。祂明明已經「坐道場」，「坐道場」就是開悟明心了，爲什麼坐了十劫之中還不能成佛？只因爲還沒有眼見佛性，因此成所作智不能現前，所以說祂「**十劫坐道場，佛法不現前**」，那祂就不能成佛道。成佛時一定要有成所作智，否則無法攝受廣大眾生。那麼，這個〈化城喻品〉不但在告訴大眾說，二乘法只是個化城；也告訴菩薩們說：不是明心就了事，你最後要成佛前還得要眼見佛性，必須發起成所作智才行。因此就以　大通智勝佛過去的典故來告訴大家，說　大通智勝佛悟後再過十劫眞的成佛了，才開始爲大眾說法。

當祂說法的時候，十方世界大梵天王都來供養聞法，可是祂那個佛世界並沒有聲聞種性的人，祂卻仍然演說了三乘菩提，不是以唯一佛乘而說。這就同時告訴那一些還在聲聞法中猶豫的人，雖然他們知道自己還不是成佛，但還在猶豫要不要迴心於大乘法中；這時　世尊以這個〈化城喻品〉的開示告訴大家說：「**即使明心了都還不能成佛，何況你們二乘法的實證，也還只**

是一個半路上的化城，還不是眞正可以究竟歇息之處。」就這樣告訴大家。也讓菩薩們知道說，不應該悟後老是住在眞如境界之中；來顯示說，如來藏妙心其實還是別有性用，那個性用就是如來藏的本覺之性。這就告訴我們說：明心不等於見性。今天還剩下一分鐘，輪值老師有事項宣布；《法華經》還是沒有圓滿，只好期待下一週圓滿了。

《法華經》最後圓滿時的「法華大義」，今天要先回到〈方便品〉第二。在〈方便品〉中，我上週有說到　世尊即將開演《法華經》時，有五千聲聞退席而不信受。我有說到那五千聲聞中，是包括定性聲聞的阿羅漢在內的；他們在聲聞道中並沒有增上慢的問題存在，可是他們認爲自己成爲阿羅漢時，證量功德就是與佛相等，所以他們只把解脫道的經典結集成功時，就命名爲成佛之道（編案：阿含寓意成佛），這就是增上慢；因爲他們的本質，不能自稱爲與佛相同。那我們今天要從〈譬喻品〉第三再提出一段聖教，來證明我上週的說法，這是上週我應該講而忘記講的。

在〈譬喻品〉第三：【爾時舍利弗白佛言：「世尊！我今無復疑悔，親於佛前得受阿耨多羅三藐三菩提記。是諸千二百心自在者，昔住學地，佛常教化言：『我法能離生老病死，究竟涅槃。』是學、無學人，亦各自以離我見及有無見等，謂得涅槃；而今於世尊前，聞所未聞皆墮疑惑。善哉！世尊！願爲四眾說其因緣，令離疑悔。」】在這一段經文中，我特別標出三個字來：「學、無學」。這「學、無學」三字已經告訴我們說，舍利弗的意思是說，這一些退轉而離席的五千人中，有聲聞法中的有學位者和無學位者，不單單是包括凡夫而已。那麼，在這一些「學與無學」之人中，還沒有成就無學位之前，舍利弗把他們叫作「昔住學地」，就表示尚未成爲阿羅漢的人就是「學」字所指的聖者；至於「無學」二字，當然是指已證阿羅漢位的聖者，因爲他們在解脫道中已經無可再學了，所以名爲「無學」。

那麼還在有學位或者還在學習的過程中，舍利弗說：「佛陀常教化說：『我的佛法可以使人離開生老病死，可以究竟涅槃。』」不是只有證得涅槃，而是證得究竟的涅槃，是窮究涅槃到究竟的地步。然後才說：「這些有學位跟無學位的聲聞人，也各自認爲已經離開了我見，已經離開了有無見等等，就是證得了涅槃。」舍利弗這意思是告訴我們說，這一些愛樂聲聞法而退席者，其中一些有學位跟無學位的人，他們認爲這樣就是究竟涅槃，但 佛陀說的

「究竟涅槃」並不是只有阿羅漢的解脫生死而已。

舍利弗這一段話，已經很清楚告訴我們了，所以那些退轉者把解脫道結集之後，命名為成佛之道的經典——《阿含經》，由此可見他們依佛菩提道中來說，都屬於增上慢人；他們把解脫道的經典那樣命名，就表示他們認為自己的智慧等等已經是與　佛陀一樣的了，所以我說這些人就是增上慢人；由此也證明那些退席的五千增上慢人中，其實有一部分人是「學與無學」二者都有，並非全是凡夫。因此，世尊當時說：**「這一些增上慢人離開了，也是很好的。」**因為他們是不可理喻的。那麼就〈譬喻品〉中舍利弗尊者這一段話來證明，我們在〈方便品〉裡面所說那一些當場退席的五千聲聞人，其中大部分是凡夫，但也有無學聖人與有學聖人。

回到「法華大義」的進度來，今天要再講〈五百弟子受記品〉第八。在〈五百弟子受記品〉中，首先是授記富樓那尊者；富樓那尊者是十大弟子之一，他是說法第一。換句話說，若論說法，無人能與富樓那匹敵。他已經在九十億尊佛的所在，幫忙宣揚正法，度了無量眾生以後，他將會在未來無量阿僧祇劫後的這個娑婆世界成佛，佛號是法明如來，十號具足；他的佛土中沒有三惡道眾生，也沒有女人，全部都是化生。他的佛壽有無量阿僧祇劫，他的正法住世非常之久。

佛陀授記富樓那未來成佛以後，接著授記憍陳如以及五百大阿羅漢成佛；這一些阿羅漢們將來成佛以後，都同一名號，名為普明。到這個時候，這五百阿羅漢們才知道自己本來就是菩薩，但以前自己都不知道；直到佛陀為他們授記了，才終於知道自己本來就不是聲聞人。可是佛陀授記這一些人成佛，與前面的授記不同，並沒有授記他們將來成佛的正法、像法、末法住世各多久時間；更沒有授記他們將來成佛時，聲聞弟子有多少眾，只是授記他們將來會成佛。

由這五百弟子的受記內容來看，這顯示為人說法的重要性。富樓那是說法第一，所以他被授記成佛，佛壽很長，佛法住世時間也很長久。可是這五百大阿羅漢，將來成佛時同樣名號普明，卻沒有授記他們何時成佛，也沒有授記他們成佛時的詳細情況。這顯示一個事實，能不能為人說法，已經表顯出他們往世學佛以來時劫的長短。這表示說，大家未來世當法主時，為人說法比只求自己的實證更重要，因此實證以後應當要設法使自己具足為人說法的因緣。那麼爲人說法的因緣就有很多條件，也就是說，除了心得決定，還要有基本的定力，並且要加上有福德而沒有私心，願意辛苦爲眾生付出，而不是單單照顧自己的實證。所以不能像憍陳如等五百阿羅漢一樣，只是照顧著自己道業上的實證而不能爲廣大的有緣人說法，這一品裡面就顯示出爲人說法的重要性。

但是我要補充的是，在末法時代說法第一還不如解經第一。十大弟子中的解經第一是誰？是摩訶迦旃延。爲什麼說法第一不如解經第一呢？這當然也要探究。能憑著證量而爲人說法，不必引經據典而說，看來好像是比能夠爲人解釋經義的人更行；可是你如果從另一面來看，能夠如實理解經中整個內容脈絡和次第，而爲大家解說出來，他所說的法義函蓋面，是否比說法第一的人更圓滿？因爲他依據經典聖教而如實加以演繹的結果，一定更具足而且更圓滿，並且可以顯示整體佛法分明的次第；所以，說法者比實證者重要，但如實解經者又比說法者重要。因此，在如實修證的前提下，實證後一定要進而尋求如何有能力爲眾說法；但是能爲眾說法之後，還要進而尋求如何具足理解經中的全部聖教，在實證面上才能夠圓滿，也才能夠在度化眾生上面得以函蓋各個層次的有緣人，所以我才說，說法第一不如解經第一。那麼實證具足，還不如能爲大眾說法者，當然得要更努力修學了。因此大家在〈五百弟子受記品〉中，應該要善體佛意。

回過頭來說，解經第一雖然遠勝於說法第一，可是最能說法者像富樓那尊者，他得要接引很多很多的眾生，而他所說的法還是不如經中聖教具足而且圓滿，所以他爲眾生說法的時間就得拉很長；但也因爲時間拉很長的緣故，必然會接引很多眾生。他接引了很多眾生，將來成佛的時劫當然得要很久。成佛的時劫很久，接引的眾生很多，那麼他將來就因爲這樣的大福德，因此他未來成佛時也就「佛壽無量」，這卻是他勝過摩訶迦旃延的地方。所以，佛法中沒有只偏一邊的，有一句話說：「一得一失，得時有失，失時有得。」這也是大家應該要建立的一個正見，所以 世尊講這一品時隱喻的意涵，我們大家應該要能夠體會。

接著來看〈授學無學人記品〉第九，在這一品裡面，世尊授記說阿難尊者應該要供養六十二億佛，一一護持法藏以後就可以成佛了；他的速度比起十大弟子和一千二百位大阿羅漢的速度都更快。摩訶迦旃延是最快的，只要再奉侍二萬八千億佛，繼續供養受學於二萬八千億佛以後便能成佛，他算是非常非常快了；可是阿難尊者更快，是因爲阿難尊者，是與 釋迦如來同時初發菩提心的。他學佛本來就很早，只因爲他發的願是想要爲諸佛受持法藏，所以不求急證佛果，因此他成佛比其他的師兄弟慢，是不如 釋迦如來；可是比起最快成佛的摩訶迦旃延要再供養奉侍二萬八千億佛，就可以成佛，阿難尊者則是只要再奉侍六十二億佛就成佛了。

阿難尊者是因爲往昔追隨 釋迦如來廣利眾生的緣故，又因爲心性非常溫柔的緣故，沒有人不喜歡他，所以他很有善緣，跟誰都有好緣；一直到他將來成佛，只要再供養六十二億佛就行了。在這個過程中，他會護持六十二億尊佛的法藏，然後在這個成佛過程裡，他會度二十千萬億恆河沙數的菩薩；這個數目是非常多的，而成佛之後的佛壽是無量千萬億阿僧祇劫，這眞的很難想像；當他的佛壽經過這麼久以後，正法住世的時間還要再加一倍，像法住世的時間又比正法時期再加一倍，然後才是法滅的時候。這都是因爲他悲心特重，只要能對誰有利益，他就想要利益誰；而且他的心性又很調柔，攝受眾生非常容易，所以他在 釋迦如來的這一些弟子裡面，是最快成佛的人，而且將來成佛以後的示現非常非常的殊勝。

那麼這一品裡面，同時授記 世尊出家前的獨生子羅睺羅，未來應該要再供養十個世界磨成微塵以後的微塵數如來，所以他的成佛一樣要很久。他曾經發願，願爲諸佛的長子；要經過這麼多的如來都去當祂們的長子之後，他才會成佛。他成佛時壽命與阿難尊者成佛時的壽命一樣長，他的弟子、正法、像法住世的時間，也都和阿難尊者成佛時一樣，都同樣非常殊勝；這是因爲他與阿難尊者一樣，願意自己親自去當諸佛在世間的眷屬，所以他們兩個人未來的成佛是這樣的結果。這就是說，諸佛示現於人間，一般都會先示現成家立業，然後才出家成佛。也就是說，諸佛的成佛不會是一個窮措大，一定先示現眷屬圓滿、權位圓滿、名利圓滿，然後頓捨一切而出家成佛，所以不會是沒有眷屬，又欠缺財富權位而能成佛的；這是在顯示諸佛一定是福德圓滿，才頓捨一切出家成佛。

這一品最後再授記二千人成佛，這一些人未來的成佛之道過程中，應該各自供養五十個世界微塵數的如來。這個數目是很難想像，五十個娑婆世界磨成微塵，那數目無法用任何單位來表顯，這表示他們將來還要再修學很久；也就是說，這一些解脫道中已證得無學果或者還在有學位的菩薩們，將來成佛還須要再修學很久；是因爲他們往昔學佛以來的時劫還短，還不是很久。這二千個人，諸位證悟以後，應該斟酌一下自己是不是很有可能就在這二千人之中？而你這一世已經忘了。所以，凡是有機緣可以實證佛菩提道，實證以後不要告訴我說，你還沒有見過 釋迦如來。你只是胎昧所障，因此忘記了。

可是話說回來，未來還要再供養五十世界微塵數的如來以後才能成佛，是不是有一點灰心？還要這麼久才能成佛啊！可是別灰心，因爲學佛的過程本來就是一步一腳印，一個蘿蔔一個坑，沒有辦法憑空而得。然後再想回來說，雖然還要那麼久才能成佛，可是畢竟已經有 如來授記了。既然被授記了，是不是心裡應該很篤定、一步一腳印繼續向前邁進呢？那麼這樣有一個安慰說：「我可能已經被佛陀授記過了。」但是這個授記未來於十方世界同時成佛，是二千位菩薩在十方世界同時成佛，皆同一號。這表示什麼？表示因爲往昔初發菩提心時，是在同一個因緣下而發心的；由於同一個因，往昔發同一個願，希望同時成佛。

那麼這二千人，未來有的人可能走得快一點，有的人可能走得慢一點。走得快的人就要等候走慢一點的人，才能實現這個因地所發的大願，所以成佛的示現當然也就會拖久一點。可是時間拖久了，你一定得等到那個時候才成佛嗎？不然！在這之前，如果世間有因緣可以讓你來成佛度人時，你也可以自己先成佛度人；然後當這二千個人同時成佛的因緣齊全了，你再來成一次佛，再依順序而來示現一次八相成道。就像 釋迦如來早已成佛，依著兄弟們的順序，又在二千五百多年前來示現成佛一次，終究也無妨。無數劫前所發的願，無數劫後就必須來應現；成佛的事如此，造作各種業行時也是如此，所以造因的時候應該要很慎重。那麼，這二千位菩薩往昔造作了同一個因，發了同一個願，所以將來在十方世界同時成佛。雖然造了什麼因，世尊並沒有明白開示，但是將來會於十方世界同一時間成佛，一定是基於同一個因，才會在未來示現這樣的果；當然造因的時候應該要詳審思量，然後確定要不要接受。

接著來到〈法師品〉第十，世尊為「大乘法師」作了一個定義。就如同在二乘法中，世尊為二乘法師作了定義是一樣的道理。在聲聞菩提解脫道中，世尊定義的「法師」是說：如果比丘為大眾演說色陰無常、苦、空、無我，應該斷捨、離欲、滅盡，這就是解脫道中所定義的「法師」；如果有比丘為大眾宣說受想行識也是苦、空、無我、無常，應該棄捨、離欲、滅盡，這樣為人說法者，就是解脫道中所定義的法師。換句話說，如果有誰主張意識是常住的，他就不是解脫道中所定義的法師；他沒有二乘法師的資格，不成其為說法之師，就沒資格為眾生說法。

那麼，在〈法師品〉中 世尊定義說：於 佛陀入滅以後，願意為人如實演說《妙法蓮華經》，也就是願意為人如實解說第八識如來藏妙義的人，他就是大乘法中的「法師」。換句話說，舉凡否定如來藏妙義，不信受《法華經》所說「**此經**」如來藏的人，即使他把頭上燙滿了戒疤，依舊不是大乘法中所說的法師。在〈法師品〉中，世尊作了這樣明確的定義。定義完了，世尊就開示說，誹謗大乘「法師」的人，也就是誹謗弘揚《妙法蓮華經》如來藏妙義的人，他所得到的罪非常之重。又反過來開示說，供養弘揚如來藏妙義「法師」的人，所得到的福德非常的深厚。

為了強調這一點，世尊用一個道理來為我們說明，就是說：只要有「**此**

經」的所在，都應該供養尊重而起造七寶塔，不需要另外再安奉舍利；那麼實證「**此經**」的人，才是眞正善行菩薩道的人。在定義大乘法中的「法師」時，世尊這麼說，當然有原因；也就是說，只要聽聞到第八識妙義——聽聞到《妙法蓮華經》說的「**此經**」如來藏，心中生起歡喜的時候，他未來世一定會相應於佛菩提道，不會相應於粗淺易證的聲聞道；所以他未來必定成佛，只是時間的長短差別而已。他未來必定成佛，是因爲他不愛樂聲聞道，不會去證阿羅漢果而後入無餘涅槃。

這個道理在告訴我們說，弘揚《妙法蓮華經》的法師，乃至於供養弘揚《妙法蓮華經》法師的人，福德都很厚重。厚重的原因在哪裡呢？是因爲這二種人都可以紹隆佛種，令佛陀種姓綿延不斷；所以，大乘「法師」的尊貴以及供養讚歎大乘「法師」者，可以得到大福德的原因，就是因爲由於「**此經**」的流傳，必定會紹隆佛種、利樂無量無邊的廣大眾生。

那麼，世尊在這一品中的開示，也告訴我們說：身爲弘揚《妙法蓮華經》的菩薩們，必須要有大悲心；眾生只要有一毫善根，就應該看重他；他在這一世無法實證，可以期之於來世，盡未來際要繼續攝受而不能放捨他。也告訴我們說：弘揚「此經」的人要有柔和忍辱心，因為唯有柔和忍辱心，才能夠廣攝有緣人。如果像須菩提那樣少慈心，只重眞如境界，少為弟子四眾說法，有緣人與他相處久了，大多也會變成無緣人；那麼他攝受佛土就會很困難，所以他成佛最慢。因此弘揚「此經」的人，要常興慈悲心而多多教授弟子勝妙法義，別老是住在眞如境界中；還要有柔和忍辱心，並且要設法在道業上努力精進，也就是要設法親證更深妙的法無我，才能夠具足利樂有緣人。

可是說到這裡，重點還是要再拉回來，放在「正法久住」上面。正法能否久住的關鍵，不是在於正法的密意是否失傳，因為菩薩生生世世都會住在人間，密意不會失傳；反而是密意的廣為洩漏，才會導致正法的斷滅，無法繼續弘傳。我也常常說，末法最後五十二年時，了義正法很難弘揚，是因為正法密意廣被洩漏，只要上網一查「如來藏是什麼」就有了答案；當大家都沒有實證的基礎與福德之前，知道了密意時就只是知識而非實證，然後自以為證，心性都不會有所改變，因為不可能成功轉依眞如。但這個現象如今已經開始出現了，雖然他們在網站講的如來藏密意依舊是錯誤的，所以就沒有洩漏的問題；如果是正確的，那麼正法也就不必弘傳了，因為大家只要一讀就都知道了。

可是知道歸知道，所應該要配合的次法全都不修而不存在，那麼他知道了密意也沒有用，眞正的智慧也無法生起，他本身也不能獲得佛法的不可思議解脫功德，因爲不能成功轉依眞如。但是那時大家都不信受了，也都不必參禪了，因爲已經都知道密意了，所以最後月光菩薩就得帶著那一些證得緣覺果、阿羅漢果的菩薩們進入山中，不再遊行於人間；當他們一個又一個全部捨壽以後，都不再來人間了，於是正法於人間永滅。所以在這裡，我要把這一品中世尊的付囑，再來作一個說明。世尊付囑「此經」不可妄授予人，爲什麼呢？因爲佛門凡夫和外道們聽聞到你爲他明說「此經」的密意時，他們心中猶豫不信，一定會毀謗，就會導致正法提早壞滅。

不但在《法華經》的〈法師品〉中世尊如此吩咐，在《大寶積經》裡面，世尊也有這麼開示：「諸比丘！從今已往，於不信前勿說『此經』，求經過者，愼勿示之；於尼乾子尼乾部眾諸外道中，亦勿說之；不恭敬渴請，亦勿爲說。若違我教、虧損法事，此人則爲虧損如來。諸比丘！若有禮拜供養『此經典』者，應當恭敬供養是人，斯人則爲持如來藏。」這就是說，「此經」如來藏的密意，對於不信如來藏妙義的人，不應該為他們演說，因為只會招致他們更大的毀謗，無益於他們，反而會害他們下墮三惡道中，所以不應該為他們解說。

如果有人是專門在尋求經典過失的人，也不要把如來藏妙義的經典示現給他們看。有沒有這種人專門在求經典過失的呢？有啊！這個年代有一大堆人啊！那一些人把正經說成偽經，把偽經說成正經，這就是現代學術界的人幹的好事。他們承認《大日經》、承認《金剛頂經》，連純屬外道法的《一切如來祕密大教王經》，他們都承認，硬說那是佛教的眞正經典；可是卻把《般若經》以及唯識方廣諸經加以貶抑，說那是後人為了對 佛陀的永恆懷念，所以陸續編造出來的。這一種人就是專門尋求經典過失的人，對這一種人，都不必贈送他們如來藏妙義的經典，更不必為他們解說。

如果是在尼乾子或者尼乾部眾等外道之中，也不要為他們演說，因為他們一定會夤緣攀附說：「我知道了，你們所證的如來藏，就是我們所證的這個離念靈知啦！」所以不必為他們演說了義佛法，因為他們的本質就是外道，不是三寶弟子。若遇到佛弟子，如果不是很恭敬「此經」如來藏，如果不是猶如久渴之人求清涼水那樣殷切來請求，也不要爲他們演說「此經」；如果是一天到晚把人天善法當作佛法的人，他們即使來請求你爲他說「此經」，你也不應該解說。一直到他們完全信受，而且是恭敬於你，然後渴請於你，才可以爲他們解說如來藏的妙義。

如果這一些事情之中，這三種中只要作了一種，就叫作「虧損法事」，「虧損法事」就是「虧損如來」。寧可殺害三千大千一切世界有情，也不要去「虧損如來」一次，這是我的想法。因爲這是違犯法毗奈耶，遠勝於違犯菩薩戒的十重戒。還有，這三個情況都已經構成虧損法事了，但這三件事情中，有沒有哪一件是把密意明講出來？這三個情況有沒有把密意明講出來？還沒有。如果寫了書或寫了文章貼上網，直接把所證的般若密意貼出去、流通出去，是不是虧損了法事？如果私下說：「某甲！我告訴你啦！開悟就是悟個什麼東西。」是不是超過這三個限制了？早就超過了，那是不是「虧損法事」？那就是「虧損如來」。

所以，應該要立志說：「這一世即使我作不到，未來世我也要當大乘法師。」但是當大乘「法師」的時候，要把握分際，千萬不要「虧損法事」；

何況把密意為人明說，那就是「虧損如來」。如果十重戒裡面的一個重戒，具足根本罪、方便罪、成已罪，可就是無間地獄罪。如果「虧損法事、虧損如來」，這就比無間地獄罪還要重，是要下去阿鼻地獄的，何止具足五種無間的苦報而已？

所以應當要特別留意，即使還沒有被印證，但是你所參究出來的，也有可能是正確的，不能排除這個可能。如果心裡面想：「我這個也不一定是正確的，我把它貼網看看大家的反應怎麼樣。」不論有沒有誰上去反應，這都可能已經成就虧損法事的重業；因為只要貼上去，至少會有一、二個人讀到，那個「虧損法事」的業已經成就了。這個業在將來死後領受時，以人間的劫來算是不可計數的長久，因為地獄是每往下一層，時間就拉長一倍；就好像四王天的一天等於我們人間五十年，而忉利天的時間是四天王天加一倍一樣；地獄也是如此，越往下時間越長，有很多地獄都是那裡的一天等於我們人間一個大劫，越往下越加倍，那麼下去阿鼻地獄時，要等什麼時候才能回來人間呢？

因為那裡的有情都很長壽，就好像天壽一樣長，天界是越往上去越長壽；地獄也是如此，越往下層就越長壽。所以「虧損法事、虧損如來」的事情，大家千萬要小心，可別說：「我還在參究，我還沒有被印證，我參出來的這個算不得數吧？」那可不一定呵！也許他參究出來是正確的，這一貼網上去，只要有一個人讀過了，那他「虧損法事、虧損如來」的罪便已經成就了，這可不是兒戲。所以在〈法師品〉裡面，單單是讚歎供養大乘「法師」，福德已經那麼大；反過來而虧損了這個法，他的業報必然也是一樣大，比例是相同的。所以這個部分大家得要很小心，從〈法師品〉裡面要去理解、體會到 世尊演說這一品的目的，否則 世尊何必特地講這〈法師品〉？因爲看來好像跟《妙法蓮華經》沒有關聯，其實有很緊密的關聯。

接著來到〈見寶塔品〉第十一，在這一品裡面，寶塔從地踊出，這在譬喻說一切法由地而生。也就是說，一切佛法都在三界一切諸法的境界中去實證，最後才具足圓滿而得成佛。而寶塔從地踊出，就表示一切佛法在所有境界中存在著，要這樣去理解體驗；所以寶塔從地踊出的時候，諸天供養。那麼我們就應該從此去瞭解，凡是有情之身，都應該要聽聞「妙法蓮華經」；一旦寶塔現身，所有不是在眠熟位、悶絕位的一切有情，都應該要好好聽受

「妙法蓮華經」。

如果你睡著眠熟了，我不要求你聽受「妙法蓮華經」；但只要你醒著，「此經」分明現前，你就應該聽受，這就是寶塔從地踊出的目的。諸位檢查一下，你們各自的五蘊寶塔能不能離於大地而出生？所以你們都是從地踊出。既然都是從地踊出，寶塔現前，塔中有「多寶如來」，你就應該好好去認取你的寶塔中的「多寶如來」，認取了以後就應該好好來聽受「妙法蓮華經」。

在這一品中，世尊在寶塔從地踊出之後，放光照耀了東方五百萬億那由他恆河沙數佛土的分身諸佛，然後又照耀各方的分身諸佛，所以 釋迦如來在十方世界的分身諸佛，各個攜帶一位大菩薩前來娑婆，覲見 釋迦牟尼佛以及 多寶如來。這時 世尊打開了多寶佛塔，於是大眾就看見 多寶佛了。當大眾都看見 多寶佛的時候，世尊就囑咐大眾應當要發願護持「此經」。

諸位可能沒有想過說：「爲什麼多寶佛塔從地踊出以後，世尊要召集十方佛土分身諸佛前來？又爲什麼分身諸佛都到了以後，世尊打開了寶塔顯現出多寶如來時，卻吩咐大家說：『你們要護持此經』？」因爲 多寶如來就是「此經」。也就是說，這個寶塔其實同時隱喻有情的五蘊身，而眞佛以及無量無邊的佛塔，也都在這個五蘊身中時時運作、時時現前，大家應該好好去讀誦祂；所以這一些諸法與「多寶如來」其實不一不異，這樣顯示給大眾看。

講一個題外話，我有一天搜尋一個東西，結果在網站看見有人寫著多寶佛塔的文字；我想這個名號不錯，就點進去看，一看是密宗的。他們製作了小塔，就把它命名叫作多寶佛塔。問題來了，他們既然奉 多寶如來之名，藉 多寶佛塔在賺錢，至少本分上應該承認 多寶如來吧！而經文中說的「多寶如來」其實就是如來藏，可是他們卻都在否定如來藏，所以我說密宗人士顚倒。諸位看清楚了，以後於網路上再看見人家賣多寶佛塔，你就跳過去，因爲那不是眞正多寶佛塔，多寶佛塔就在你們自己身上。

接著來到〈提婆達多品〉第十二，世尊說，在過去無量劫以前，提婆達多本來是個仙人，那時 世尊當國王，爲了求法的緣故，所以奉事提婆達多一千年，沒有中止過，而提婆達多如今是來當逆行菩薩。所以，世尊把這個來龍去脈講清楚之後，就當眾授記提婆達多未來成佛，說他未來無量劫以後成佛，名爲天王如來，佛壽有二十個中劫，正法住世也有二十個中劫。又說，如果聽聞到這個授記，而心中沒有疑惑的人，未來世不會下墮於三惡道中。

也就是說，他聽信了而不懷疑，可以得到初果人不下墮三惡道的功德；但是有一個前提：唯除謗法、謗賢聖等。

世尊授記完了，文殊菩薩坐著千葉蓮華，從海龍王宮中來到《法華》會上。文殊菩薩竟然和 世尊一樣坐著千葉蓮華，這其實已經告訴我們，文殊本來就是成佛的人，所以他所坐的蓮華跟 世尊一樣是千葉蓮華，然後「弟子無量隨從而來」。文殊告訴大眾說，他在海龍王宮很多、很多年來，都只說一部經典，就叫作《妙法蓮華經》，然後就向大眾介紹龍女。由這龍王之女示現轉身成佛，讓大眾知道說：成佛之所證其實是本有之法，不從外得；善知識只是教導你，幫你把自己家裡的寶藏找出來，並沒有額外從身外給你寶藏；這才是最珍貴的，因爲是本有的，所以永遠都不會失去。

如果是從外而來的，那都是有生之法，終必還失，所以接著就介紹龍王之女與大眾相見，而這個八歲的龍王之女轉身成佛，如是示現而廣利了大眾以及天眾一切有情，讓大家從此得不退轉。這一品是藉著逆行菩薩的示現，也藉著龍王之女的即心成佛，來示現佛法的不可思議；因爲只有即心成佛，從來都沒有即身成佛這回事。身是有生必壞之法，佛法中永遠都不會有即身成佛這回事。但是可以即心成佛——依自心如來藏而成佛，龍王之女就如是示現了，這爲我們示現佛法的不可思議。

再來到〈勸持品〉第十三，由於〈提婆達多品〉的示現，所以藥王菩薩、大樂說菩薩等二萬眾發誓，願意盡未來際受持以及演說「此經」妙法蓮華。他們二位大菩薩和二萬眾這樣發誓了以後，那五百阿羅漢卻不願意在這個娑婆世界繼續演說「此經」，他們都發願到他方世界廣說「此經」。接著 世尊的姨母摩訶波闍波提以及耶輸陀羅，受了 世尊授予的成佛之記，也發願跟她的六千個大眾將來在他方世界演說「此經」，都不樂於在此世界演說「此經」。世尊接著就以眼光看著八十萬億那由他的菩薩，這八十萬億那由他菩薩看到 世尊顧視，於是發願：不但在他方世界，也願意在此地演說，願於十方世界來來往往，教導眾生受持「此經」、演說「此經」。

這表示什麼呢？表示那五百阿羅漢以及波闍波提等六千位比丘尼菩薩們，心志還不夠雄猛。可是這八十萬億那由他菩薩，發願不但在十方世界，也願意在娑婆世界演說「此經」，就這樣來來往往永無窮盡。這一品裡面告訴我們說：於五濁惡世的娑婆世界中，要受持「此經」、弘揚「此經」有多麼困難。所以，大家不要期待正覺同修會將來信眾有幾十萬、幾百萬、幾千萬人；但是我們努力以後，將來也有可能幾十萬、幾百萬、幾千萬人信受「此經」。這就是我們的目的，信受「此經」的人不一定必須成爲我們的信眾，因爲「此經」的實證、受持以及弘揚，是非常困難之事。

這樣瞭解以後，再來看〈安樂行品〉第十四，有八十萬億那由他菩薩們願意在此土及其他十方世界受持弘揚「此經」。既然在此土弘揚「此經」是如此的困難，總要教導這些菩薩們，如何在弘揚「此經」的時候得安樂而無虞中斷。所以 世尊就說明，菩薩們如果想要弘揚「此經」，應該要遵守四種行法，並且要依止於二種親近處，這樣來弘揚《法華》時，才能獲得安樂利益而不會遭到橫逆。在這一品中 世尊也說明，諸佛才是眞正的法主，而《妙法蓮華經》是經王，所以受持和弘揚的人都有大功德，都在法上可以得到很大的利益。這是爲了攝受眞正學人的緣故，讓大家瞭解，只要能受持弘揚「此經」，成佛就會很快速；也是爲了讓大家心得決定，可以早日成就無生法忍的緣故；所以，世尊特地說，這樣的「安樂行」有大功德。

接著來到〈從地踊出品〉第十五，無量千萬億的大菩薩眾突然從地踊出，這些菩薩眾們顯示出來一個很奇怪的現象；就是說這些大菩薩們，有的人眷屬無量無邊不可計數，有的人眷屬少一點，乃至有的人更少，甚至於也有大菩薩沒有一個眷屬，他們都是單身一個人。請諸位再回想一下，《妙法蓮華經》剛要開始演說時，世尊照耀東方一萬八千佛世界，顯示出來的是菩薩有千千萬萬種的不同。現在無數千萬億大菩薩眾，從地踊出時，卻顯示有的大菩薩眷屬無量無邊，下至有的大菩薩們並沒有眷屬，都是只有一個人。

那麼由這裡，諸位要瞭解，最先成佛的菩薩，一定是眷屬多的那一些人；而只有自己一個人、證量很高的那些大菩薩們，他們還得要回頭再去攝受很多的佛土，也就是要回頭再去攝受很多的有緣人之後，他們才能成佛。這個道理，諸位也要瞭解；所以要少跟人家結惡緣，多跟人家結善緣。那麼看見這樣的景象，彌勒菩薩為大眾請求 世尊解釋疑惑，也就是請 世尊來說明這些無量千萬億大菩薩眾的來歷。世尊就說明，這些無量無邊的大菩薩們，其實都是 世尊無量劫來度化的有緣人，如今由 文殊師利菩薩代為攝受而住在下方世界。這時大眾只看見 世尊成佛以來不過才幾十年，哪來這麼多的大菩薩都是 世尊往昔所度的？所以大家心中有疑。彌勒菩薩當然知道大眾心中之疑，就提出來請問。

這一品也告訴我們，一切諸法從地而出。換句話說，你想要具足實證佛法，唯有在人間最好；因為人間是下墮三惡道和上生諸天的樞紐，是在關鍵的地位；而人間的境界也是一切諸法具足的地方，你越往天上去，諸法就越少；所以「從地踊出」，說明「地」就是境界相。譬如人間一切諸法都依止於地，地是一切諸法的依止處；在佛法中說的「地」就是指境界，當然一切諸法都會在所有境界中示現。大家若是真的瞭解「從地踊出」這個道理，悟後想要具足實證全部佛法時，不應該一個人躲到山裡面，一天到晚打坐修定；因為那只是很多佛法中的小小局部而已，到了三地心的時候，自然有時間讓你去實修禪定等，現在還不必急。現在這階段，應該在諸法中去觀察、去體驗，來具足、來發起你對於如來藏含藏的一切種子的智慧。

那麼，這樣無量千萬億大菩薩「從地踊出」之後，彌勒菩薩為大家請問這無量無數大菩薩眾的來歷，於是 世尊轉入〈如來壽量品〉第十六，來為大家說明。說 世尊成佛以來，已經是無量無邊百千萬億那由他劫了，這一次再來示現成佛，只是因為往昔一千位兄弟約定要在同一劫中次第成佛，所以前來示現，就把往世與祂有緣的人給度化了。所以 世尊其實在這個娑婆世界以及其他諸方世界，都不斷地在度化有情。祂在這裡這一次的成佛，只是一種示現，其實成佛以來已經超過無量無邊百千萬億那由他劫了。

而這個五濁惡世很少有佛願意來示現，世尊卻願意為這一些福薄少慧的眾生特地來示現，要讓這一些眾生能生起珍惜之想，而以各種方便施設，來教令大眾進入不可思議的佛道之中。這也示現給大家瞭解，其實一切如來都是壽量無盡的。為什麼壽量無盡呢？因為佛地的境界是依無垢識而成為常樂我淨的境界，怎麼可能會是斷滅的呢？諸佛因地已經有了本來自性清淨涅槃的實證；證這種涅槃的菩薩都不會進入無餘涅槃中，所以實證阿羅漢果以後都會繼續起惑潤生，盡未來際利樂有情。

更何況成佛的時候成就了無住處涅槃，既不住於涅槃亦不住於生死中，當然更不會入無餘涅槃。所以一切菩薩入地前證得阿羅漢果時，發了十無盡願，成就這個增上意樂而入地，都會盡未來際實行十無盡願。世尊曾說這十個大願，每一願都是「虛空有盡，我願無窮」。被這十大願所持的緣故，當然未來際永不入無餘涅槃，所以成佛時示現的佛壽固然有長有短，但是示現涅槃之後永遠不入無餘涅槃，仍然依於十大願，於十方世界中繼續利樂有情永無窮盡，所以一切如來其實都同樣壽量無盡。

那麼因爲這樣開示的緣故，就由這個開示產生了一個很大的功德出來：當〈如來壽量品〉開示完畢時，有無數菩薩成就了無生法忍。爲什麼因此便能成就無生法忍呢？因爲這一些菩薩們本來解脫果已經證了，無生法忍的智慧也證了，入地該有的福德也修了，可是心中還是猶豫著：「我到底要不要入無餘涅槃？我如果發十大願而入初地，可就是走一條不歸路，永遠不能再取無餘涅槃了。」心中猶豫的時候就無法生起無生法忍，當他們聽到 如來演述了〈如來壽量品〉以後，這時心得決定：「我要依止於十大願，盡未來際受行十無盡願。」所以這時十大願的增上意樂清淨了，於是當時得到無生法忍。

那麼這一些菩薩得無生法忍以後，已經知道自己不久當得成佛，這時 世尊就爲大家分別這個《妙法蓮華經》的信受會有什麼大功德，於是 世尊說：「只要能如法如實信受《妙法蓮華經》，他就是頂戴如來。」「頂戴如來」時會有負擔嗎？不會。雖然責任很重，可是沒有負擔。假使 如來一天到晚都在你頭頂上方，你一定是最安全的，所以人人都應該「**頂戴如來**」。然而 如來該怎麼頂戴？就是信受《妙法蓮華經》。

世尊這麼開示以後，接著勸導大眾應該要受持「**此經**」，應該要普行六度波羅蜜多，並且把「**此經**」的道理為他人廣為宣說。而且為了護持正法，也應當要起造塔寺、供養僧眾；並且應該要清淨持戒，大家都接受六和敬之法；也要常常對「**此經**」一心信受——得諸深定。也就是說，對於「**此經**」的信受，應該越來越堅定，越來越深入，決不退轉。並且要設法深入理解「**此經**」的全部意涵，也應該要使自己在未來能夠善答眾問；眾人若有所問，對「**此經**」有疑時，你應該要能夠善答。如果對「**此經**」能夠「**善答眾問**」了，那麼你就是已經「**趣向菩提場**」，已經開始往你自己如來地的金剛寶座邁進了，你就已經接近無上正等正覺了。由於這個緣故，世尊吩咐說：凡是有人演說「**此經**」，大眾都應當要供養。

可是話說回來，菩薩都是從諸佛得法的，所以應當要供養諸佛。世尊在「**此經**」——《妙法蓮華經》——中授記了很多菩薩未來成佛，可是 世尊都怎麼說呢？總是說：未來應當再供養多少佛。都是告訴你要再供養許多佛，那我們就應該瞭解，對於將來成佛前所應供養的諸佛，究竟應當如何供養？這就提到三個部分：當然先要作財供養，所以建立精舍、建立祇樹給孤獨園等等，這些都是應該要作的財供養。接著就是身供養，如何是身供養？就是佛陀凡有所說，你就依教奉行去作，就是以你的身力去作。佛陀說哪裡應該怎麼樣，你就怎麼樣去作，就是身供養。

接著最重要的一樣叫作法供養，也就是說，佛陀所說將來應該如何令正法久住廣益眾生的事情，你就依教奉行，以這個法來供養於 佛陀。就這樣一世又一世、一劫又一劫供養了諸佛，最後你才能夠成佛。所以，世尊雖然在〈分別功德品〉裡面告訴大眾，只要有人於「此經」得到深定，決不猶豫，並且能善答大眾的請問，這樣就是能演說「此經」，大眾應該要供養於你。可是我卻說，我們不但應該供養這樣的菩薩，盡未來際更應當對諸佛作這三種供養。那麼這就要提到說，凡是受持《法華經》而「頂戴如來」的人，應當要回到〈信解品〉來，遵守〈信解品〉中大迦葉等人轉述 世尊在其他經中說的窮子喻。

換句話說，當你信解「此經」而「頂戴如來」時，不能好高騖遠說：「我這麼一悟就要成佛。」應該要把實證前所應當有的次法先具足圓滿，然後可以求實證。實證以後要往上一個位階繼續進發時，同樣也有必須相應的次法，也應該去修學；當那個相應的次法修學圓滿時，你自然水到渠成，就可以進入上面另一個位階。所以那〈信解品〉中的窮子喻告訴我們說：本來大家都是窮子，離佛而逃逝；現在 佛陀把我們找回來了，我們千萬別妄想說：我這一回來，就要進入大富長者的一切珍寶庫藏之中。應該要次第修學、逐漸學習，看大富長者是怎麼樣來運作這一些財寶利樂大眾；我們就是要這樣開始向 佛陀學習，然後漸漸可以成佛，那就是進入大富長者的內室，具足獲得 如來家業中的一切珍寶。

所以應該要次第上進，應該要循序得法，然後依序來弘法。可是在這個過程中，都不曾有一念生起己有之想，應當想說：「這一切佛法珍寶都是佛陀的，我只是藉佛陀之力來運用而已。」這樣才會有受持《法華經》時應有的功德。這就是 佛陀在〈分別功德品〉裡面，跟前面〈方便品〉、〈信解品〉所說結合起來，要讓我們理解的道理。

然後來到〈隨喜功德品〉第十八，世尊告訴 彌勒菩薩說：如果有人勸行布施，這個勤行布施的人所布施的對象，多到無法想像，是四百萬億阿僧祇世界的一切有情，不只是人類，而是四生六道全部有情。這位大富之人整整八十年中，每天施給全部有情一切生活所需，從不間斷。這是沒有人作得到的，這功德無量無邊的廣大；可是 世尊又說，另外有一個人爲人如實演說《法華經》，這一個人又轉而爲第二個人說，第二個人爲第三個人說，這樣展轉傳述到第四十九位而爲第五十位說，那第五十位聽到《妙法蓮華經》的人，所聞法義已經是稀釋很多、很多倍了。即使如此，他聽聞之後，一念生起隨喜，那個功德與福德，都遠勝於前面八十年而作無量布施的人。

由這個隨喜的功德可以勝過八十年中布施四百萬億阿僧祇世界一切四生六道有情的人，可以想見「此經」功德之偉大，都因爲「此經」是萬法的根源，也是十方三世一切佛世界的基礎。反過來說，毀謗「此經」的過失，也是無量無邊的廣大。那麼 世尊在這一品裡面告訴我們說，千萬不要毀謗「此經」，千萬不要輕視「此經」，千萬別毀謗演述「此經」的說法之師，因爲「此經」是三乘菩提及一切世出世間萬法的根源，正是佛教的根本。

「此經」既然如是偉大，那麼爲了說明弘揚「此經」有大功德的道理，

所以　世尊就說了〈法師功德品〉第十九的開示，於是　世尊為我們校量隨喜「此經」的功德。就是說，凡是有人弘揚「此經」時，大眾只要隨喜《法華經》的功德，未來終究有一天會證得六根清淨的功德。六根清淨的功德，我們在《楞嚴經講記》講過了，就是六根互通的功德；那麼六根清淨時，眼根可以作耳根等五根用，耳根也可以作其他五根用……等，因為這功德太大了，所以　世尊勸令大眾應該要常常閱讀「此經」、受持「此經」、為人解說「此經」，乃至為了流傳久遠而應該書寫「此經」；所以教導大眾：一切實證「此經」的人都應該發願此世或未來世，要出世當大乘法師；不是當二乘法師，而是當大乘法師，要為大眾演說「此經」，令「此經」得以流傳久遠。

這意思是告訴我們說，你出世當大乘法師，遠比那個隨喜功德還要大；雖然隨喜的功德已經大到無法想像，而你出世當大乘法師，為大眾演述「此經」時，這個功德當然更大到無法想像，這就是〈法師功德品〉要告訴我們的道理。

然後來到〈常不輕菩薩品〉第二十，世尊告訴我們在無量劫前的事；說當時祂是常不輕菩薩，由於永遠都不輕視大眾各有的「法華經」，所以祂得

到二萬億 威音王佛中的第一尊佛的加持，獲得六根清淨位的功德；接著連續供養奉侍隨後出世的所有 威音王佛，然後又值遇了二千億相繼出現的 日月燈明佛，常不輕菩薩仍然繼續演說這部「妙法蓮華經」如來藏妙義；過後又再值遇二千億雲自在燈王佛，常不輕菩薩仍然是演說「此經」。接著又值遇千萬億諸佛，同樣都受持演說「此經」，然後在超過無量無邊百千萬億那由他劫前成佛時，名爲 釋迦牟尼佛。

這在告訴我們說，經歷了那麼多的諸佛而奉侍供養受學以來，釋迦如來在因地一直都是受持「妙法蓮華經」，也就是始終都受持第八識如來藏妙義，永無改變；換句話說，成佛之道的開悟、實證、成就，只有一個法，就是第八識如來藏妙法，無二亦無三，因爲實相永遠都只有一個。然後開示說，如果有人輕賤於演說「此經」的人，他才這麼一句話輕賤，未來二百億劫之中一直都不能值遇諸佛，不能聽聞了義法，不能遇見大乘勝義僧；而且捨壽後一千劫中，要先在阿鼻地獄中領受極大的苦惱。反過來，如果信受「此經」，那麼此世及未來世學佛時，一出一入的時程與待遇，相差就很遠了。所以，有智慧的人要從〈常不輕菩薩品〉裡面去體會到這個道理，因此更應該堅定心志，來受持「此經」、讀誦「此經」，來演說「此經」。

接著來到〈如來神力品〉第二十一，在這一品之中，釋迦如來與諸方前來的所有分身諸佛，共同示現威神之力，使得十方諸佛世界一切佛弟子、一切天龍八部等等，都同時看見了這個娑婆世界的 釋迦如來、多寶如來，以及 釋迦如來的分身諸佛，也讓他們看見 釋迦如來正在演說《妙法蓮華經》。於是十方諸佛世界的一切佛弟子，和天龍八部等等，都發出聲音說：「歸命**釋迦牟尼佛**！」也都以嚴身的寶物遙散來到這個娑婆世界的虛空中，來供養於 釋迦如來、多寶如來，但因 世尊的威神之力，使這一些寶物在虛空中成爲一個很大的寶帳，遍覆於娑婆世界諸佛上方虛空作爲莊嚴。

世尊便藉此開示說，這一切的莊嚴都是依於「此經」妙法蓮華而得、而演說，所以吩咐大家說：「此經」如來藏所在的地方，就是各人的道場。如果有「此經」如來藏所在的地方，就應當要起塔供養；所以我們大家都應該起造各自的多寶塔，好好供養如來，用飲食、香華、沐浴以及休息保健，來供養自己的如來——供養「此經」；因爲諸佛都是以「此經」而成佛、而轉法輪、而般涅槃的。可是「此經」的顯發，卻從 世尊照耀東方一萬八千個佛世界來作開頭；這告訴我們說，佛菩提道是積極的、奮發的、進取的，是無我的、無私的、實證的，是利樂有情永無窮盡的，而不是像聲聞聖者自了漢一樣的想法；始終都要這樣修行，才能成就如來地的神力。結果今天還是沒講完，最後的壓軸好戲，就只好請諸位等待下回分解。

《妙法蓮華經》的「法華大義」，今天要從〈囑累品〉第二十二開始。在〈囑累品〉中，世尊從法座上起身，以大威神力為無量的菩薩眾們，而且是為諸大菩薩眾們摩頂，勸令一切大菩薩們應該要流布「此經」。但是這一品的囑累或付囑，跟其他諸經大不相同；在這一品中 世尊特別吩咐：「此經」妙法蓮華，也就是如來藏，如果遇到善根不具足的人，就不應該為他們宣說演講「此經」中的妙義；只能為他們宣說二乘菩提，或者為他們宣講六住位以下的諸法，當然更不該幫他們實證，以免害人。世尊特別吩咐說，如果所遇到的眾生是二乘根性人，或者種性還不足以承擔實證「妙法蓮華經」的能力；他們仍然有所不能，尚未堪能，就不應該為他們如實演說「此經」。

如果是已經在修學佛法，努力在勤行六度波羅蜜多，但他的緣還沒有成熟，也不該為他演說「此經」。這就是說，「此經」妙法蓮華是三乘菩提中的最大密意，彌勒菩薩在《瑜伽師地論》中也說，這是　釋迦如來「佛世尊最深密記，是故不說」。也就是說，「此經」如來藏究竟何在，不允許爲大眾明說。世尊吩咐完了特別說明，能夠這樣遵守的人就可以名爲報佛恩。

所以，**如果有人證悟因緣還沒有成熟，有人爲了討好而去勉強幫他證悟了，這並不是報佛恩，也不是在度衆生，而是在虧損如來、虧損法事；也是**在戕害對方的法身慧命，因爲對方的智慧以及福德或者定力，都還不足以荷擔這個眞實證悟的內涵，他的心智都還擔當不起來，久後一定會退轉，然後就是毀謗。毀謗的結果就是死後墮落三惡道，所以不能勉強。

應該爲說二乘菩提的時候，就應該爲他演說二乘菩提；應該爲說大乘菩提六度範圍內的法，就只爲他演說六度範圍內的法，不強行幫他實證；能這樣作的人，世尊說就是「報佛恩者」。如果違背了　世尊這個告誡，不但沒有報佛恩，當他把般若密意到處去講，爲了賣人情，見了某甲也說，見了某乙乃至某丁、某己、某庚、某辛，他統統都講，這不但不是在度眾生，而且沒有一絲一毫報佛恩的功德，並且還是虧損法事。而　世尊說：虧損法事就是虧損如來。這比惡心殺人的罪還要嚴重，所以在這個部分上面，大家要牢記世尊在《妙法蓮華經》〈囑累品〉中的吩咐。

最近我也聽人家說：「你蕭老師老是禁止弟子們去跟人家明講，可是你自己講經的時候都明講了。」（大眾笑…）可是我告訴諸位：「能在公開場合而說的都不是密意，所以沒有明講的問題存在。」有人會因為親教師們說：「因為開悟了所以聽起來就等於是明講的。」所以，他就自認為：「我如今開悟了，而你講經時都明講了，我為什麼不能明講？」我就說：「縱使我講經的時候公開明講了，你也不許講。因為我承擔了那個責任，你不必效法來承擔。縱使我虧損如來，你也要跟著虧損嗎？你不必這麼笨吧？」

這樣講了，大家應該明白我的意思了。其實以證悟者的立場來讀大品、小品的《般若經》、來讀《心經》時，會發覺經中全都是明講的，但這是證悟者的所知與所見。對一般人而言，永遠一樣是隱覆密意而說的。我在公開講經時當然不可能明講，我又不準備去虧損如來；因此所謂明講與否，大家只要把握一個原則就好：凡是我公開講過的，包括禪三期間普說的時候講的，都不是明講；因為若是眞正的密意，我絕不可能公開說，所以我講經的時候並沒有明講。但是如果你覺得我是明講的，那麼你有可能是開悟了，但我要加上一個註腳：百分之九十九點九是悟錯了。因爲以往會內、會外有很多人都自認爲開悟了，結果不管是寫了信來，或者去到禪三時一勘驗，那一丈可不只差了九尺，是相差九點九尺，所以最好還是謹慎一點，免得自誤誤人。弘揚佛法可以用法樂來自娛娛人，可不要自誤誤人才好。

佛陀這麼囑累完了之後，接下來轉入〈藥王菩薩本事品〉第二十三。在這一品裡面說無量恆河沙劫之前，有一尊佛名爲 日月淨明德如來，當時祂的座下有一位菩薩，名爲一切眾生喜見菩薩，他愛樂於精進修行苦行。他聽聞了 日月淨明德如來演說《法華經》，然後就證得了「**現一切色身三昧**」。從那時開始，他在一千二百年之間，每天喝香油來改變身體的氣味，滿一千二百年以後，用天衣纏身，在天衣上面又灌了香油，然後用自己的神通力來燃燒，以香的色身和香油來供佛；他的光明遍照八十億恆河沙世界，而他這個燃身供佛的時間長達一千二百年。以此功德，捨報後他得「**解一切眾生語言陀羅尼**」。捨報後他重新受生於同一個世界中的國王之家，受生以後又前往覲見 日月淨明德如來。

如來接著告訴他，即將要入滅了，就付囑一切眾生喜見菩薩，要受持弘揚《妙法蓮華經》，以及與「此經」有關的諸法。日月淨明德如來入滅以後，這位一切眾生喜見菩薩又再度燃燒兩臂來供養佛舍利，時間長達七萬二千歲；由於這樣的苦行，使無數人發起菩提心，也使無數人同樣證得「現一切色身三昧」，也就是同樣都開悟明心了。隨後由於他的誓願，因此滿足了大眾的願，使他的兩臂又還復如故。這一位一切眾生喜見菩薩樂修苦行，不求速成佛道，他就是現今的藥王菩薩。他屬於不入涅槃種性，也就是《楞伽經》中說的「爲無始眾生起願」。所以他明心到現今，已經超過三大阿僧祇劫非常非常多倍了，但至今依舊不入涅槃。那麼他這樣來示現：菩薩可以爲眾生受一切苦難而不退縮。

但是 世尊講完了藥王菩薩的本事之後，爲我們點出一個重要的正見，就是效法藥王菩薩而在無量劫中勤行一切的苦行，竟然不如受持《妙法蓮華經》的全部，乃至不如受持《妙法蓮華經》中的一首短短四句的偈，因爲「此經」是一切經中之王的緣故。而且 世尊又說「此經」可以令一切眾生離諸苦惱，「此經」能大大饒益一切眾生，所以一切菩薩都應該聽聞受持、爲人解說「此經」。

那麼在這一品中，顯示了供養諸佛的重要，藥王菩薩以他的苦行來示現；他由於實證「此經」而能行一切人所不能行，又因證得「此經」的功德而燃身供佛，證得「現一切色身三昧」等，捨報之後他重新受生又來供佛，又得「解一切眾生語言陀羅尼」，他以這樣的方式來教導眾生，使眾生發菩提心乃至實證「此經」，那麼由此也可以了知供佛的重要性，所以他可以那麼快速實證八地的「現一切色身三昧」而無所障礙，可以那麼快獲得九地「解一切眾生語言陀羅尼」而無所障礙，卻是因爲燃身、燃臂供佛的赤誠心所導致。

在修學佛法的過程中，有很多人對於供佛都不重視，你們可以自我檢討：對供佛有沒有重視？如果一向對供佛不很重視，那麼在這方面就要趕快改進，而且要比別人加十倍的精進。因爲這表示你學佛以來還不是很久。以前在講解這一品時，我也講過，我多世以來是不管什麼物品都要供佛的，有僧衣也先供佛，要過堂也先供佛，不管什麼食品藥物都先拿來供佛，所以有中藥時也可以供佛。供佛很重要，而且 世尊授記的時候都說：某某人未來再供養多少佛以後可以成佛。從來沒有說過：某某人未來再受學於多少佛以後可以成佛。由這裡要瞭解到供佛的重要。

那麼在〈藥王菩薩品〉中，世尊特地點出來的是：如果不能受持「此經」，修一切諸法時都只是在修集知見與資糧，永遠只有聞慧，而思慧全部都會錯誤。這就像三、四百年來的中國佛教，否定了「此經」以後，果然無人能實證；這是具體的例子、具體的證明，所以供佛以後一定要迴向實證「此經」；而無量無邊的苦行，又遠不如受持「此經」中的一首四句偈，由此可見受持「此經」的重要性。

接著來到〈妙音菩薩來往品〉第二十四，佛陀這時放光遍照東方百八萬億那由他恆河沙諸佛世界，到達淨光莊嚴世界；在淨光莊嚴世界中，淨華宿王智如來座下有一位菩薩摩訶薩，名為妙音；這位菩薩已經證得無量三昧，承蒙 釋迦如來放光所照，於是向 淨華宿王智如來告假，率領八萬四千菩薩摩訶薩，前來娑婆世界覲見 釋迦如來。來到這個世界，證實這個娑婆世界中，也有無量的菩薩同樣得到他所實證的無量三昧；妙音菩薩禮拜讚歎供養釋迦如來、多寶如來之後，就率眾返回淨光莊嚴世界去了。

可是，世尊在這個〈妙音菩薩來往品〉中為我們大眾說明，妙音菩薩有現一切色身三昧，因此可以諸佛世界來來往往而無障礙，並且也隱覆密意而告訴我們說：妙音菩薩其實是代表如來藏，也就是表顯「此經」妙法蓮華如來藏，告訴我們說「妙法蓮華經」如來藏能示現一切有情之身。這就是最初階的「現一切色身三昧」，這個三昧繼續進修到八地滿心時可以圓滿，這時來往十方世界都無所遮障。世尊演說這個〈來往品〉時，四萬二千天子得到了無生法忍，而華德菩薩得到了法華三昧。在這一品裡面，世尊召喚了妙音菩薩前來，告訴我們說：一切有情於十方三世所有世界流轉或者發願受生，如是來來往往，全都是「此經」妙法蓮華如來藏心之所能作。

然後就轉到〈觀世音菩薩普門品〉第二十五，在這一品中 世尊說明 觀世音菩薩得到這個名號的緣由；同時也告訴我們說，每一個有情身中都各有自己的「觀世音菩薩」；正因爲每一個有情身中都有自己的「觀世音菩薩」，所以說「觀世音菩薩」是普門示現的，就把這一品叫作〈普門品〉。世尊也開示說，觀世音菩薩能救護一切眾生於三界煩惱眾苦，所以眾生如果常常憶念 觀世音菩薩、恭敬 觀世音菩薩，就有因緣可以離開三界的貪瞋癡煩惱，也有因緣可以離開世間法中的種種痛苦，並且還能夠出生法身慧命，以及未來世的善妙五蘊，所以說 觀世音菩薩能令眾生獲得三十二種身，不墜於三惡道和無色界等無明的境界中，因此說 觀世音菩薩名爲「施無畏者」。世尊開示完了，無盡意菩薩就以價值百千兩金的瓔珞項鍊供養 觀世音菩薩，菩薩不受，世尊指示應該憐憫無盡意菩薩，於是 觀世音菩薩接受供養以後，隨即轉奉於 釋迦如來及 多寶如來。我們也說過他轉奉於 釋迦如來時，其實是在告訴我們說，這是供養於佛地的識蘊六識；當他供養 多寶如來時，其實也是在供養佛地的色蘊以及種種相應法。那麼在這一品中告訴我們說，所有菩薩在成佛的過程之中，會有種種的危險，因爲邪見與種種的岔路非常多，所以大家應該要依止於事相上確實存在的 佛陀，也應該依止如今還可以感應到的 觀世音菩薩摩訶薩；理上則是應該要依止於大家都可以實證而各自本有的「觀世音菩薩摩訶薩」，這就是〈普門品〉要告訴我們的重點所在。

接著來到〈陀羅尼品〉第二十六，藥王菩薩、勇施菩薩等等菩薩眾，以總持咒來護持《妙法蓮華經》；大眾之中有六萬八千人，因爲看見藥王菩薩等人競相護持「此經」的緣故，本來還在猶豫不定的心就放棄了，這時不再猶豫，心得決定，因此就入地了，發起了無生法忍。

這一品在顯示護持了義究竟正法的重要性，也顯示給我們知道：護法菩薩是正法弘揚的過程中不可或缺的。也就是勸導大家，都要來當護法菩薩，所以上自藥王、勇施菩薩，下至四王天的夜叉、羅刹等等佛弟子，也都發願來護持《妙法蓮華經》。換句話說，在修學佛法以及修道弘法等等過程中，護持如來藏正法，永遠都是鼎鼎重要的事情；所以這一品告訴我們說，每一個人都應該是實修實證的菩薩，也應該同時都是護法者。

接著來到〈妙莊嚴王本事品〉第二十七，世尊說明華德菩薩等人的來歷。說華德菩薩是無量無邊不可思議阿僧祇劫前的妙莊嚴王，同時也說明藥王、藥上菩薩在那麼早以前，就跟華德菩薩有著好因緣；正因爲藥王、藥上菩薩的接引，才有現在的華德菩薩；可是從妙莊嚴王當時證悟到現在，已經過去無量無邊不可思議阿僧祇劫之久，相較於三大阿僧祇劫的成佛之道時程，那是非常多倍的；可是華德菩薩等人現在仍然在當菩薩，而幫他們證悟的二位菩薩，現在成爲藥王、藥上菩薩，也仍然還在當菩薩；這表示這些人菩薩眾們，都屬於《楞伽經》中 世尊所說的「爲無始眾生起願」，所以他們永遠不成佛，跟地藏王菩薩是一樣的大願。

由於 世尊說明了華德菩薩就是以前的妙莊嚴王，那時證悟到現在已經無量無邊不可思議阿僧祇劫，他們這麼多大菩薩都是這樣的大心。講完了這一品的時候，使八萬四千人因此發大心而遠塵離垢，在佛菩提道中得到了法眼淨——終於證悟了。也就是本來已經實證「此經」了，但是心中一直在疑著：這就是如來藏嗎？我要不要承擔下來？我眞的要當菩薩嗎？這時他們終於承擔起來了，所以得到佛菩提道中的法眼淨，入了大乘法中的見道位。

最後來到〈普賢菩薩勸發品〉第二十八，普賢菩薩與無數大菩薩眾從東方而來，禮拜了 釋迦如來，供養讚歎之後，他宣稱在末法流傳到最後的後五百年五濁惡世之中，會守護和受持「此經」；他願意盡力來護持，不讓受持及弘揚「此經」的人，被邪惡的眾生加以危害。這裡面所說的事上和理上的道理，我們在第二十八品裡面都爲大家說明了，這裡就不再重複，因爲還有許多法義在這一品中要再跟大家說明。

於是 普賢菩薩就講了一個總持咒，來護持受持「此經」的菩薩眾。他發願以神通力來守護「此經」，要令「此經」在末法時代流布弘揚而不會斷絕。最後 世尊開示說，如果有人受持、讀誦、憶念、修習《妙法蓮華經》，他就是已經親見 釋迦牟尼佛，就是已經被 如來摩頂和守護了。世尊也說，這個人由於證得「此經」以後，心不猶豫而能夠受持、讀誦、憶念、修習，他漸漸地就可以遠離貪瞋癡等三毒，可以入地而實修普賢行。

反過來說，如果有人輕嫌「此經」、毀謗「此經」，乃至於對於受持「此經」的人加以輕嫌毀謗，未來世得瞎眼的果報，並且不是只有一世。演說這一品的時候，有恆河沙數的菩薩得到了百千萬億旋陀羅尼，所以「此經」就到此圓滿。

這就是說，如果不願意廣修普賢行而護持正法的人，無法成就佛道；所以世尊在《妙法蓮華經》最後，以 普賢菩薩的〈勸發品〉來圓滿「此經」。那麼在這裡，我要再作個總結：在《法華經》裡面，世尊爲許多的菩薩們授記，都沒有說「你要再隨學於多少佛而後成佛」，都說「你要再供養多少諸佛以後才能成佛」。這個供養既然這麼重要，我們應當要瞭解，對於未來即將繼續奉事的諸佛應該怎麼供養？這就有三個部分要作，就是財供養、身供養、法供養。財供養，是說當你值遇到諸佛世尊，一直到祂的法尚未滅絕之前，對於如來的法在弘揚過程中，應當要如何以財物來護持，自己應該要瞭解，從這裡獲得第一種供養如來的功德。第二種就是身供養，是說如來需要你為祂作什麼事情，或者如來的正法、像法、末法時期需要你去作什麼事情，你就自己努力去作，或者邀集同修道友們一同去作，也就是付出你的精神體力去為如來、為正法作事，這就是身供養。

財供養，有一個很有名的例子，是祇樹給孤獨園的故事，我們就不講它，我們來講另外一位。有一位菴摩羅女，有一天聽說 釋迦如來到了她的聚落不遠之處，於是她率眾前往覲見。這位菴摩羅女是個妓女，也就是高級公關女郎，長得非常、非常之美，她遠遠來到之前，世尊立即吩咐所有比丘們：「所有大眾都要正心誠意，不要打妄想。」因為她太美，就告訴大家起邪念時會有什麼害處，都因為她生得太美。

然後她來到了，世尊為她說法，她當場得到了法眼淨。接著邀請 世尊明日前往她的宅院受供，世尊默然受請。第二天，世尊前往時，依舊吩咐一番，然後大家正心誠意去受供了。這位菴摩羅女上供之後，接著取了一個小床，就是一個小椅子，在 世尊側面坐下來，請 世尊說法。世尊說完法，她就把非常優美的大宅院供養給 佛，這是她所作的事，屬於財供養。

那麼身供養，我們前面講過了，一切眾生喜見菩薩竟然還可以作那樣的身供養。但是我們現在可以不必這麼作，因爲 世尊告訴我們說：作那樣的苦行供養，不如護持《妙法蓮華經》如來藏妙心正法。所以我們可以在護持正法上所應該作的事情盡力去作，這就是對於 如來最好的身供養，是以自己的身力來供養。可是作這一些供養，不可以離開了義的妙法，所以 世尊說，對諸佛的一切供養中，以法供養爲最。換句話說，不論作什麼事情，都是以護持 世尊的《妙法蓮華經》作爲最重要的前提，然後以這一些方法如實修行、如實護持等等功德，來供養於 世尊，這個是最好的法供養。所以法供養有二種，一種是如說修行，另一種是使各種護法的功德，全部用來供養 如來，這樣就是最好的法供養。

第二點說：「凡是受持『此經』妙法蓮華的人，未來世常得親見我普賢菩薩，得到旋陀羅尼，百千萬億旋陀羅尼，能爲大眾廣說『此經』。」這是〈普賢菩薩勸發品〉中爲大家開示的，所以重點是說：應該要受持「此經」以及廣修普賢行。如果有人頭上安頭，告訴你說：「你們證得的第八識如來藏不勝妙，第八識是被第九識出生的，我們都證得第九識了，所以你們不可以自稱開悟，要來跟我們學。」你要不要去學？（眾答：不要。）對了，因爲他已經離開「此經」，他已經沒有在受持「此經」了。因爲「此經」就只有一個如來藏，世尊在經中說如來藏又名阿賴耶識，說是「法爾本有」不從他生，因此不可以頭上安頭。頭上安頭時已經不是受持「此經」了，那就違背〈普賢菩薩勸發品〉中的付囑。所以「此經」就只有一部，沒有第二部，就是人人身中都是本來法爾自在的第八識如來藏。

第三點、我要說，如果不相信有「此經」，對「此經」妙法蓮華如來藏心不能信受，他在三乘菩提中任何一法都不可能實證；因爲在〈方便品〉中已經告訴我們了，我來唸給諸位聽：「是諸比丘、比丘尼自謂已得阿羅漢，是最後身，究竟涅槃，便不復志求阿耨多羅三藐三菩提，當知此輩皆是增上慢人。所以者何？若有比丘實得阿羅漢，若不信此法，無有是處。」換句話說，《妙法蓮華經》〈方便品〉第二之中，就已經告訴我們了：假使有人是實證阿羅漢果的，他一定相信有「此經」妙法蓮華；如果他不信「此經」如來藏，就不可能證得阿羅漢果，一定是增上慢人。所以如果有人否定了「此經」

如來藏，而說他是阿羅漢，那麼他就是增上慢人，他一定是因中說果，是個大妄語人。當然，只懂得如來藏而證得阿羅漢果的人，如果不相信《華嚴經》講的成佛之道五十二個位階的內涵，縱使是大阿羅漢，同樣也是增上慢人。

第四點是最後一點：菩薩道是奮發有為的、是積極進取的，不是一般人想的老人才學佛，也不是一般人想的老了才要修行，所以是奮發的、是有為的、是積極而進取的，要以這樣的精神用來極力救護眾生；所以菩薩道的實修以及住持，都是應該要努力來幫助有緣人實證解脫果、佛菩提果。對於無緣實證的有情，我們應該要努力幫助他們發起菩薩性，就是要幫他們在佛菩提道的次法上面努力用心。換句話說，在六度波羅蜜多的前五度上面，要勸發他們努力去作。

前五度講的是布施、持戒、修忍、精進修行，而且還要再修靜慮的知見。也就是說，至少得要調伏自心與未到地定相應，否則證悟了也是白悟，不會有證轉的功德，這些就是實證「此經」之前應該要具足修學的次法。這些都修完而有成績了，他的菩薩性已經發起了，然後他修學般若這一度的時候，就不會生起煩惱，那他在實修般若的過程中，就能夠正確前進，最後得以實證。因此對於還沒有因緣實證的有情眾生，應該幫助他們發起菩薩性，這是我們也應該同時努力的事情，而不是消極的所謂老了才學佛。因此，普勸大眾應該要奮起努力來勤行菩薩道。

那麼在勤行菩薩道以後，第一次實證「妙法蓮華經」的時候，也就是《心經》的親證時。這就是說，得要轉依成功了才算是親證，如果只是知道般若的密意，但是轉依沒有成功，一天到晚想著：「**我悟了，你們大家都應該禮拜我。我開悟了，你們都應該供養我。我開悟了，我應該當老師了。**」所以好多人都還沒有證悟，而且是悟錯了，卻抱怨說：「**正覺同修會都不讓我出頭當老師。**」你都悟錯了，還想出頭？出頭不好，你若是出頭來，要能經得住砍；否則才一出頭，早就被砍掉了，根本經不起考驗。

這就是說，縱使他眞的知道般若密意，而且不是只知表相密意，也還是沒有開悟的人，因爲他沒有轉依成功，他的智慧和解脫功德不能在實證的狀況下運轉，顯示他還沒有證轉的功德。我們等一下再來誦一誦《心經》，看到底證轉是什麼功德？我先作一個提示：如果實證了，也轉依成功了，那麼《心經》才算是親證了，那時你誦起《心經》，你知道說：原來眞實心的實相境界裡面沒有一切法，沒有名聞，沒有利養，乃至根本就沒有我的存在。這時怎麼還有一個我說：我要出去開宗立派，比你正覺更厲害。那就表示說，他對《心經》的轉依沒有成功，所以他不瞭解《心經》的內涵，不能依止於《心經》的內涵就表示他沒有親證，更不可能運轉《心經》的功德。因爲《心經》的境界是由於無一切法的緣故而得解脫，所以《心經》，大家是不是可以來誦一遍？我們一起來誦，好不好？其實應該請維那起腔。爲什麼我要請大家與我一起來誦？等一下諸位就會知道了，我就先起個腔，大家一起誦了

（大眾跟著平實導師一起大聲唸誦）：

「觀自在菩薩行深般若波羅蜜多時，照見五蘊皆空，度一切苦厄。舍利子！色不異空、空不異色，色即是空、空即是色；受想行識，亦復如是。舍利子！是諸法空相，不生不滅、不垢不淨、不增不減，是故空中無色，無受想行識；無眼耳鼻舌身意，無色聲香味觸法；無眼界，乃至無意識界；無無明亦無無明盡，乃至無老死亦無老死盡；無苦集滅道，無智亦無得。以無所得故，菩提薩埵依般若波羅蜜多故，心無罣礙；無罣礙故無有恐怖，遠離顚倒夢想、究竟涅槃。三世諸佛依般若波羅蜜多故，得阿耨多羅三藐三菩提；

故知般若波羅蜜多是大神咒，是大明咒，是無上咒，是無等等咒；能除一切苦，眞實不虛，故說般若波羅蜜多咒。即說咒曰：揭帝！揭帝！般羅揭帝！般羅僧揭帝！菩提薩婆訶！」

請問：有沒有一切法？（有人答：沒有）。沒有！證得《心經》——證得「此經」時，還說：「我最大，我最偉大，誰都要聽我的，你親教師講的也不對，我講的才對。」到底他有沒有證得《心經》？沒有啦！所以由事相上，你也可以看得到，實證者到底是怎麼回事？都是因爲他轉依成功，那才能叫作開悟。譬如證得阿羅漢果，不知道斷五個上分結是什麼內容，也不知道是如何斷的，那能叫作證？得要有那個實質，你得要能出三界（才算數）。結果竟然出三界的功德全部都無，繼續在欲界五欲中打混；連欲界都超脫不了，而說他證阿羅漢果，沒這個道理啊！同樣的道理談開悟，你證得「此經」以後，你要知道《妙法蓮華經》如來藏自住的境界之中，祂是完全無一切法的，連智慧也不存在。你開悟了，實相智慧卻仍存在，這才叫作親證。

可是，這個親證是般若波羅蜜多經的親證，我們講完了《妙法蓮華經》，這《妙法蓮華經》你實證了還是「此經」，同樣是《心經》這部經、《金剛經》

這部經；可是在《妙法蓮華經》中說的道理不完全一樣，有更多的函蓋面；所以你實證以後應該勤行菩薩道，不是要求出生死，不是要取無餘涅槃；等而下之，更不是爲了求自己在道場裡的世間法利益或者權位。從這個地方著眼，就知道我們親證「此經」妙法蓮華之後，是應該要行菩薩道，而不應該像阿羅漢一樣，想藉著親證「此經」去取無餘涅槃，所以我說應該有這樣的「妙法蓮華《心經》」的受持。現在請諸位依如來藏「妙法蓮華」的境界來誦這部我改寫的「妙法蓮華《心經》」，請歐老師把它放映出來。來！大家一起再來誦一遍：

「觀世音菩薩行深般若波羅蜜多時，照見五蘊皆空，度一切苦厄。舍利子！色不異空、空不異色，色即是空、空即是色；受想行識，亦復如是。舍利子！是諸法空相，不生不滅、不垢不淨、不增不減，是故空中有色，有受想行識；有眼耳鼻舌身意，有色聲香味觸法；有眼界，乃至有意識界；有無明亦有無明盡，乃至有老死亦有老死盡；有苦集滅道，有智亦有得。以有所得故，菩提薩埵依般若波羅蜜多故，心無罣礙；無罣礙故無有恐怖，遠離顛倒夢想、究竟涅槃。三世諸佛依般若波羅蜜多故，得阿耨多羅三藐三菩提；

故知般若波羅蜜多是大神咒，是大明咒，是無上咒，是無等等咒；能除一切苦，眞實不虛，故說般若波羅蜜多咒。即說咒曰：揭帝！揭帝！般羅揭帝！般羅僧揭帝！菩提薩婆訶！」

太美妙了！如此才是眞正在行菩薩道的人；回到《妙法蓮華經》來看《心經》的時候就應當如此，這意思就是說，證悟以後不應該只求自己的涅槃安樂，應當廣求眾生的離苦，所以從《般若波羅蜜多心經》的本來自性清淨涅槃境界中，還得要起心、要動念，來觀察空性如來藏恆恆時、常常時都具有一切法，這時無妨五蘊具足、十八界具足、三十七道品具足，這樣來觀察世間的眾生都有無明，而觀察自己也還有尚未斷盡的無明，同時也有已斷無明的智慧；像這樣子，依於無所得法的「妙法蓮華心」作爲依止，再以有所得的實相智慧和解脫智慧作爲方便，依止於無所得、無智慧、本來解脫的「妙法蓮華」眞如心，仗著十無盡願的增上意樂，永無休止地以普賢十大願王的作意，盡未來際一一來實行，這樣才是眞正實行〈普賢菩薩勸發品〉的菩薩摩訶薩。得要如此雙照空有二邊而處中道，勤行菩薩道，最後才能遊盡普賢身，而能進入一生補處　彌勒菩薩的大寶樓閣中，獲得一切佛法的寶藏，這時才能成爲一生補處菩薩。

由於這個緣故，受持《妙法蓮華經》以後就應該不一樣，所以我們依《妙法蓮華經》來受持《心經》時，是應該怎麼樣受持？重新拉到剛才我爲諸位改寫的《心經》來：「**觀世音菩薩行深般若波羅蜜多的時候，照見了五蘊皆空，度過一切苦厄。**」這是告訴你要從有入空，因爲以事相上的觀世音菩薩來說，而不是以觀自在菩薩來說的時候，這是從你的五蘊身，從你的十八界法中，當你行於深般若波羅蜜多時，是依止於「**此經**」眞如心來看一切法皆空，沒有一切法的存在，此時只剩下「**此經**」妙法蓮華如來藏，就沒有一切法可言，所以「**照見五蘊皆空**」；五蘊既空就沒有生死，於智慧上也就度過一切苦厄。這是從有入空，從三界有之間轉依於空性心如來藏妙眞如心。在空性心如來藏自己的境界中沒有一切法可得，所以《般若波羅蜜多心經》，是從沒有色陰開始，一直到沒有三十七道品，沒有智慧也沒有所得，這是證悟時的從有入空。

可是接下來說：「舍利子！色不異空、空不異色，色即是空、空即是色；受想行識，亦復如是。」是告訴你說，五蘊雖然是空相，十八界雖然是空相，但五蘊十八界其實不異於如來藏，因爲五蘊本來就是如來藏中的一部分，怎麼可以說這不是如來藏呢？這是告訴大家說，你從有入空以後，接著要再從空入假，就是從空性妙法蓮華心的境界轉入五蘊十八界來看待五蘊的自己，說五蘊等不異於空性心如來藏，但這時空性心如來藏所生的五蘊等已經是假有，不是眞實有。悟前是眞實有，愛惜得不得了，悟了以後知道說這是假有，所以你是從空性如來藏中，從「妙法蓮華經」眞如心中，轉入於假有的五蘊中繼續行菩薩道，就不會急著想要入無餘涅槃。

接著：「舍利子！是諸法空相，不生不滅、不垢不淨、不增不減，是故空中有色。」空性如來藏妙法之中有色法，就是有你的色蘊等十一法；除非你入了無餘涅槃，只要你在色界跟欲界之中，在你的空性心如來藏——「妙法蓮華經」之中，就是有五色根及六塵等色蘊，有色蘊同時就一定有受想行識四蘊。有了這五蘊，你就了知自己眼耳鼻舌身意這六根，你的空性心「妙法蓮華」之中，同時也就有色聲香味觸法這六塵，同時就有眼界的功能、眼識界的功能，乃至意根界與意識界的功能；而你有十八界、有五蘊，就可以看得見眾生都有無明，而菩薩都有無明可以把它斷盡，乃至於有老死、也有老死可以滅盡，確實有苦集滅道可修，確實有解脫的智慧，而且這個智慧也確實是可以親證的。

這一段告訴大家，你悟後觀察深細、智慧增上以後，得要從空入假而不該求入無餘涅槃，從空入假之後是可以生起智慧的。這時你要用這個智慧雙照空、假二邊，也就是說，你要能藉假有五蘊來看見世間確實是有五蘊，有十八界，有無明，也有無明可以斷盡，有老死、也有老死可以滅盡，有苦集滅道可修，也有苦集滅道實證的智慧，而且這個智慧也是可得的。你從空入假來照見世間，印證確實有這一些修道的過程和內涵，都是眞的存在世間，你可以親自去體驗它；這就是你從空入假之後，一一去加以觀察而應該生起的觀照般若。

接著：「以有所得故，菩提薩埵依般若波羅蜜多故，心無罣礙；無罣礙故無有恐怖，遠離顚倒夢想、究竟涅槃。」因爲有這個雙照空有的智慧被你證得了，有智慧時就是有所得；有所得之後，這個智慧是你的五蘊所得，但是「妙法蓮華」眞如心本身依舊是《心經》自己的境界而無所得；那麼你現在已經雙照空假：從有入空，從空入假，然後雙照空假二邊的時候，你因爲這個智慧的所得、解脫的所得，所以你依這個般若波羅蜜多——實相智慧到彼岸，當然心中沒有罣礙了。所以證悟之後捨報時，乃至連坐也沒辦法坐了，躺在床上就跟大家揮揮手說：「再見！下一世再見了！」就這麼走人了，心無罣礙，因爲未來世你還會遇到正法，再度回到親證的菩薩道中。由於沒有罣礙的緣故，你心中就沒有恐怖了，顚倒夢想就遠離你了，於是你可以生生世世如此進修而在最後「究竟涅槃」。

這裡要附帶幾句話，你們誦《心經》時的斷句都不對，應該請柯老師找個機會重錄一下，把正確斷句的誦《心經》調子錄起來，然後請推廣組去製作出來給大家。回到「妙法蓮華《心經》」的眞實義來說，這時就是雙照空假二邊，已經離開有了，離開三界有而雙照空假二邊的時候，卻發覺行菩薩道時不能離開五蘊十八界這個三界有，所以就依於這個三界有，住於中道，雙照空與假二邊；這時你對空性如來藏妙法蓮華看得很清楚，但是五蘊十八界這邊，你也看得很清楚，了知這全部都是假法。但空性與假法無妨繼續同時存在，而你住於中道不墮空、假等二邊，這時對於空邊、假邊都不取也不捨，這就是我在改寫的這一段經文中要告訴大家的道理，因爲菩薩行道必須這樣修行才能在最後「究竟涅槃」。

接著說：「三世諸佛依般若波羅蜜多故，得阿耨多羅三藐三菩提；故知般若波羅蜜多是大神咒，是大明咒，是無上咒，是無等等咒；能除一切苦，眞實不虛，故說般若波羅蜜多咒。」這就是說，三世諸佛依於般若波羅蜜多—實相智慧到彼岸—的緣故，才能受持《妙法蓮華經》眞如心，最後才能得到無上正等正覺。那麼《般若波羅蜜多心經》的實證是入門，可是付諸於實行，要依於「妙法蓮華《心經》」有一切諸法的不離空有二邊而付諸於實行，否則你沒有辦法成就佛道，這就是《妙法蓮華經》在告訴我們的道理。

所以受持《妙法蓮華經》的人，不許像阿羅漢一樣想要取無餘涅槃；你可以依現前的本來自性清淨涅槃，立志未來要取無住處涅槃，也就是永遠不入無餘涅槃。這就是《妙法蓮華經》告訴我們的道理，否則的話〈妙音菩薩來往品〉就白講了，那麼〈觀世音菩薩普門品〉也是白講了，普賢菩薩從東方那麼遙遠的世界來到這裡，這個〈普賢菩薩勸發品〉也是白講了；所以最後這三品不斷地在告訴我們，要依《般若波羅蜜多心經》的轉依成功，從「無一切法」之中進入假法五蘊等萬法中，這是從空性中進入假法萬有，再依於

《妙法蓮華經》不壞五陰十八界而住於中道。

所以說，三世諸佛同樣都是依於《般若波羅蜜多心經》親證的緣故而接著悟後起修，也就是依於「妙法蓮華」的《心經》繼續修行，最後才能得到無上正等正覺。可是《妙法蓮華經》的修行，卻得要依止於《般若波羅蜜多心經》的親證，所以說「故知般若波羅蜜多是大神咒，是大明咒，是無上咒，是無等等咒」，沒有任何一咒可以與它相比擬。所以《妙法蓮華經》的受持實修，要從《心經》的實證開始，因此說這部《心經》如來藏心能除一切苦，眞實不虛。接著就說了這《般若波羅蜜多心經》的咒，怎麼說呢：去吧！去吧！快去吧！趕快去吧！去到究竟解脫的彼岸，覺悟而圓滿。

然而，《心經》怎麼會是這個道理？對啊！就是去吧！去吧！快去吧！趕快去吧！去到究竟解脫的彼岸，覺悟而圓滿。這就是《心經》的咒。那《心經》這個咒究竟在告訴你什麼？這也就是《妙法蓮華經》裡面告訴大家的一部分。所以，當你們聽懂這一些法時，有人不由得就笑了起來，但是不敢太囂張，爲什麼不敢笑得太囂張？因爲不想要刺激人家。

所以《心經》的受持要從轉依開始：無一切法，一切法全部砍掉。可是你證悟時剛從一切有法裡面，入了這個《心經》無一切法境界中的時候，我們說你叫作從有入空，是剛剛進入空性中；然後你卻得再從空性中走出來，進入一切三界有裡面，但這時一切有已經不再是眞實有，而是生滅假有之法，這就是從空入假。但是，接著你還要繼續勤行菩薩道，那就是受持《妙法蓮華經》；所以受持《妙法蓮華經》時，不是只有受持《心經》空性境界而已，你得要依於 如來的教誨全部付諸於實行。歸結到《妙法蓮華經》的受持，卻得要從親證《心經》、轉依《心經》而開始，但是《心經》的內涵到底是什麼？就是：去吧！去吧！快去吧！趕快去吧！去到究竟解脫的彼岸，覺悟而圓滿。你得要這樣懂了，才可以說你眞的懂《心經》、懂佛法了。

所以，由於這個緣故，我們說雖然證得《心經》了，卻不應該一大到晚住於本來自性清淨涅槃之中，可是也不能離開本來自性清淨涅槃的空性境界，應該要雙照世間的生死和出世間的涅槃。也就是說，你必須要瞭解，實證如來藏以後，如何去受持、讀誦、如說修行《妙法蓮華經》，你必須要從有入空、從空入假，然後雙照二邊住於中道而不墮於二邊，也就是不離眞如心如來藏的本來解脫而示現有三界生死，不要畏懼生死；所以要永遠受持「此經」妙法蓮華如來藏，依於十無盡願，依於普賢十大願王而行，每一世都應當如同 普賢菩薩一樣，從東方出現而來到娑婆世界中。太陽沒有從西方升起的，對不對？要從東方升起來到娑婆，而這一世佛事已了，接著下一世還要繼續再從東方升起；要永遠從東方升起而投入娑婆世界中行道，然後又重新行於普賢行。這是不是成佛以後就可以停止了？不！成佛以後得要繼續如此，因爲十無盡願是包括佛地都要受持的。

像這樣才是眞正受持《妙法蓮華經》的菩薩摩訶薩，所以對於《妙法蓮華經》的所說，應當要「**正憶念**」，應當要確實「**解其義趣**」，還得要「**如說修行**」。正因爲這個緣故，所以《妙法蓮華經》本來就應該以〈普賢菩薩勸發品〉來圓滿。也就是說，受持《妙法蓮華經》的人，要世世猶如太陽一樣從東方出生作爲緣起，盡此一世如說修行而老死以後，下一世要繼續從東方出生，繼續同樣的緣起；所以實證了這二種《心經》以後，應該要歸結到普賢身和普賢行，這才是眞實義的菩薩，才是勝義菩薩；能夠世世都這樣作，你就不再是假名菩薩，不再是名義菩薩了。

可是如果有私心，得法以後還求世間利益：財色名食睡。或者不顧眾生的解脫，不顧眾生的法身慧命，只想求得一己得度，這樣的人就不能成為大乘勝義僧。如果悟了想要藉這個法來求自己的世間利益，也不是大乘勝義僧，因為他所謂的證，並不是眞正的證，因為他的所證沒有辦法運轉，不論解脫以及智慧都無法運轉，就是沒有轉依成功，那就不是眞實的證。那麼《妙法蓮華經》到這裡眞實的圓滿了，（大眾鼓掌…）我本來想，諸位是會嘆一口氣說：「終於圓滿了！」（大眾笑…）原來是很歡喜的接受這樣的圓滿，可見諸位眞是菩薩。

（《法華經講義》共二十五輯，至此講解圓滿。）

佛菩提二主要道次第概要表——二道並修，以外無別佛法

佛菩提道——大菩提道

十信位修集信心 —— 一劫乃至一萬劫

資糧位

初住位修集布施功德（以財施為主）。
二住位修集持戒功德。
三住位修集忍辱功德。
四住位修集精進功德。
五住位修集禪定功德。
六住位修集般若功德（熏習般若中觀及斷我見，加行位也）。

外門廣修六度萬行

七住位明心般若正觀現前，親證本來自性清淨涅槃。
八住位起於一切法現觀般若中道。漸除性障。
十住位眼見佛性，世界如幻觀成就。

一至十行位，於廣行六度萬行中，依般若中道慧，現觀陰處界猶如陽焰，至第十行滿心位，陽焰觀成就。

一至十迴向位熏習一切種智；修除性障，唯留最後一分思惑不斷。第十迴向滿心位成就菩薩道如夢觀。

內門廣修六度萬行

見道位

初地：第十迴向位滿心時，成就道種智一分（八識心王一一親證後，領受五法、三自性、七種第一義、七種性自性、二種無我法）復由勇發十無盡願，成通達位菩薩。復又永伏性障而不具斷，能證慧解脫而不取證，由大願故留惑潤生。此地主修法施波羅蜜多及百法明門。證「猶如鏡像」現觀，故滿初地心。

二地：初地功德滿足以後，再成就道種智一分而入二地；主修戒波羅蜜多及一切種智。滿心位成就「猶如光影」現觀，戒行自然清淨。

遠波羅蜜多

解脫道：二乘菩提

斷三縛結，成初果解脫
→ 薄貪瞋癡，成二果解脫
→ 斷五下分結，成三果解脫
→ 入地前的四加行令煩惱障現行悉斷，成四果解脫，留惑潤生。分段生死已斷，煩惱障習氣種子開始斷除，兼斷無始無明上煩惱。

近波羅蜜多　　大波羅蜜多　　圓滿波羅蜜多

修道位　　究竟位

三地：二地滿心再證道種智一分，故入三地。此地主修忍波羅蜜多及四禪八定、四無量心、五神通。能成就俱解脫果而不取證，留惑潤生。滿心位成就「猶如谷響」現觀及無漏妙定意生身。

四地：由三地再證道種智一分故入四地。主修精進波羅蜜多，於此土及他方世界廣度有緣，無有疲倦。進修一切種智，滿心位成就「如水中月」現觀。

五地：由四地再證道種智一分故入五地。主修禪定波羅蜜多及一切種智，斷除下乘涅槃貪。滿心位成就「變化所成」現觀。

六地：由五地再證道種智一分故入六地。此地主修般若波羅蜜多——依道種智現觀十二因緣一一有支及意生身化身，皆自心眞如變化所現，「非有似有」，成就細相觀，不由加行而自然證得滅盡定，成俱解脫大乘無學。

七地：由六地「非有似有」現觀，再證道種智一分故入七地。此地主修一切種智及方便波羅蜜多，由重觀十二有支一一支中之流轉門及還滅門一切細相，成就方便善巧，念念隨入滅盡定。滿心位證得「如犍闥婆城」現觀。

八地：由七地極細相觀成就故再證道種智一分而入八地。此地主修一切種智及願波羅蜜多。至滿心位純無相觀任運恆起，故於相土自在，滿心位復證「如實覺知諸法相意生身」故。

九地：由八地再證道種智一分故入九地。主修力波羅蜜多及一切種智，成就四無礙，滿心位證得「種類俱生無行作意生身」。

十地：由九地再證道種智一分故入此地。此地主修一切種智——智波羅蜜多。滿心位起大法智雲，及現起大法智雲所含藏種種功德，成受職菩薩。

等覺：由十地道種智成就故入此地。此地應修一切種智，圓滿等覺地無生法忍；於百劫中修集極廣大福德，以之圓滿三十二大人相及無量隨形好。

妙覺：示現受生人間已斷盡煩惱障一切習氣種子，並斷盡所知障一切隨眠，永斷變易生死無明，成就大般涅槃，四智圓明。人間捨壽後，報身常住色究竟天利樂十方地上菩薩；以諸化身利樂有情，永無盡期，成就究竟佛道。

七地滿心斷除故意保留之最後一分思惑時，煩惱障所攝色、受、想三陰有漏習氣種子全部斷盡。

→ 煩惱障所攝行、識二陰無漏習氣種子任運漸斷，所知障所攝上煩惱任運漸斷。

→ 斷盡變易生死
成就大般涅槃

圓滿成就究竟佛果

佛子蕭平實　謹製
（二〇〇九、〇二　修訂）
（二〇一二、〇二　增補）

佛教正覺同修會〈修學佛道次第表〉

第一階段

＊以憶佛及拜佛方式修習動中定力。
＊學第一義佛法及禪法知見。
＊無相拜佛功夫成就。
＊具備一念相續功夫—動靜中皆能看話頭。
＊努力培植福德資糧，勤修三福淨業。

第二階段

＊參話頭，參公案。
＊開悟明心，一片悟境。
＊鍛鍊功夫求見佛性。
＊眼見佛性〈餘五根亦如是〉親見世界如幻，成就如幻觀。
＊學習禪門差別智。
＊深入第一義經典。
＊修除性障及隨分修學禪定。
＊修證十行位陽焰觀。

第三階段

＊學一切種智真實正理—楞伽經、解深密經、成唯識論…。
＊參究末後句。
＊解悟末後句。
＊透牢關—親自體驗所悟末後句境界，親見實相，無得無失。
＊救護一切衆生迴向正道。護持了義正法，修證十迴向位如夢觀。
＊發十無盡願，修習百法明門，親證猶如鏡像現觀。
＊修除五蓋，發起禪定。持一切善法戒。親證猶如光影現觀。
＊進修四禪八定、四無量心、五神通。進修大乘種智，求證猶如谷響現觀。

佛教正覺同修會 共修現況 及 招生公告　2019/02/18

一、共修現況：(請在共修時間來電，以免無人接聽。)

台北正覺講堂 103 台北市承德路三段 277 號九樓 捷運淡水線圓山站旁 Tel..**總機** 02-25957295（晚上）（**分機：九樓**辦公室 10、11；知客櫃檯 12、13。 **十樓**知客櫃檯 15、16；書局櫃檯 14。 **五樓**辦公室 18；知客櫃檯 19。**二樓**辦公室 20；知客櫃檯 21。）Fax..25954493

第一講堂　台北市承德路三段 277 號九樓

禪淨班：週一晚班、週三晚班、週四晚班、週五晚班、週六下午班、週六上午班（共修期間二年半，全程免費。皆須報名建立學籍後始可參加共修，欲報名者詳見本公告末頁。）

進階班：週一晚班、週三晚班、週四晚班、週五晚班（禪淨班結業後轉入共修）。

增上班：瑜伽師地論詳解：每月單數週之週末 17.50～20.50。平實導師講解，2003 年 2 月開講至今，預計 2019 年圓滿，僅限已明心之會員參加。

禪門差別智：每月第一週日全天　平實導師主講（事冗暫停）。

不退轉法輪經詳解　本經所說妙法極爲甚深難解，時至末法，已然無有知者；而其甚深絕妙之法，流傳至今依舊多人可證，顯示佛法眞是義學而非玄談，其中甚深極妙令人拍案稱絕之第一義諦妙義。已於 2019 年元月底開講，由平實導師詳解。每逢周二晚上開講，第一至第六講堂都可同時聽聞，歡迎菩薩種性學人，攜眷共同參與此殊勝法會現場聞法，不限制聽講資格。本會學員憑上課證進入第一至第四講堂聽講，會外學人請以身分證件換證進入聽講（此爲大樓管理處安全管理規定之要求，敬請諒解）；第五及第六講堂（B1、B2）對外開放，不需出示任何證件，請由大樓側門直接進入。

第二講堂　台北市承德路三段 267 號十樓。

禪淨班：週一晚上班。

進階班：週三晚班、週四晚班、週五晚班、週六下午班。禪淨班結業後轉入共修。

不退轉法輪經詳解：平實導師講解。每週二 18.50~20.50 影像音聲即時傳輸

第三講堂　台北市承德路三段 277 號五樓。

禪淨班：週六下午班。

進階班：週一晚班、週三晚班、週四晚班、週五晚班。

不退轉法輪經詳解：平實導師講解。每週二 18.50~20.50 影像音聲即時傳輸

第四講堂　台北市承德路三段 267 號二樓。

進階班：週一晚上班、週三晚上班、週四晚上班（禪淨班結業後轉入共修）。

不退轉法輪經詳解：平實導師講解。每週二 18.50~20.50 影像音聲即時傳輸

第五、第六講堂

念佛班 每週日晚上，第六講堂共修（B2），一切求生極樂世界的三寶弟子皆可參加，不限制共修資格。

進階班：週一晚班、週三晚班、週四晚班。

不退轉法輪經詳解：平實導師講解。每週二 18.50~20.50 影像音聲即時傳輸。第五、第六講堂為**開放式講堂**，不需以身分證件換證即可進入聽講，台北市承德路三段 267 號地下一樓、地下二樓。每逢週二晚上講經時段開放給會外人士自由聽經，請由大樓側面梯階逕行進入聽講。**聽講者請尊重講者的著作權及肖像權，請勿錄音錄影，以免違法；若有錄音錄影被查獲者，將依法處理。**

正覺祖師堂 大溪區美華里信義路 650 巷坑底 5 之 6 號（台 3 號省道 34 公里處 妙法寺對面斜坡道進入）電話 03-3886110 傳真 03-3881692 本堂供奉 克勤圓悟大師，專供會員每年四月、十月各三次精進禪三共修，兼作本會出家菩薩掛單常住之用。除禪三時間以外，公元 2018 年前每逢單月第一週之週日 9:00~17:00 開放會內、外人士參訪，當天並提供午齋結緣，自公元 2019 年後開放參訪日期請參見本會公告。教內共修團體或道場，得另申請其餘時間作團體參訪，務請事先與常住確定日期，以便安排常住菩薩接引導覽，亦免妨礙常住菩薩之日常作息及修行。

桃園正覺講堂（第一、第二講堂）：桃園市介壽路 286、288 號 10 樓（陽明運動公園對面）電話：03-3749363(請於共修時聯繫，或與台北聯繫)

禪淨班：週一晚上班（1）、週一晚上班（2）、週三晚上班、週四晚上班、週五晚上班。

進階班：週四晚班、週五晚班、週六上午班。

增上班：雙週六晚上班（增上重播班）。

不退轉法輪經詳解：平實導師講解。每週二晚上，以台北正覺講堂所錄 DVD 放映；歡迎會外學人共同聽講，不需出示身分證件。

新竹正覺講堂 新竹市東光路 55 號二樓之一 電話 03-5724297（晚上）

第一講堂：

禪淨班：週一晚上班、週五晚上班、週六上午班。

進階班：週三晚上班、週四晚上班（由禪淨班結業後轉入共修）。

增上班：單週六晚上班。雙週六晚上班（重播班）。

不退轉法輪經詳解：平實導師講解。每週二晚上，以台北正覺講堂所錄 DVD 放映。歡迎會外學人共同聽講，不需出示身分證件。

第二講堂：

禪淨班：週三晚上班、週四晚上班。

不退轉法輪經詳解：每週二晚上與第一講堂同步播放講經 DVD。

第三、第四講堂：裝修完畢，即將開放。

台中正覺講堂　04-23816090（晚上）

第一講堂　台中市南屯區五權西路二段 666 號 13 樓之四（國泰世華銀行樓上。鄰近縣市經第一高速公路前來者，由五權西路交流道可以快速到達，大樓旁有停車場，對面有素食館）。

禪淨班：週三晚上班、週四晚上班。

進階班：週一晚上班、週六上午班（由禪淨班結業後轉入共修）。

增上班：增上班：單週六晚上班。雙週六晚上班（重播班）。

不退轉法輪經詳解：平實導師講解。每週二晚上，以台北正覺講堂所錄 DVD 放映。歡迎會外學人共同聽講，不需出示身分證件。

第二講堂　台中市南屯區五權西路二段 666 號 4 樓

禪淨班：週一晚上班、週三晚上班、週六上午班。

進階班：週五晚上班（由禪淨班結業後轉入共修）。

不退轉法輪經詳解：每週二晚上與第一講堂同步播放講經 DVD。

第三講堂、第四講堂：台中市南屯區五權西路二段 666 號 4 樓。

嘉義正覺講堂　嘉義市友愛路 288 號八樓之一　電話：05-2318228

第一講堂：

禪淨班：週一晚上班、週四晚上班、週五晚上班、週六上午班。

進階班：週三晚上班（由禪淨班結業後轉入共修）。

增上班：單週六晚上班。雙週六晚上班（重播班）。

不退轉法輪經詳解：平實導師講解。每週二晚上，以台北正覺講堂所錄 DVD 放映。歡迎會外學人共同聽講，不需出示身分證件。

第二講堂　嘉義市友愛路 288 號八樓之二。

台南正覺講堂

第一講堂　台南市西門路四段 15 號 4 樓。06-2820541（晚上）

禪淨班：週一晚上班、週三晚上班、週四晚上班、週五晚上班、週六下午班。

增上班：增上班：單週六晚上班。雙週六晚上班（重播班）。

不退轉法輪經詳解：平實導師講解。每週二晚上，以台北正覺講堂所錄 DVD 放映。歡迎會外學人共同聽講，不需出示身分證件。

第二講堂　台南市西門路四段 15 號 3 樓。

不退轉法輪經詳解：每週二晚上與第一講堂同步播放講經 DVD。

第三講堂　台南市西門路四段 15 號 3 樓。

進階班：週三晚上班、週四晚上班、週六上午班（由禪淨班結業後轉入共修）。

不退轉法輪經詳解：每週二晚上與第一講堂同步播放講經 DVD。

高雄正覺講堂　高雄市新興區中正三路 45 號五樓 07-2234248（晚上）

第一講堂（五樓）：

禪淨班：週一晚班、週三晚班、週四晚班、週五晚班、週六上午班。

增上班：單週週末下午，以台北增上班課程錄成 DVD 放映之，限已明心之會員參加。

不退轉法輪經詳解：平實導師講解。每週二晚上，以台北正覺講堂所錄 DVD 放映。歡迎會外學人共同聽講，不需出示身分證件。

第二講堂（四樓）：

進階班：週三晚上班、週四晚上班、週六上午班（由禪淨班結業後轉入共修）。

不退轉法輪經詳解：每週二晚上與第一講堂同步播放講經 DVD。

第三講堂（三樓）：

進階班：週四晚班（由禪淨班結業後轉入共修）。

香港正覺講堂　**☆已遷移新址☆**

九龍觀塘，成業街 10 號，電訊一代廣場 27 樓 E 室。

（觀塘地鐵站 B1 出口，步行約 4 分鐘）。電話：(852) 23262231

英文地址：Unit E，27th Floor, TG Place, 10 Shing Yip Street, Kwun Tong, Kowloon

禪淨班：雙週六下午班 14:30-17:30，已經額滿。

雙週日下午班 14:30-17:30。

單週六下午班 14:30-17:30，已經額滿。

進階班：雙週五晚上班（由禪淨班結業後轉入共修）。

增上班：單週週末上午，以台北增上班課程錄成 DVD 放映之。

增上重播班：雙週週末上午，以台北增上班課程錄成 DVD 放映之。

不退轉法輪經詳解：平實導師講解。雙週六 19:00-21:00，以台北正覺講堂所錄 DVD 放映；歡迎會外學人共同聽講，不需出示身分證件。

美國洛杉磯正覺講堂　**☆已遷移新址☆**

825 S. Lemon Ave Diamond Bar, CA 91789 U.S.A.

Tel. (909) 595-5222（請於週六 9:00~18:00 之間聯繫）

Cell. (626) 454-0607

禪淨班：每逢週末 15：30~17：30 上課。

進階班：每逢週末上午 10：00~12：00 上課。

不退轉法輪經詳解：平實導師講解。每週六下午 13：00~15：00 以台北所錄 DVD 放映。歡迎各界人士共享第一義諦無上法益，不需報名。

二、招生公告　本會台北講堂及全省各講堂、香港講堂，每逢四月、十月下旬開新班，每週共修一次（每次二小時。開課日起三個月內仍可插班）；但美國洛杉磯共修處之禪淨班得隨時插班共修。各班共修期間皆爲二年半，全程免費，欲參加者請向本會函索報名表（各共修處皆於共修時間方有人執事，非共修時間請勿電詢或前來洽詢、請書），或直接從本會官方網站(http://www.enlighten.org.tw/newsflash/class)或成佛之道網站下載報名表。共修期滿時，若經報名禪三審核通過者，可參加四天三夜之禪三精進共修，有機會明心、取證如來藏，發起般若實相智慧，成爲實義菩薩，脫離凡夫菩薩位。

三、新春禮佛祈福 農曆年假期間停止共修：自農曆新年前七天起停止共修與弘法，正月8日起回復共修、弘法事務。新春期間正月初一～初七9.00～17.00開放台北講堂、正月初一~初三開放桃園、新竹、台中、嘉義、台南、高雄講堂，以及大溪禪三道場（正覺祖師堂），方便會員供佛、祈福及會外人士請書。美國洛杉磯共修處之休假時間，請逕詢該共修處。

密宗四大派修雙身法，是外道性力派的邪法；又以生滅的識陰作為常住法，是常見外道，是假的藏傳佛教。

西藏覺囊巴以他空見弘揚第八識如來藏勝法，才是真藏傳佛教

佛教正覺同修會　弘法行事表

2019/02/18

1、**禪淨班**　以無相念佛及拜佛方式修習動中定力，實證一心不亂功夫。傳授解脫道正理及第一義諦佛法，以及參禪知見。共修期間：二年六個月。每逢四月、十月開新班，詳見招生公告表。

2、**進階班**　禪淨班畢業後得轉入此班，進修更深入的佛法，期能證悟明心。各地講堂各有多班，繼續深入佛法、增長定力，悟後得轉入增上班修學道種智，期能證得無生法忍。

3、**增上班 瑜伽師地論**詳解　詳解論中所言凡夫地至佛地等 17 師之修證境界與理論，從凡夫地、聲聞地……宣演到諸地所證無生法忍、一切種智之眞實正理。由平實導師開講，每逢一、三、五週之週末晚上開示，僅限已明心之會員參加。2003 年二月開講至今，預定 2019 年講畢。

4、**不退轉法輪經**詳解　本經所說妙法極爲甚深難解，時至末法，已然無有知者；而其甚深絕妙之法，流傳至今依舊多人可證，顯示佛法眞是義學而非玄談，其中甚深極妙令人拍案稱絕之第一義諦妙義。已於 2019 年元月底開講，由平實導師詳解。不限制聽講資格。

5、**精進禪三**　主三和尙：平實導師。於四天三夜中，以克勤圓悟大師及大慧宗杲之禪風，施設機鋒與小參、公案密意之開示，幫助會員剋期取證，親證不生不滅之眞實心——人人本有之如來藏。每年四月、十月各舉辦三個梯次；平實導師主持。僅限本會會員參加禪淨班共修期滿，報名審核通過者，方可參加。並選擇會中定力、慧力、福德三條件皆已具足之已明心會員，給以指引，令得眼見自己無形無相之佛性遍佈山河大地，眞實而無障礙，得以肉眼現觀世界身心悉皆如幻，具足成就如幻觀，圓滿十住菩薩之證境。

6、**阿含經**詳解　選擇重要之阿含部經典，依無餘涅槃之實際而加以詳解，令大眾得以現觀諸法緣起性空，亦復不墮斷滅見中，顯示經中所隱說之涅槃實際—如來藏—確實已於四阿含中隱說；令大眾得以聞後觀行，確實斷除我見乃至我執，證得**見到**眞現觀，乃至**身證**……等眞現觀；已得大乘或二乘見道者，亦可由此聞熏及聞後之觀行，除斷我所之貪著，成就慧解脫果。由平實導師詳解。不限制聽講資格。

7、**解深密經**詳解　重講本經之目的，在於令諸已悟之人明解大乘法道之成佛次第，以及悟後進修一切種智之內涵，確實證知三種自性性，並得據此證解七眞如、十眞如等正理。每逢週二 18.50~20.50 開示，由平實導師詳解。將於《**不退轉法輪經**》講畢後開講。不限制聽講資格。

8、**成唯識論**詳解　詳解一切種智眞實正理，詳細剖析一切種智之微細深妙廣大正理；並加以舉例說明，使已悟之會員深入體驗所證如來藏之微密行相；及證驗見分相分與所生一切法，皆由如來藏—阿賴耶識—直接或展轉而生，因此證知一切法無我，證知無餘涅槃之本際。將於增上班《瑜伽師地論》講畢後，由平實導師重講。僅限已明心之會員參加。

9、**精選如來藏系經典**詳解　精選如來藏系經典一部，詳細解說，以此完全印證會員所悟如來藏之眞實，得入不退轉住。另行擇期詳細解說之，由平實導師講解。僅限已明心之會員參加。

10、**禪門差別智**　藉禪宗公案之微細淆訛難知難解之處，加以宣說及剖析，以增進明心、見性之功德，啓發差別智，建立擇法眼。每月第一週日全天，由平實導師開示，僅限破參明心後，復又眼見佛性者參加（事冗暫停）。

11、**枯木禪**　先講智者大師的《小止觀》，後說《釋禪波羅蜜》，詳解四禪八定之修證理論與實修方法，細述一般學人修定之邪見與岔路，及對禪定證境之誤會，消除枉用功夫、浪費生命之現象。已悟般若者，可以藉此而實修初禪，進入大乘通教及聲聞教的三果心解脫境界，配合應有的大福德及後得無分別智、十無盡願，即可進入初地心中。親教師：平實導師。未來緣熟時將於正覺寺開講。不限制聽講資格。

註：本會例行年假，自 2004 年起，改爲每年農曆新年前七天開始停息弘法事務及共修課程，農曆正月 8 日回復所有共修及弘法事務。新春期間（每日 9.00~17.00）開放台北講堂，方便會員禮佛祈福及會外人士請書。大溪區的正覺祖師堂，開放參訪時間，詳見〈正覺電子報〉或成佛之道網站。本表得因時節因緣需要而隨時修改之，不另作通知。

佛教正覺同修會　贈閱書籍 目錄

2018/10/20

1.**無相念佛**　平實導師著　回郵 36 元
2.**念佛三昧修學次第**　平實導師述著　回郵 52 元
3.**正法眼藏—護法集**　平實導師述著　回郵 76 元
4.**真假開悟簡易辨正法＆佛子之省思**　平實導師著　回郵 26 元
5.**生命實相之辨正**　平實導師著　回郵 31 元
6.**如何契入念佛法門**（附：印順法師否定極樂世界）平實導師著　回郵 26 元
7.**平實書箋**—答元覽居士書　平實導師著　回郵 52 元
8.**三乘唯識**—如來藏系經律彙編　平實導師編　回郵 80 元
（精裝本　長 27 cm　寬 21 cm　高 7.5 cm　重 2.8 公斤）
9.**三時繫念全集**—修正本　回郵掛號 52 元（長 26.5 cm×寬 19 cm）
10.**明心與初地**　平實導師述　回郵 31 元
11.**邪見與佛法**　平實導師述著　回郵 36 元
12.**甘露法雨**　平實導師述　回郵 36 元
13.**我與無我**　平實導師述　回郵 36 元
14.**學佛之心態**—修正錯誤之學佛心態始能與正法相應　孫正德老師著　回郵52元
附錄：平實導師著《**略說八、九識並存…等之過失**》
15.**大乘無我觀**—《悟前與悟後》別說　平實導師述著　回郵 36 元
16.**佛教之危機**—中國台灣地區現代佛教之真相（附錄：公案拈提六則）
平實導師著　回郵 52 元
17.**燈　影**—燈下黑（覆「求教後學」來函等）　平實導師著　回郵 76 元
18.**護法與毀法**—覆上平居士與徐恒志居士網站毀法二文
張正圜老師著　回郵 76 元
19.**淨土聖道**—兼評**選擇本願念佛**　正德老師著　**由正覺同修會購贈** 回郵52 元
20.**辨唯識性相**—對「紫蓮心海《辯唯識性相》書中否定阿賴耶識」之回應
正覺同修會 台南共修處法義組 著　回郵52 元
21.**假如來藏**—對法蓮法師《如來藏與阿賴耶識》書中否定阿賴耶識之回應
正覺同修會 台南共修處法義組 著　回郵 76 元
22.**入不二門**—公案拈提集錦 第一輯（於平實導師公案拈提諸書中選錄約二十則，
合輯爲一冊流通之）平實導師著　回郵 52 元
23.**真假邪說**—西藏密宗索達吉喇嘛《破除邪說論》真是邪說
釋正安法師著　上、下冊回郵各 52 元
24.**真假開悟**—真如、如來藏、阿賴耶識間之關係　平實導師述著　回郵 76 元
25.**真假禪和**—辨正釋傳聖之謗法謬說　孫正德老師著　回郵 76 元
26.**眼見佛性**—駁慧廣法師**眼見佛性的含義**文中謬說
游正光老師著　回郵 52 元

27.**普門自在**—公案拈提集錦 第二輯（於平實導師公案拈提諸書中選錄約二十則，合輯爲一冊流通之）平實導師著　回郵 52 元

28.**印順法師的悲哀**—以現代禪的質疑為線索　恒毓博士著　回郵 52 元

29.**識蘊真義**　現觀識蘊內涵、取證初果、親斷三縛結之具體行門。

—依《成唯識論》及《唯識述記》正義，略顯安慧《大乘廣五蘊論》之邪謬

平實導師著　回郵 76 元

30.**正覺電子報**　各期紙版本　免附回郵　每次最多函索三期或三本。

（已無存書之較早各期，不另增印贈閱）

31.**現代人應有的宗教觀**　蔡正禮老師 著　回郵 31 元

32.**遠惑趣道**—正覺電子報般若信箱問答錄　第一輯　回郵 52 元

33.**遠惑趣道**—正覺電子報般若信箱問答錄　第二輯　回郵 52 元

34.**確保您的權益**—器官捐贈應注意自我保護　游正光老師 著　回郵 31 元

35.**正覺教團電視弘法三乘菩提 DVD 光碟（一）**

由正覺教團多位親教師共同講述錄製 DVD 8 片，MP3 一片，共 9 片。有二大講題：一爲「三乘菩提之意涵」，二爲「學佛的正知見」。內容精闢，深入淺出，精彩絕倫，幫助大眾快速建立三乘法道的正知見，免被外道邪見所誤導。有志修學三乘佛法之學人不可不看。（製作工本費 100 元，回郵 52 元）

36.**正覺教團電視弘法 DVD 專輯（二）**

總有二大講題：一爲「三乘菩提之念佛法門」，一爲「學佛正知見（第二篇）」，由正覺教團多位親教師輪番講述，內容詳細闡述如何修學念佛法門、實證念佛三昧，以及學佛應具有的正確知見，可以幫助發願往生西方極樂淨土之學人，得以把握往生，更可令學人快速建立三乘法道的正知見，免於被外道邪見所誤導。有志修學三乘佛法之學人不可不看。（一套 17 片，工本費 160 元。回郵 76 元）

37.**喇嘛性世界**—揭開假藏傳佛教譚崔瑜伽的面紗　張善思 等人合著

由正覺同修會購贈　回郵 52 元

38.**假藏傳佛教的神話**—性、謊言、喇嘛教　張正玄教授編著

由正覺同修會購贈　回郵 52 元

39.**隨 緣**—理隨緣與事隨緣　平實導師述　回郵 52 元。

40.**學佛的覺醒**　正枝居士 著　回郵 52 元

41.**導師之真實義**　蔡正禮老師 著　回郵 31 元

42.**淺談達賴喇嘛之雙身法**—兼論解讀「密續」之達文西密碼

吳明芷居士 著　回郵 31 元

43.**魔界轉世**　張正玄居士 著　回郵 31 元

44.**一貫道與開悟**　蔡正禮老師 著　回郵 31 元

45.**博愛**—愛盡天下女人　正覺教育基金會 編印　回郵 36 元

46.**意識虛妄經教彙編**—實證解脱道的關鍵經文　正覺同修會編印　回郵 36 元

47.**邪箭囈語**—破斥藏密外道多識仁波切《破魔金剛箭雨論》之邪說

陸正元老師著　上、下冊回郵各 52 元

48.**真假沙門**—依 佛聖教闡釋佛教僧寶之定義

蔡正禮老師著　俟正覺電子報連載後結集出版

49.**真假禪宗**—藉評論釋性廣《印順導師對變質禪法之批判

及對禪宗之肯定》以顯示真假禪宗

附論一：凡夫知見 無助於佛法之信解行證

附論二：世間與出世間一切法皆從如來藏實際而生而顯

余正偉老師著　俟正覺電子報連載後結集出版　回郵未定

★ 上列贈書之郵資，係台灣本島地區郵資，大陸、港、澳地區及外國地區，請另計酌增（大陸、港、澳、國外地區之郵票不許通用）。尚未出版之書，請勿先寄來郵資，以免增加作業煩擾。

★ 本目錄若有變動，唯於後印之書籍及「成佛之道」網站上修正公佈之，不另行個別通知。

函索書籍請寄：佛教正覺同修會　103 台北市承德路 3 段 277 號 9 樓
台灣地區函索書籍者請附寄郵票，無時間購買郵票者可以等值現金抵用，但不接受郵政劃撥、支票、匯票。大陸地區得以人民幣計算，國外地區請以美元計算（請勿寄來當地郵票，在台灣地區不能使用）。欲以掛號寄遞者，請另附掛號郵資。

親自索閱：正覺同修會各共修處。　★請於共修時間前往取書，餘時無人在道場，請勿前往索取；共修時間與地點，詳見書末正覺同修會共修現況表（以近期之共修現況表為準）。

註：正智出版社發售之局版書，請向各大書局購閱。若書局之書架上已經售出而無陳列者，請向書局櫃台指定洽購；若書局不便代購者，請於正覺同修會共修時間前往各共修處請購，正智出版社已派人於共修時間送書前往各共修處流通。 郵政劃撥購書及 大陸地區 購書，請詳別頁正智出版社發售書籍目錄最後頁之說明。

成佛之道 網站：http://www.a202.idv.tw　正覺同修會已出版之結緣書籍，多已登載於 成佛之道 網站，若住外國、或住處遙遠，不便取得正覺同修會贈閱書籍者，可以從本網站閱讀及下載。　書局版之《宗通與說通》亦已上網，台灣讀者可向書局洽購，售價 300 元。《狂密與眞密》第一輯~第四輯，亦於 2003.5.1.全部於本網站登載完畢；台灣地區讀者請向書局洽購，每輯約 400 頁，售價 300 元（網站下載紙張費用較貴，容易散失，難以保存，亦較不精美）。

＊＊假藏傳佛教修雙身法，非佛教＊＊

正智出版社 籌募弘法基金發售書籍目錄 2019/07/03

1.**宗門正眼**—公案拈提 第一輯 重拈 平實導師著 500 元
因重寫內容大幅度增加故，字體必須改小，並增爲 576 頁 主文 546 頁。比初版更精彩、更有內容。初版《禪門摩尼寶聚》之讀者，可寄回本公司免費調換新版書。免附回郵，亦無截止期限。（2007 年起，每冊附贈本公司精製公案拈提〈超意境〉CD 一片。市售價格 280 元，多購多贈。）

2.**禪淨圓融** 平實導師著 200 元（第一版舊書可換新版書。）

3.**真實如來藏** 平實導師著 400 元

4.**禪—悟前與悟後** 平實導師著 上、下冊，每冊 250 元

5.**宗門法眼**—公案拈提 第二輯 平實導師著 500 元
（2007 年起，每冊附贈本公司精製公案拈提〈超意境〉CD 一片）

6.**楞伽經詳解** 平實導師著 全套共 10 輯 每輯 250 元

7.**宗門道眼**—公案拈提 第三輯 平實導師著 500 元
（2007 年起，每冊附贈本公司精製公案拈提〈超意境〉CD 一片）

8.**宗門血脈**—公案拈提 第四輯 平實導師著 500 元
（2007 年起，每冊附贈本公司精製公案拈提〈超意境〉CD 一片）

9.**宗通與說通**—成佛之道 平實導師著 主文 381 頁 全書 400 頁售價 300 元

10.**宗門正道**—公案拈提 第五輯 平實導師著 500 元
（2007 年起，每冊附贈本公司精製公案拈提〈超意境〉CD 一片）

11.**狂密與真密 一～四輯** 平實導師著 西藏密宗是人間最邪淫的宗教，本質不是佛教，只是披著佛教外衣的印度教性力派流毒的喇嘛教。此書中將西藏密宗密傳之男女雙身合修樂空雙運所有祕密與修法，毫無保留完全公開，並將全部喇嘛們所不知道的部分也一併公開。內容比大辣出版社喧騰一時的《西藏慾經》更詳細。並且函蓋藏密的所有祕密及其錯誤的中觀見、如來藏見……等，藏密的所有法義都在書中詳述、分析、辨正。每輯主文三百餘頁 每輯全書約 400 頁 售價每輯 300 元

12.**宗門正義**—公案拈提 第六輯 平實導師著 500 元
（2007 年起，每冊附贈本公司精製公案拈提〈超意境〉CD 一片）

13.**心經密意**—心經與解脫道、佛菩提道、祖師公案之關係與密意 平實導師述 300 元

14.**宗門密意**—公案拈提 第七輯 平實導師著 500 元
（2007 年起，每冊附贈本公司精製公案拈提〈超意境〉CD 一片）

15.**淨土聖道**—兼評「選擇本願念佛」 正德老師著 200 元

16.**起信論講記** 平實導師述著 共六輯 每輯三百餘頁 售價各 250 元

17.**優婆塞戒經講記** 平實導師述著 共八輯 每輯三百餘頁 售價各 250 元

18.**真假活佛**—略論附佛外道盧勝彥之邪說（對前岳靈犀網站主張「盧勝彥是證悟者」之修正） 正犀居士（岳靈犀）著 流通價 140 元

19.**阿含正義**—唯識學探源 平實導師著 共七輯 每輯 300 元

20.**超意境** CD 以平實導師公案拈提書中超越意境之頌詞，加上曲風優美的旋律，錄成令人嚮往的超意境歌曲，其中包括正覺發願文及平實導師親自譜成的黃梅調歌曲一首。詞曲雋永，殊堪翫味，可供學禪者吟詠，有助於見道。內附設計精美的彩色小冊，解說每一首詞的背景本事。每片 280 元。【每購買公案拈提書籍一冊，即贈送一片。】

21.**菩薩底憂鬱** CD 將菩薩情懷及禪宗公案寫成新詞，並製作成超越意境的優美歌曲。 1.主題曲〈菩薩底憂鬱〉，描述地後菩薩能離三界生死而迴向繼續生在人間，但因尚未斷盡習氣種子而有極深沈之憂鬱，非三賢位菩薩及二乘聖者所知，此憂鬱在七地滿心位方才斷盡；本曲之詞中所說義理極深，昔來所未曾見；此曲係以優美的情歌風格寫詞及作曲，聞者得以激發嚮往諸地菩薩境界之大心，詞、曲都非常優美，難得一見；其中勝妙義理之解說，已印在附贈之彩色小冊中。 2.以各輯公案拈提中直示禪門入處之頌文，作成各種不同曲風之超意境歌曲，值得玩味、參究；聆聽公案拈提之優美歌曲時，請同時閱讀內附之印刷精美說明小冊，可以領會超越三界的證悟境界；未悟者可以因此引發求悟之意向及疑情，眞發菩提心而邁向求悟之途，乃至因此眞實悟入般若，成眞菩薩。 3.正覺總持咒新曲，總持佛法大意；總持咒之義理，已加以解說並印在隨附之小冊中。本 CD 共有十首歌曲，長達 63 分鐘。每盒各附贈二張購書優惠券。每片 280 元。

22.**禪意無限** CD 平實導師以公案拈提書中偈頌寫成不同風格曲子，與他人所寫不同風格曲子共同錄製出版，幫助參禪人進入禪門超越意識之境界。盒中附贈彩色印製的精美解說小冊，以供聆聽時閱讀，令參禪人得以發起參禪之疑情，即有機會證悟本來面目而發起實相智慧，實證大乘菩提般若，能如實證知般若經中的眞實意。本 CD 共有十首歌曲，長達 69 分鐘，每盒各附贈二張購書優惠券。每片 280 元。

23.**我的菩提路**第一輯　釋悟圓、釋善藏等人合著　售價 300 元

24.**我的菩提路**第二輯　郭正益、張志成等人合著　售價 300 元

25.**我的菩提路**第三輯　王美伶等人合著　售價 300 元

26.**我的菩提路**第四輯　陳晏平等人合著　售價 300 元

27.**我的菩提路**第五輯　林慈慧等人合著　售價 300 元

28.**鈍鳥與靈龜**—考證後代凡夫對大慧宗杲禪師的無根誹謗。

平實導師著 共 458 頁 售價 350 元

29.**維摩詰經講記** 平實導師述 共六輯 每輯三百餘頁 售價各 250 元

30.**真假外道**—破劉東亮、杜大威、釋證嚴常見外道見　正光老師著　200 元

31.**勝鬘經講記**—兼論印順《勝鬘經講記》對於《勝鬘經》之誤解。

平實導師述　共六輯　每輯三百餘頁　售價 250 元

32.**楞嚴經講記** 平實導師述 共 **15** 輯，每輯三百餘頁 售價 300 元

33.**明心與眼見佛性**—駁慧廣〈蕭氏「眼見佛性」與「明心」之非〉文中謬說
正光老師著　共448頁　售價300元
34.**見性與看話頭**　黃正倖老師 著，本書是禪宗參禪的方法論。
內文375頁，全書416頁，售價300元。
35.**達賴真面目**—玩盡天下女人 白正偉老師 等著 中英對照彩色精裝大本 800元
36.**喇嘛性世界**—揭開假藏傳佛教譚崔瑜伽的面紗　張善思 等人著　200元
37.**假藏傳佛教的神話**—性、謊言、喇嘛教　正玄教授編著　200元
38.**金剛經宗通**　平實導師述　共九輯　每輯售價250元。
39.**空行母**—性別、身分定位，以及藏傳佛教。
珍妮·坎貝爾著 呂艾倫 中譯 售價250元
40.**末代達賴**—性交教主的悲歌　張善思、呂艾倫、辛燕編著 售價250元
41.**霧峰無霧**—給哥哥的信　辨正釋印順對佛法的無量誤解
游宗明 老師著　售價250元
42.**第七意識與第八意識？**—穿越時空「超意識」
平實導師述　每冊300元
43.**黯淡的達賴**—失去光彩的諾貝爾和平獎
正覺教育基金會編著　每冊250元
44.**童女迦葉考**—論呂凱文〈佛教輪迴思想的論述分析〉之謬。
平實導師 著　定價180元
45.**人間佛教**—實證者必定不悖三乘菩提
平實導師 述，定價400元
46.**實相經宗通**　平實導師述　共八輯　每輯250元
47.**真心告訴您(一)**—達賴喇嘛在幹什麼？
正覺教育基金會編著　售價250元
48.**中觀金鑑**—詳述應成派中觀的起源與其破法本質
孫正德老師著　分為上、中、下三冊，每冊250元
49.**藏傳佛教要義**—《狂密與真密》之簡體字版　平實導師 著 上、下冊
僅在大陸流通　每冊300元
50.**法華經講義**　平實導師述　共二十五輯　每輯300元
已於2015/05/31起開始出版，每二個月出版一輯
51.**西藏「活佛轉世」制度**—附佛、造神、世俗法
許正豐、張正玄老師合著　定價150元
52.**廣論三部曲**　郭正益老師著　定價150元
53.**真心告訴您(二)**—達賴喇嘛是佛教僧侶嗎？
—補祝達賴喇嘛八十大壽
正覺教育基金會編著　售價300元
54.**次法**—實證佛法前應有的條件
張善思居士著　分為上、下二冊，每冊250元
55.**涅槃**—解說四種涅槃之實證及內涵　平實導師著 上、下冊 各350元
56.**山法**—西藏關於他空與佛藏之根本論

篤補巴．喜饒堅贊著　　傑弗里．霍普金斯英譯
張火慶教授、張志成、呂艾倫等中譯　精裝大本 1200 元

57.**假鋒虛焰金剛乘**—揭示顯密正理，兼破索達吉師徒《般若鋒兮金剛焰》
釋正安法師著 簡體字版 即將出版 售價未定

58.**廣論之平議**—宗喀巴《菩提道次第廣論》之平議　正雄居士著
約二或三輯　俟正覺電子報連載後結集出版　書價未定

59.**救護佛子向正道**—對印順法師中心思想之綜合判攝
游宗明老師著　書價未定

60.**菩薩學處**—菩薩四攝六度之要義　陸正元老師著　出版日期未定。

61.**八識規矩頌**詳解　○○居士 註解　出版日期另訂　書價未定。

62.**印度佛教史**—法義與考證。依法義史實評論印順《印度佛教思想史、佛教史地考論》之謬說　正偉老師著　出版日期未定　書價未定

63.**中國佛教史**—依中國佛教正法史實而論。○○老師 著　書價未定。

64.**中論正義**—釋龍樹菩薩《中論》頌正理。
孫正德老師著　出版日期未定　書價未定

65.**中觀正義**—註解平實導師《中論正義頌》。
○○法師（居士）著　出版日期未定　書價未定

66.**佛藏經講記**　平實導師述　於 2019 年 7 月 31 日開始出版　共 21 輯，每二個月出版一輯，每輯 300 元。

67.**阿含經講記**—將選錄四阿含中數部重要經典全經講解之，講後整理出版。
平實導師述　約二輯　每輯 300 元　出版日期未定

68.**寶積經講記**　平實導師述　每輯三百餘頁 優惠價 300 元 出版日期未定

69.**解深密經講記**　平實導師述 約四輯　將於重講後整理出版

70.**成唯識論略解**　平實導師著　五～六輯　每輯300 元　出版日期未定

71.**修習止觀坐禪法要講記**　平實導師述　每輯三百餘頁
將於正覺寺建成後重講、以講記逐輯出版　出版日期未定

72.**無門關**—《無門關》公案拈提　平實導師著　出版日期未定

73.**中觀再論**—兼述印順《中觀今論》謬誤之平議。正光老師著 出版日期未定

74.**輪迴與超度**—佛教超度法會之真義。
○○法師（居士）著　出版日期未定　書價未定

75.**《釋摩訶衍論》平議**—對偽稱龍樹所造《釋摩訶衍論》之平議
○○法師（居士）著　出版日期未定　書價未定

76.**正覺發願文**註解—以真實大願為因 得證菩提
正德老師著　出版日期未定　書價未定

77.**正覺總持咒**—佛法之總持　正圜老師著　出版日期未定　書價未定

78.**三自性**—依四食、五蘊、十二因緣、十八界法，說三性三無性。
作者未定　出版日期未定

79.**道品**—從三自性說大小乘三十七道品　作者未定　出版日期未定

80.**大乘緣起觀**—依四聖諦七真如現觀十二緣起 作者未定　出版日期未定

81.**三德**—論解脫德、法身德、般若德。　作者未定　出版日期未定

82.**真假如來藏**—對印順《如來藏之研究》謬說之平議　作者未定 出版日期未定
83.**大乘道次第**　　作者未定　出版日期未定　書價未定
84.**四緣**—依如來藏故有四緣。　作者未定　出版日期未定
85.**空之探究**—印順《空之探究》謬誤之平議　作者未定 出版日期未定
86.**十法義**—論阿含經中十法之正義　　作者未定　出版日期未定
87.**外道見**—論述外道六十二見　　作者未定　　出版日期未定

正智出版社有限公司　書籍介紹

禪淨圓融：言淨土諸祖所未曾言，示諸宗祖師所未曾示；禪淨圓融，另闢成佛捷徑，兼顧自力他力，闡釋淨土門之速行易行道，亦同時揭櫫聖教門之速行易行道；令廣大淨土行者得免緩行難證之苦，亦令聖道門行者得以藉著淨土速行道而加快成佛之時劫。乃前無古人之超勝見地，非一般弘揚禪淨法門典籍也，先讀為快。平實導師著　200元。

宗門正眼—公案拈提第一輯：繼承克勤圜悟大師碧巖錄宗旨之禪門鉅作。先則舉示當代大法師之邪說，消弭當代禪門大師鄉愿之心態，摧破當今禪門「世俗禪」之妄談；次則旁通教法，表顯宗門正理；繼以道之次第，消弭古今狂禪；後藉言語及文字機鋒，直示宗門入處。悲智雙運，禪味十足，數百年來難得一睹之禪門鉅著也。平實導師著　500元（原初版書《禪門摩尼寶聚》，改版後補充為五百餘頁新書，總計多達二十四萬字，內容更精彩，並改名為《宗門正眼》，讀者原購初版《禪門摩尼寶聚》皆可寄回本公司免費換新，免附回郵，亦無截止期限）（2007年起，凡購買公案拈提第一輯至第七輯，每購一輯皆贈送本公司精製公案拈提〈超意境〉CD一片，市售價格280元，多購多贈）。

禪—悟前與悟後：本書能建立學人悟道之信心與正確知見，圓滿具足而有次第地詳述禪悟之功夫與禪悟之內容，指陳參禪中細微淆訛之處，能使學人明自真心、見自本性。若未能悟入，亦能以正確知見辨別古今中外一切大師究係真悟？或屬錯悟？便有能力揀擇，捨名師而選明師，後時必有悟道之緣。一旦悟道，遲者七次人天往返，便出三界，速者一生取辦。學人欲求開悟者，不可不讀。　平實導師著。上、下冊共500元，單冊250元。

真實如來藏：如來藏眞實存在，乃宇宙萬有之本體，並非印順法師、達賴喇嘛等人所說之「唯有名相、無此心體」。如來藏是涅槃之本際，是一切有智之人竭盡心智、不斷探索而不能得之生命實相；是古今中外許多大師自以爲悟而當面錯過之生命實相。如來藏即是阿賴耶識，乃是一切有情本自具足、不生不滅之眞實心。當代中外大師於此書出版之前所未能言者，作者於本書中盡情流露、詳細闡釋。眞悟者讀之，必能增益悟境、智慧增上；錯悟者讀之，必能檢討自己之錯誤，免犯大妄語業；未悟者讀之，能知參禪之理路，亦能以之檢查一切名師是否眞悟。此書是一切哲學家、宗教家、學佛者及欲昇華心智之人必讀之鉅著。　平實導師著　售價400元。

宗門法眼—公案拈提第二輯：列舉實例，闡釋土城廣欽老和尚之悟處；並直示這位不識字的老和尚妙智橫生之根由，繼而剖析禪宗歷代大德之開悟公案，解析當代密宗高僧卡盧仁波切之錯悟證據，並例舉當代顯宗高僧、大居士之錯悟證據（凡健在者，爲免影響其名聞利養，皆隱其名）。藉辨正當代名師之邪見，向廣大佛子指陳禪悟之正道，彰顯宗門法眼。悲勇兼出，強捋虎鬚；慈智雙運，巧探驪龍；摩尼寶珠在手，直示宗門入處，禪味十足；若非大悟徹底，不能爲之。禪門精奇人物，允宜人手一冊，供作參究及悟後印證之圭臬。本書於2008年4月改版，增寫爲大約500頁篇幅，以利學人研讀參究時更易悟入宗門正法，以前所購初版首刷及初版二刷舊書，皆可免費換取新書。平實導師著　500元（2007年起，凡購買公案拈提第一輯至第七輯，每購一輯皆贈送本公司精製公案拈提〈超意境〉CD一片，市售價格280元，多購多贈）。

宗門道眼—公案拈提第三輯：繼宗門法眼之後，再以金剛之作略、慈悲之胸懷、犀利之筆觸，舉示寒山、拾得、布袋三大士之悟處，消弭當代錯悟者對於寒山大士……等之誤會及誹謗。　亦舉出民初以來與虛雲和尚齊名之蜀郡鹽亭袁煥仙夫子——南懷瑾老師之師，其「悟處」何在？並蒐羅許多眞悟祖師之證悟公案，顯示禪宗歷代祖師之睿智，指陳部分祖師、奧修及當代顯密大師之謬悟，作爲殷鑑，幫助禪子建立及修正參禪之方向及知見。假使讀者閱此書已，一時尚未能悟，亦可一面加功用行，一面以此宗門道眼辨別眞假善知識，避開錯誤之印證及歧路，可免大妄語業之長劫慘痛果報。欲修禪宗之禪者，務請細讀。平實導師著　售價500元（2007年起，凡購買公案拈提第一輯至第七輯，每購一輯皆贈送本公司精製公案拈提〈超意境〉CD一片，市售價格280元，多購多贈）。

楞伽經詳解：本經是禪宗見道者印證所悟眞僞之根本經典，亦是禪宗見道者悟後起修之依據經典；故達摩祖師於印證二祖慧可大師之後，將此經典連同佛缽祖衣一併交付二祖，令其依此經典佛示金言、進入修道位，修學一切種智。由此可知此經對於眞悟之人修學佛道，是非常重要之一部經典。此經能破外道邪說，亦破佛門中錯悟名師之謬說，亦破禪宗部分祖師之狂禪：不讀經典、一向主張「一悟即成究竟佛」之謬執。並開示愚夫所行禪、觀察義禪、攀緣如禪、如來禪等差別，令行者對於三乘禪法差異有所分辨；亦糾正禪宗祖師古來對於如來禪之誤解，嗣後可免以訛傳訛之弊。此經亦是法相唯識宗之根本經典，禪者悟後欲修一切種智而入初地者，必須詳讀。 平實導師著，全套共十輯，已全部出版完畢，每輯主文約320頁，每冊約352頁，定價250元。

宗門血脈—公案拈提第四輯：末法怪象—許多修行人自以爲悟，每將無念靈知認作眞實；崇尚二乘法諸師及其徒眾，則將外於如來藏之緣起性空—無因論之無常空、斷滅空、一切法空—錯認爲 佛所說之般若空性。這兩種現象已於當今海峽兩岸及美加地區顯密大師之中普遍存在；人人自以爲悟，心高氣壯，便敢寫書解釋祖師證悟之公案，大多出於意識思惟所得，言不及義，錯誤百出，因此誤導廣大佛子同陷大妄語之地獄業中而不能自知。彼等書中所說之悟處，其實處處違背第一義經典之聖言量。彼等諸人不論是否身披袈裟，都非佛法宗門血脈，或雖有禪宗法脈之傳承，亦只徒具形式；猶如螟蛉，非眞血脈，未悟得根本眞實故。禪子欲知 佛、祖之眞血脈者，請讀此書，便知分曉。平實導師著，主文452頁，全書464頁，定價500元（2007年起，凡購買公案拈提第一輯至第七輯，每購一輯皆贈送本公司精製公案拈提〈超意境〉CD一片，市售價格280元，多購多贈）。

宗通與說通：古今中外，錯誤之人如麻似粟，每以常見外道所說之靈知心，認作眞心；或妄想虛空之勝性能量爲眞如，或錯認物質四大元素藉冥性（靈知心本體）能成就吾人色身及知覺，或認初禪至四禪中之了知心爲不生不滅之涅槃心。此等皆非通宗者之見地。復有錯悟之人一向主張「宗門與教門不相干」，此即尚未通達宗門之人也。其實宗門與教門互通不二，宗門所證者乃是眞如與佛性，教門所說者乃說宗門證悟之眞如佛性，故教門與宗門不二。本書作者以宗教二門互通之見地，細說「宗通與說通」，從初見道至悟後起修之道、細說分明；並將諸宗諸派在整體佛教中之地位與次第，加以明確之教判，學人讀之即可了知佛法之梗概也。欲擇明師學法之前，允宜先讀。平實導師著，主文共381頁，全書392頁，只售成本價300元。

宗門正道—公案拈提第五輯：修學大乘佛法有二果須證—解脫果及大菩提果。二乘人不證大菩提果，唯證解脫果；此果之智慧，名為聲聞菩提、緣覺菩提。大乘佛子所證二果之菩提果為佛菩提，故名大菩提果，其慧名為一切種智—函蓋二乘解脫果。然此大乘二果修證，須經由禪宗之宗門證悟方能相應。而宗門證悟極難，自古已然；其所以難者，咎在古今佛教界普遍存在三種邪見：1.以修定認作佛法，2.以無因論之緣起性空—否定涅槃本際如來藏以後之一切法空作為佛法，3.以常見外道邪見（離語言妄念之靈知性）作為佛法。如是邪見，或因自身正見未立所致，或因邪師之邪教導所致，或因無始劫來虛妄熏習所致。若不破除此三種邪見，永劫不悟宗門真義、不入大乘正道，唯能外門廣修菩薩行。平實導師於此書中，有極為詳細之說明，有志佛子欲摧邪見、入於內門修菩薩行者，當閱此書。主文共496頁，全書512頁。售價500元（2007年起，凡購買公案拈提第一輯至第七輯，每購一輯皆贈送本公司精製公案拈提〈超意境〉CD一片，市售價格280元，多購多贈）。

狂密與真密：密教之修學，皆由有相之觀行法門而入，其最終目標仍不離顯教經典所說第一義諦之修證；若離顯教第一義經典、或違背顯教第一義經典，即非佛教。西藏密教之觀行法，如灌頂、觀想、遷識法、寶瓶氣、大聖歡喜雙身修法、喜金剛、無上瑜伽、大樂光明、樂空雙運等，皆是印度教兩性生生不息思想之轉化，自始至終皆以如何能運用交合淫樂之法達到全身受樂為其中心思想，純屬欲界五欲的貪愛，不能令人超出欲界輪迴，更不能令人斷除我見；何況大乘之明心與見性，更無論矣！故密宗之法絕非佛法也。而其明光大手印、大圓滿法教，又皆同以常見外道所說離語言妄念之無念靈知心錯認為佛地之真如，不能直指不生不滅之真如。西藏密宗所有法王與徒眾，都尚未開頂門眼，不能辨別真偽，以依人不依法、依密續不依經典故，不肯將其上師喇嘛所說對照第一義經典，純依密續之藏密祖師所說為準，因此而誇大其證德與證量，動輒謂彼祖師上師為究竟佛、為地上菩薩；如今台海兩岸亦有自謂其師證量高於 釋迦文佛者，然觀其師所述，猶未見道，仍在觀行即佛階段，尚未到禪宗相似即佛、分證即佛階位，竟敢標榜為究竟佛及地上法王，誑惑初機學人。凡此怪象皆是狂密，不同於真密之修行者。近年狂密盛行，密宗行者被誤導者極眾，動輒自謂已證佛地真如，自視為究竟佛，陷於大妄語業中而不知自省，反謗顯宗真修實證者之證量粗淺；或如義雲高與釋性圓…等人，於報紙上公然誹謗真實證道者為「騙子、無道人、人妖、癩蛤蟆…」等，造下誹謗大乘勝義僧之大惡業；或以外道法中有為有作之甘露、魔術……等法，誑騙初機學人，狂言彼外道法為真佛法。如是怪象，在西藏密宗及附藏密之外道中，不一而足，舉之不盡，學人宜應慎思明辨，以免上當後又犯毀破菩薩戒之重罪。密宗學人若欲遠離邪知邪見者，請閱此書，即能了知密宗之邪謬，從此遠離邪見與邪修，轉入真正之佛道。 平實導師著 共四輯 每輯約400頁（主文約340頁）每輯售價300元。

宗門正義—公案拈提第六輯：佛教有六大危機，乃是藏密化、世俗化、膚淺化、學術化、宗門密意失傳、悟後進修諸地之次第混淆；其中尤以宗門密意之失傳，爲當代佛教最大之危機。由宗門密意失傳故，易令 世尊本懷普被錯解，易令世尊正法被轉易爲外道法，以及加以淺化、世俗化，是故宗門密意之廣泛弘傳與具緣佛弟子，極爲重要。然而欲令宗門密意之廣泛弘傳予具緣之佛弟子者，必須同時配合錯誤知見之解析、普令佛弟子知之，然後輔以公案解析之直示入處，方能令具緣之佛弟子悟入。而此二者，皆須以公案拈提之方式爲之，方易成其功、竟其業，是故平實導師續作宗門正義一書，以利學人。 全書500餘頁，售價500元（2007年起，凡購買公案拈提第一輯至第七輯，每購一輯皆贈送本公司精製公案拈提〈超意境〉CD一片，市售價格280元，多購多贈）。

心經密意—心經與解脫道、佛菩提道、祖師公案之關係與密意。二乘菩提所證之解脫道，實依親證第八識心之斷除煩惱障現行而立解脫之名；大乘菩提所證之佛菩提道，實依親證第八識如來藏之涅槃性、清淨自性、及其中道性而立般若之名；禪宗祖師公案所證之眞心，即是此第八識如來藏；是故三乘佛法所修所證之三乘菩提，皆依此如來藏心而立名也。此第八識心，即是《心經》所說之心也。證得此如來藏已，即能漸入大乘佛菩提道，亦可因證知此心而了知二乘無學所不能知之無餘涅槃本際，是故《心經》之密意，與三乘佛菩提之關係極爲密切、不可分割，三乘佛法皆依此心而立名故。今者平實導師以其所證解脫道之無生智及佛菩提之般若種智，將《心經》與解脫道、佛菩提道、祖師公案之關係與密意，以演講之方式，用淺顯之語句和盤托出，發前人所未言，呈三乘菩提之眞義，令人藉此《心經密意》一舉而窺三乘菩提之堂奧，迴異諸方言不及義之說；欲求眞實佛智者、不可不讀！主文317頁，連同跋文及序文…等共384頁，售價300元。

宗門密意—公案拈提第七輯：佛教之世俗化，將導致學人以信仰作爲學佛，則將以感應及世間法之庇祐，作爲學佛之主要目標，不能了知學佛之主要目標爲親證三乘菩提。大乘菩提則以般若實相智慧爲主要修習目標，以二乘菩提解脫道爲附帶修習之標的；是故學習大乘法者，應以禪宗之證悟爲要務，能親入大乘菩提之實相般若智慧中故，般若實相智慧非二乘聖人所能知故。此書則以台灣世俗化佛教之三大法師，說法似是而非之實例，配合眞悟祖師之公案解析，提示證悟般若之關節，令學人易得悟入。平實導師著，全書五百餘頁，售價500元（2007年起，凡購買公案拈提第一輯至第七輯，每購一輯皆贈送本公司精製公案拈提〈超意境〉CD一片，市售價格280元，多購多贈）。

淨土聖道—兼評選擇本願念佛：佛法甚深極廣，般若玄微，非諸二乘聖僧所能知之，一切凡夫更無論矣！所謂一切證量皆歸淨土是也！是故大乘法中「聖道之淨土、淨土之聖道」，其義甚深，難可了知；乃至眞悟之人，初心亦難知也。今有正德老師眞實證悟後，復能深探淨土與聖道之緊密關係，憐憫眾生之誤會淨土實義，亦欲利益廣大淨土行人同入聖道，同獲淨土中之聖道門要義，乃振奮心神、書以成文，今得刊行天下。主文279頁，連同序文等共301頁，總有十一萬六千餘字，正德老師著，成本價200元。

起信論講記：詳解大乘起信論心生滅門與心眞如門之眞實意旨，消除以往大師與學人對起信論所說心生滅門之誤解，由是而得了知眞心如來藏之非常非斷中道正理；亦因此一講解，令此論以往隱晦而被誤解之眞實義，得以如實顯示，令大乘佛菩提道之正理得以顯揚光大；初機學者亦可藉此正論所顯示之法義，對大乘法理生起正信，從此得以眞發菩提心，眞入大乘法中修學，世世常修菩薩正行。平實導師演述，共六輯，都已出版，每輯三百餘頁，售價各250元。

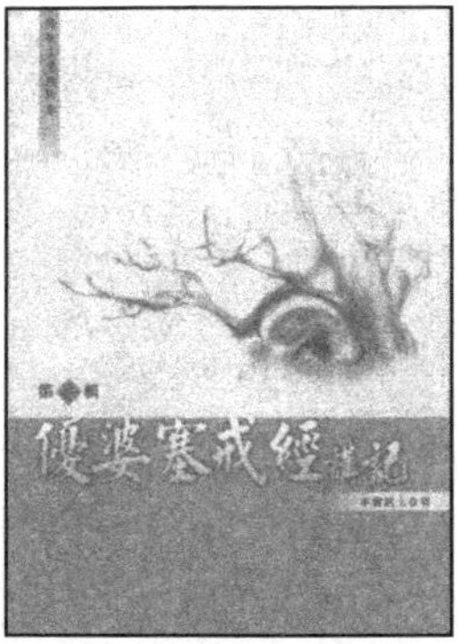

優婆塞戒經講記：本經詳述在家菩薩修學大乘佛法，應如何受持菩薩戒？對人間善行應如何看待？對三寶應如何護持？應如何正確地修集此世後世證法之福德？應如何修集後世「行菩薩道之資糧」？並詳述第一義諦之正義：五蘊非我非異我、自作自受、異作異受、不作不受……等深妙法義，乃是修學大乘佛法、行菩薩行之在家菩薩所應當了知者。出家菩薩今世或未來世登地已，捨報之後多數將如華嚴經中諸大菩薩，以在家菩薩身而修行菩薩行，故亦應以此經所述正理而修之，配合《楞伽經、解深密經、楞嚴經、華嚴經》等道次第正理，方得漸次成就佛道；故此經是一切大乘行者皆應證知之正法。　平實導師講述，每輯三百餘頁，售價各250元；共八輯，已全部出版。

真假活佛—略論附佛外道盧勝彥之邪說：人人身中都有眞活佛，永生不滅而有大神用，但衆生都不了知，所以常被身外的西藏密宗假活佛籠罩欺瞞。本來就眞實存在的眞活佛，才是眞正的密宗無上密！諾那活佛因此而說禪宗是大密宗，但藏密的所有活佛都不知道、也不曾實證自身中的眞活佛。本書詳實宣示眞活佛的道理，舉證盧勝彥的「佛法」不是眞佛法，也顯示盧勝彥是假活佛，直接的闡釋第一義佛法見道的眞實正理。眞佛宗的所有上師與學人們，都應該詳細閱讀，包括盧勝彥個人在內。正犀居士著，優惠價140元。

阿含正義—唯識學探源：廣說四大部《阿含經》諸經中隱說之眞正義理，一一舉示佛陀本懷，令阿含時期初轉法輪根本經典之眞義，如實顯現於佛子眼前。並提示末法大師對於阿含眞義誤解之實例，一一比對之，證實唯識增上慧學確於原始佛法之阿含諸經中已隱覆密意而略說之，證實 世尊確於原始佛法中已曾密意而說第八識如來藏之總相；亦證實 世尊在四阿含中已說此藏識是名色十八界之因、之本—證明如來藏是能生萬法之根本心。佛子可據此修正以往受諸大師（譬如西藏密宗應成派中觀師：印順、昭慧、性廣、大願、達賴、宗喀巴、寂天、月稱、……等人）誤導之邪見，建立正見，轉入正道乃至親證初果而無困難；書中並詳說三果所證的心解脫，以及四果慧解脫的親證，都是如實可行的具體知見與行門。

全書共七輯，已出版完畢。平實導師著，每輯三百餘頁，售價300元。

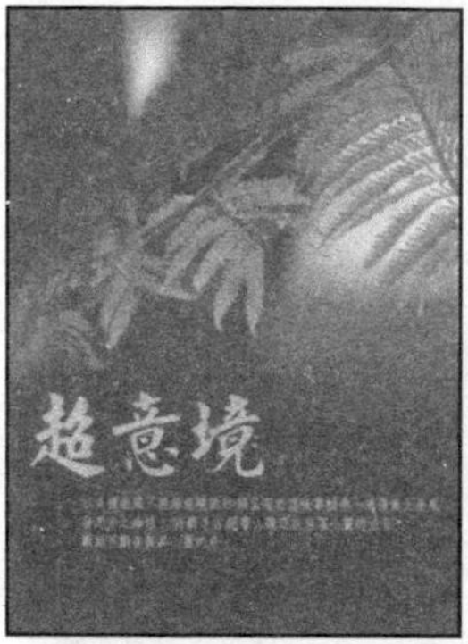

超意境CD：以平實導師公案拈提書中超越意境之頌詞，加上曲風優美的旋律，錄成令人嚮往的超意境歌曲，其中包括正覺發願文及平實導師親自譜成的黃梅調歌曲一首。詞曲雋永，殊堪翫味，可供學禪者吟詠，有助於見道。內附設計精美的彩色小冊，解說每一首詞的背景本事。每片280元。【每購買公案拈提書籍一冊，即贈送一片。】

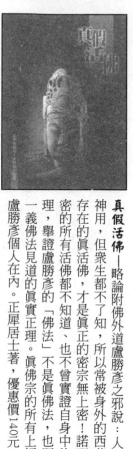

我的菩提路第一輯：凡夫及二乘聖人不能實證的佛菩提證悟，末法時代的今天仍然有人能得實證，由正覺同修會釋悟圓、釋善藏法師等二十餘位實證如來藏者所寫的見道報告，已爲當代學人見證宗門正法之絲縷不絕，證明大乘義學的法脈仍然存在，爲末法時代求悟般若之學人照耀出光明的坦途。由二十餘位大乘見道者所繕，敘述各種不同的學法、見道因緣與過程，參禪求悟者必讀。全書三百餘頁，售價300元。

我的菩提路第二輯：由郭正益老師等人合著，書中詳述彼等諸人歷經各處道場學法，一一修學而加以檢擇之不同過程以後，因閱讀正覺同修會、正智出版社書籍而發起抉擇分，轉入正覺同修會中修學；乃至學法及見道之過程，都一一詳述之。其中張志成等人係由前現代禪轉進正覺同修會，張志成原爲現代禪副宗長，以前未閱本會書籍時，曾被人藉其名義著文評論 平實導師（詳見《宗通與說通》辨正及《眼見佛性》書末附錄…等）；後因偶然接觸正覺同修會書籍，深覺以前聽人評論平實導師之語不實，於是投入極多時間閱讀本會書籍、深入思辨，詳細探索中觀與唯識之關聯與異同，認爲正覺之法義方是正法，深覺相應；亦解開多年來對佛法的迷雲，確定應依八識論正理修學方是正法。乃不顧面子，毅然前往正覺同修會面見平實導師懺悔，並正式學法求悟。今已與其同修王美伶（亦爲前現代禪傳法老師），同樣證悟如來藏而證得法界實相，生起實相般若眞智。此書中尚有七年來本會第一位眼見佛性者之見性報告一篇，一同供養大乘佛弟子。全書四百頁，售價300元。

我的菩提路第三輯：由王美伶老師等人合著。自從正覺同修會成立以來，每年夏初、冬初都舉辦精進禪三共修，藉以助益會中同修們得以證悟明心發起般若實相智慧；凡已實證而被平實導師印證者，皆書具見道報告用以證明佛法之眞實可證而非玄學，證明佛法並非純屬思想、理論而無實質，是故每年都能有人證明正覺同修會的「實證佛教」主張並非虛語。特別是眼見佛性一法，自古以來中國禪宗祖師實證者極寡，較之明心開悟的證境更難令人信受；至2017年初，正覺同修會中的證悟明心者已近五百人，然而其中眼見佛性者至今唯十餘人爾，可謂難能可貴，是故明心後欲冀眼見佛性者實屬不易。黃正倖老師是懸絕七年無人見性後的第一人，她於2009年的見性報告刊於本書的第二輯中，爲大眾證明佛性確實可以眼見；其後七年之中求見性者都屬解悟佛性而無人眼見，幸而又經七年後的2016冬初，以及2017夏初的禪三，復有三人眼見佛性，希冀鼓舞四眾佛子求見佛性之大心，今則具載一則於書末，顯示求見佛性之事實經歷，供養現代佛教界欲得見性之四眾弟子。全書四百頁，售價300元。

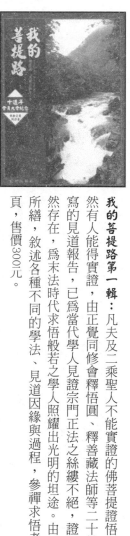

我的菩提路第四輯：由陳晏平等人著。中國禪宗祖師往往有所謂「見性」之言，所言多屬看見如來藏具有能令人發起成佛之自性，並非《大般涅槃經》中 如來所說之眼見佛性。眼見佛性者，於親見佛性之時，即能於山河大地眼見自己佛性，亦能於他人身上眼見自己佛性及對方之佛性，如是境界無法為尚未實證者解釋；勉強說之，縱使真實明心證悟之人聞之，亦只能以自身明心之境界想像之，但不論如何想像多屬非量，能有正確之比量者亦是稀有，故說眼見佛性極為困難。眼見佛性之人若所見極分明時，在所見佛性之境界下所眼見之山河大地、自己五蘊身心皆是虛幻，自有異於明心者之解脫功德受用，此後永不思證二乘涅槃，必定邁向成佛之道而進入第十住位中，已超第一阿僧祇劫三分有一，可謂之為超劫精進也。今又有明心之後眼見佛性之人出於人間，將其明心及後來見性之報告，連同其餘證悟明心者之精彩報告一同收錄於此書中，供養真求佛法實證之四眾佛子。全書380頁，售價300元。

鈍鳥與靈龜：鈍鳥及靈龜二物，被宗門證悟者說為二種人：前者是精修禪定而無智慧者，也是以定為禪的愚癡禪人；後者是或有禪定、或無禪定的宗門證悟者，凡已證悟者皆是靈龜。但後來被人虛造事實，用以嘲笑大慧宗杲禪師，說他雖是靈龜，卻不免被天童禪師預記「患背」痛苦而亡：「鈍鳥離巢易，靈龜脫殼難。」藉以貶低大慧宗杲的證量。同時將天童禪師實證如來藏的證量，曲解為意識境界的離念靈知。自從大慧禪師入滅以後，錯悟凡夫對他的不實毀謗就一直存在著，不曾止息，並且捏造的假事實也隨著年月的增加而越來越多，終至編成「鈍鳥與靈龜」的假公案、假故事。本書是考證大慧與天童之間的不朽情誼，顯現這件假公案的虛妄不實；更見大慧宗杲面對惡勢力時的正直不阿，亦顯示大慧對天童禪師的至情深義，將使後人對大慧宗杲的誣謗至此而止，不再有人誤犯毀謗賢聖的惡業。書中亦舉證宗門的所悟確以第八識如來藏為標的，詳讀之後必可改正以前被錯悟大師誤導的參禪知見，日後必定有助於實證禪宗的開悟境界，得階大乘真見道位中，即是實證般若之賢聖。全書459頁，售價350元。

維摩詰經講記：本經係 世尊在世時，由等覺菩薩維摩詰居士藉疾病而演說之大乘菩提無上妙義，所說函蓋甚廣，然極簡略，是故今時諸方大師與學人讀之悉皆錯解，何況能知其中隱含之深妙正義，是故普遍無法為人解說；若強為人說，則成依文解義而有諸多過失。今由平實導師公開宣講之後，詳實解釋其中密意，令維摩詰菩薩所說大乘不可思議解脫之深妙正法得以正確宣流於人間，利益當代學人及與諸方大師。書中詳實演述大乘佛法深妙不共二乘之智慧境界，顯示諸法之中絕待之實相境界，建立大乘菩薩妙道於永遠不敗不壞之地，以此成就護法偉功，欲冀永利娑婆人天。已經宣講圓滿整理成書流通，以利諸方大師及諸學人。全書共六輯，每輯三百餘頁，售價各250元。

真假外道：本書具體舉證佛門中的常見外道知見實例，並加以教證及理證上的辨正，幫助讀者輕鬆而快速的了知常見外道的錯誤知見，進而遠離佛門內外的常見外道知見，因此即能改正修學方向而快速實證佛法。游正光老師著 。成本價200元。

勝鬘經講記：如來藏爲三乘菩提之所依，若離如來藏心體及其含藏之一切種子，即無三界有情及一切世間法，亦無二乘菩提緣起性空之出世間法；本經詳說無始無明、一念無明皆依如來藏而有之正理，藉著詳解煩惱障與所知障間之關係，令學人深入了知二乘菩提與佛菩提相異之妙理；聞後即可了知佛菩提之特勝處及三乘修道之方向與原理，邁向攝受正法而速成佛道的境界中。平實導師講述，共六輯，每輯三百餘頁，售價各250元。

楞嚴經講記：楞嚴經係密教部之重要經典，亦是顯教中普受重視之經典；經中宣說明心與見性之內涵極爲詳細，將一切法都會歸如來藏及佛性—妙眞如性；亦闡釋佛菩提道修學過程中之種種魔境，以及外道誤會涅槃之狀況，旁及三界世間之起源。然因言句深澀難解，法義亦復深妙寬廣，學人讀之普難通達，是故讀者大多誤會，不能如實理解佛所說之明心與見性內涵，亦因是故多有悟錯之人引爲開悟之證言，成就大妄語罪。今由平實導師詳細講解之後，整理成文，以易讀易懂之語體文刊行天下，以利學人。全書十五輯，全部出版完畢。每輯三百餘頁，售價每輯300元。

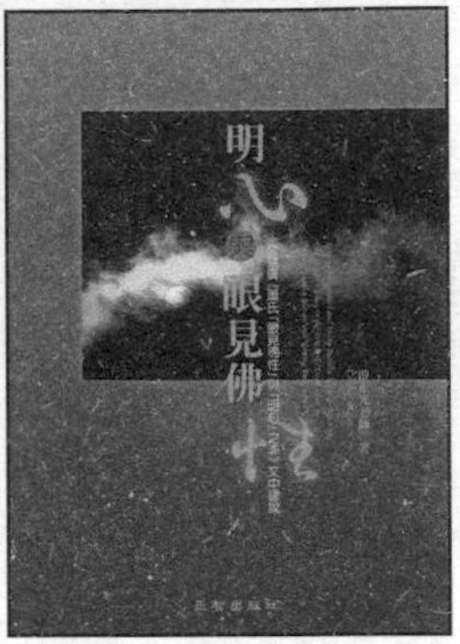

明心與眼見佛性：本書細述明心與眼見佛性之異同，同時顯示了中國禪宗破初參明心與重關眼見佛性二關之間的關聯；書中又藉法義辨正而旁述其他許多勝妙法義，讀後必能遠離佛門長久以來積非成是的錯誤知見，令讀者在佛法的實證上有極大助益。也藉慧廣法師的謬論來教導佛門學人回歸正知正見，遠離古今禪門錯悟者所墮的意識境界，非唯有助於斷我見，也對未來的開悟明心實證第八識如來藏有所助益，是故學禪者都應細讀之。游正光老師著　共448頁　售價300元。

菩薩底憂鬱CD：將菩薩情懷及禪宗公案寫成新詞，並製作成超越意境的優美歌曲。1.主題曲〈菩薩底憂鬱〉，描述地後菩薩能離三界生死而迴向繼續生在人間，但因尚未斷盡習氣種子而有極深沈之憂鬱，非三賢位菩薩及二乘聖者所知，此憂鬱在七地滿心位方才斷盡；本曲之詞中所說義理極深，昔來所未曾見；此曲係以優美的情歌風格寫詞及作曲，聞者得以激發嚮往諸地菩薩境界之大心，詞、曲都非常優美，難得一見；其中勝妙義理之解說，已印在附贈之彩色小冊中。2.以各輯公案拈提中直示禪門入處之頌文，作成各種不同曲風之超意境歌曲，值得玩味、參究；聆聽公案拈提之優美歌曲時，請同時閱讀內附之印刷精美說明小冊，可以領會超越三界的證悟境界；未悟者可以因此引發求悟之意向及疑情，眞發菩提心而邁向求悟之途，乃至因此眞實悟入般若，成眞菩薩。3.正覺總持咒新曲，總持佛法大意；總持咒之義理，已加以解說並印在隨附之小冊中。本CD共有十首歌曲，長達63分鐘，附贈二張購書優惠券。每片280元。

禪意無限CD：平實導師以公案拈提書中偈頌寫成不同風格曲子，與他人所寫不同風格曲子共同錄製出版，幫助參禪人進入禪門超越意識之境界。盒中附贈彩色印製的精美解說小冊，以供聆聽時閱讀，令參禪人得以發起參禪之疑情，即有機會證悟本來面目，實證大乘菩提般若。本CD共有十首歌曲，長達69分鐘，每盒各附贈二張購書優惠券。每片280元。

金剛經宗通：三界唯心，萬法唯識，是成佛之修證內容，是諸地菩薩之所修；般若則是成佛之道（實證三界唯心、萬法唯識）的入門，若未證悟實相般若，即無成佛之可能，必將永在外門廣行菩薩六度，永在凡夫位中。然而實相般若的發起，全賴實證萬法的實相；若欲證知萬法的眞相，則必須探究萬法之所從來，則須實證自心如來—金剛心如來藏，然後現觀這個金剛心的金剛性、眞實性、如如性、清淨性、涅槃性、能生萬法的自性性、本住性，名爲證眞如；進而現觀三界六道唯是此金剛心所成，人間萬法須藉八識心王和合運作方能現起。如是實證《華嚴經》的「三界唯心、萬法唯識」以後，由此等現觀而發起實相般若智慧，繼續進修第十住位的如幻觀、第十行位的陽焰觀、第十迴向位的如夢觀，再生起增上意樂而勇發十無盡願，方能滿足三賢位的實證，轉入初地；自知成佛之道而無偏倚，從此按部就班、次第進修乃至成佛。第八識自心如來是般若智慧之所依，般若智慧的修證則要從實證金剛心自心如來開始；《金剛經》則是解說自心如來之經典，是一切三賢位菩薩所應進修之實相般若經典。這一套書，是將平實導師宣講的《金剛經宗通》內容，整理成文字而流通之；書中所說義理，迥異古今諸家依文解義之說，指出大乘見道方向與理路，有益於禪宗學人求開悟見道，及轉入內門廣修六度萬行。講述完畢後結集出版，總共9輯，每輯約三百餘頁，售價各250元。

空行母—性別、身分定位，以及藏傳佛教：本書作者爲蘇格蘭哲學家，因爲嚮往佛教深妙的哲學內涵，於是進入當年盛行於歐美的假藏傳佛教密宗，擔任卡盧仁波切的翻譯工作多年以後，被邀請成爲卡盧的空行母（又名佛母、明妃），開始了她在密宗裡的實修過程；後來發覺在密宗雙身法中的修行，其實無法使自己成佛，也發覺密宗對女性岐視而處處貶抑，並剝奪女性在雙身法中擔任一半角色時應有的身分定位。當她發覺自己只是雙身法中被喇嘛利用的工具，沒有獲得絲毫應有的尊重與基本定位時，發現了密宗的父權社會控制女性的本質；於是作者傷心地離開了卡盧仁波切與密宗，但是卻被恐嚇不許講出她在密宗裡的經歷，也不許她說出自己對密宗的教義與教制下對女性剝削的本質，否則將被咒殺死亡。後來她去加拿大定居，十餘年後方才擺脫這個恐嚇陰影，下定決心將親身經歷的實情及觀察到的事實寫下來並且出版，公諸於世。出版之後，她被流亡的達賴集團人士大力攻訐，誣指她爲精神狀態失常、說謊……等。但有智之士並未被達賴集團的政治操作及各國政府政治運作吹捧達賴的表相所欺，使她的書銷售無阻而又再版。正智出版社鑑於作者此書是親身經歷的事實，所說具有針對「藏傳佛教」而作學術研究的價值，也有使人認清假藏傳佛教剝削佛母、明妃的男性本位實質，因此洽請作者同意中譯而出版於華人地區。珍妮·坎貝爾女士著，呂艾倫 中譯，每冊250元。

霧峰無霧—給哥哥的信　本書作者藉兄弟之間信件往來論義，略述佛法大義；並以多篇短文辨義，舉出釋印順對佛法的無量誤解證據，並一一給予簡單而清晰的辨正，令人一讀即知。久讀、多讀之後即能認清楚釋印順的六識論見解，與眞實佛法之牴觸是多麼嚴重；於是在久讀、多讀之後，於不知不覺之間提升了對佛法的極深入理解，正知正見就在不知不覺間建立起來了。當三乘佛法的正知見建立起來之後，對於三乘菩提的見道條件便將隨之具足，於是聲聞解脫道的見道也就水到渠成；接著大乘見道的因緣也將次第成熟，未來自然也會有親見大乘菩提之道的因緣，悟入大乘實相般若也將自然成功，自能通達般若系列諸經而成實義菩薩。作者居住於南投縣霧峰鄉，自喻見道之後不復再見霧峰之霧，故鄉原野美景一一明見，於是立此書名爲《霧峰無霧》；讀者若欲撥霧見月，可以此書爲緣。游宗明 老師著　售價250元。

假藏傳佛教的神話—性、謊言、喇嘛教：本書編著者是由一首名叫「阿姊鼓」的歌曲爲緣起，展開了序幕，揭開假藏傳佛教—喇嘛教—的神秘面紗。其重點是蒐集、摘錄網路上質疑「喇嘛教」的帖子，以揭穿「假藏傳佛教的神話」爲主題，串聯成書，並附加彩色插圖以及說明，讓讀者們瞭解西藏密宗及相關人事如何被操作爲「神話」的過程，以及神話背後的眞相。作者：張正玄教授。售價200元。

達賴真面目—玩盡天下女人：假使您不想戴綠帽子，請記得詳細閱讀此書；假使您不想讓好朋友戴綠帽子，請您將此書介紹給您的好朋友。假使您想保護家中的女性，也想要保護好朋友的女眷，請記得將此書送給家中的女性和好友的女眷都來閱讀。本書為印刷精美的大本彩色中英對照精裝本，為您揭開達賴喇嘛的眞面目，內容精彩不容錯過，為利益社會大眾，特別以優惠價格嘉惠所有讀者。編著者：白志偉等。大開版雪銅紙彩色精裝本。售價800元。

童女迦葉考—論呂凱文〈佛教輪迴思想的論述分析〉之謬：童女迦葉是佛世率領五百大比丘遊行於人間的歷史事實，是以童貞行而依止菩薩戒弘化於人間的大菩薩，不依別解脫戒（聲聞戒）來弘化於人間。這是大乘佛教與聲聞佛教同時存在於佛世的歷史明證，證明大乘佛教不是從聲聞法中分裂出來的部派佛教的產物，卻是聲聞佛教分裂出來的部派佛教聲聞凡夫僧所不樂見的史實；於是古今聲聞法中的凡夫都欲加以扭曲而作詭說，更是末法時代高聲大呼「大乘非佛說」的六識論聲聞凡夫極力想要扭曲的佛教史實之一，於是想方設法扭曲迦葉菩薩為聲聞僧，以及扭曲迦葉童女為比丘僧等荒謬不實之論著便陸續出現，古時聲聞僧寫作的《分別功德論》是最具體之事例，現代之代表作則是呂凱文先生的〈佛教輪迴思想的論述分析〉論文。鑑於如是假藉學術考證以籠罩大眾之不實謬論，未來仍將繼續造作及流竄於佛教界，繼續扼殺大乘佛教學人法身慧命，必須舉證辨正之，遂成此書。平實導師 著，每冊180元。

末代達賴—性交教主的悲歌：簡介從藏傳偽佛教（喇嘛教）的修行核心—性力派男女雙修，探討達賴喇嘛及藏傳偽佛教的修行內涵。書中引用外國知名學者著作、世界各地新聞報導，包含：歷代達賴喇嘛的祕史、達賴六世修雙身法的事蹟，以及《時輪續》中的性交灌頂儀式……等；達賴喇嘛書中開示的雙修法、達賴喇嘛的黑暗政治手段；達賴喇嘛所領導的寺院爆發喇嘛性侵兒童；新聞報導《西藏生死書》作者索甲仁波切性侵女信徒、澳洲喇嘛秋達公開道歉、美國最大假藏傳佛教組織領導人邱陽創巴仁波切的性氾濫，等等事件背後眞相的揭露。作者：張善思、呂艾倫、辛燕。售價250元。

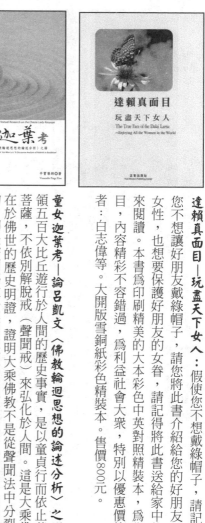

黯淡的達賴—失去光彩的諾貝爾和平獎：本書舉出很多證據與論述，詳述達賴喇嘛不為世人所知的一面，顯示達賴喇嘛並不是真正的和平使者，而是假借諾貝爾和平獎的光環來欺騙世人；透過本書的說明與舉證，讀者可以更清楚的瞭解，達賴喇嘛是結合暴力、黑暗、淫欲於喇嘛教裡的集團首領，其政治行為與宗教主張，早已讓諾貝爾和平獎的光環染污了。　本書由財團法人正覺教育基金會寫作、編輯，由正覺出版社印行，每冊250元。

第七意識與第八意識？—穿越時空「超意識」：「三界唯心，萬法唯識」是佛教中應該實證的聖教，也是《華嚴經》中明載而可以實證的法界實相。唯心者，三界一切境界、一切諸法唯是一心所成就，即是每一個有情的第八識如來藏，不是意識心。唯識者，即是人類各各都具足的八識心王——眼識、耳鼻舌身意識、意根、阿賴耶識，第八阿賴耶識又名如來藏，人類五陰相應的萬法，莫不由八識心王共同運作而成就，故說萬法唯識。依聖教量及現量、比量，都可以證明意識是二法因緣生，是由第八識藉意根與法塵二法為因緣而出生，又是夜夜斷滅不存之生滅心，即無可能反過來出生第七識意根、第八識如來藏，當知不可能從生滅性的意識心中，細分出恆審思量的第七識意根，更無可能細分出恆而不審的第八識如來藏。本書是將演講內容整理成文字，細說如是內容，並已在〈正覺電子報〉連載完畢，今彙集成書以廣流通，欲幫助佛門有緣人斷除意識我見，跳脫於識陰之外而取證聲聞初果；嗣後修學禪宗時即得不墮外道神我之中，得以求證第八識金剛心而發起般若實智。平實導師 述，每冊300元。

中觀金鑑—詳述應成派中觀的起源與其破法本質：學佛人往往迷於中觀學派之不同學說，被應成派與自續派所迷惑；修學般若中觀二十年後自以為實證般若中觀了，卻仍不曾入門，甫聞實證般若中觀者之所說，則茫無所知，迷惑不解；隨後信心盡失，不知如何實證佛法；凡此，皆因惑於這二派中觀學說所致。自續派中觀所說同於常見，以意識境界立為第八識如來藏之境界，應成派所說則同於斷見，但又同立意識為常住法，故亦具足斷常二見。今者孫正德老師有鑑於此，乃將起源於密宗的應成派中觀學說，追本溯源，詳考其來源之外，亦一一舉證其立論內容，詳加辨正，令密宗雙身法祖師以識陰境界而造之應成派中觀學說本質，詳細呈現於學人眼前，令其維護雙身法之目的無所遁形。若欲遠離密宗此二大派中觀謬說，欲於三乘菩提有所進道者，允宜具足閱讀並細加思惟，反覆讀之以後將可捨棄邪道返歸正道，則於般若之實證即有可能，證後自能現觀如來藏之中道境界而成就中觀。本書分上、中、下三冊，每冊250元，全部出版完畢。

人間佛教—實證者必定不悖三乘菩提：「大乘非佛說」的講法似乎流傳已久，卻只是日本人企圖擺脫中國正統佛教的影響，而在明治維新時期才開始提出來的說法；台灣佛教、大陸佛教的淺學無智之人，由於未曾實證佛法而迷信日本人錯誤的學術考證，錯認爲這些別有用心的日本佛學考證的講法爲天竺佛教的眞實歷史；甚至還有更激進的反對佛教者提出「釋迦牟尼佛並非眞實存在，只是後人捏造的假歷史人物」，竟然也有少數人願意跟著「學術」的假光環而信受不疑，於是開始有一些佛教界人士造作了反對中國佛教而推崇南洋小乘佛教的行爲，使佛教的信仰者難以檢擇，導致一般大陸人士開始轉入基督教的盲目迷信中。在這些佛教及外教人士之中，也就有一分人根據此邪說而大聲主張「大乘非佛說」的謬論，這些人以「人間佛教」的名義來抵制中國正統佛教，公然宣稱中國的大乘佛教是由聲聞部派佛教的凡夫僧所創造出來的。這樣的說法流傳於台灣及大陸佛教界凡夫僧之中已久，卻非眞正的佛教歷史中曾經發生過的事，只是繼承六識論的聲聞法中凡夫僧依自己的意識境界立場，純憑臆想而編造出來的妄想說法，卻已經影響許多無智之凡夫僧俗信受不移。本書則是從佛教的經藏法義實質及實證的現量內涵本質立論，證明大乘佛法本是佛說，是從《阿含正義》尚未說過的不同面向來討論「人間佛教」的議題，證明「大乘眞佛說」。閱讀本書可以斷除六識論邪見，迴入三乘菩提正道發起實證的因緣；也能斷除禪宗學人學禪時普遍存在之錯誤知見，對於建立參禪時的正知見有很深的著墨。 平實導師 述，內文438頁，全書528頁，定價400元。

喇嘛性世界—揭開假藏傳佛教譚崔瑜伽的面紗：這個世界中的喇嘛，號稱來自世外桃源的香格里拉，穿著或紅或黃的喇嘛長袍，散布於我們的身邊傳教灌頂，吸引了無數的人嚮往學習；這些喇嘛虔誠地爲大眾祈福，手中拿著寶杵（金剛）與寶鈴（蓮花），口中唸著咒語：「唵・嘛呢・叭咪・吽……」，咒語的意思是說：「我至誠歸命金剛杵上的寶珠伸向蓮花寶穴之中」！「喇嘛性世界」是什麼樣的「世界」呢？本書將爲您呈現喇嘛世界的面貌。當您發現眞相以後，您將會唸：「噢！喇嘛・性・世界，譚崔性交嘛！」作者：張善思、呂艾倫。售價200元。

見性與看話頭：黃正倖老師的《見性與看話頭》於《正覺電子報》連載完畢，今結集出版。書中詳說禪宗看話頭的詳細方法，並細說看話頭與眼見佛性的關係，以及眼見佛性者求見佛性前必須具備的條件。本書是禪宗實修者追求明心開悟時參禪的方法書，也是求見佛性者作功夫時必讀的方法書，內容兼顧眼見佛性的理論與實修之方法，是依實修之體驗配合理論而詳述，條理分明而且極爲詳實、周全、深入。本書內文375頁，全書416頁，售價300元。

實相經宗通：學佛之目的在於實證一切法界背後之實相，禪宗稱之爲本來面目或本地風光，佛菩提道中稱之爲實相法界；此實相法界即是金剛藏，又名佛法之祕密藏，即是能生有情五陰、十八界及宇宙萬有（山河大地、諸天、三惡道世間）的第八識如來藏，又名阿賴耶識心，即是禪宗祖師所說的眞如心，此心即是三界萬有背後的實相。證得此第八識心時，自能瞭解般若諸經中隱說的種種密意，即得發起實相般若——實相智慧。每見學佛人修學佛法二十年後仍對實相般若茫然無知，亦不知如何入門，茫無所趣；更因不知三乘菩提的互異互同，是故越是久學者對佛法越覺茫然，都肇因於尚未瞭解佛法的全貌，亦未瞭解佛法的修證內容即是第八識心所致。本書對於修學佛法者所應實證的實相境界提出明確解析，並提示趣入佛菩提道的入手處，有心親證實相般若的佛法實修者，宜詳讀之，於佛菩提道之實證即有下手處。平實導師述著，共八輯，已全部出版完畢，每輯成本價250元。

真心告訴您（一）——達賴喇嘛在幹什麼？這是一本報導篇章的選集，更是「破邪顯正」的暮鼓晨鐘。「破邪」是戳破假象，說明達賴喇嘛及其所率領的密宗四大派法王、喇嘛們，弘傳的佛法是仿冒的佛法；他們是假藏傳佛教，是坦特羅（譚崔性交）外道法和藏地崇奉鬼神的苯教混合成的「喇嘛教」，推廣的是以所謂「無上瑜伽」的男女雙身法冒充佛法的假佛教，詐財騙色誤導眾生，常常造成信徒家庭破碎、家中兒少失怙的嚴重後果。「顯正」是揭櫫眞相，指出眞正的藏傳佛教只有一個，就是覺囊巴，傳的是　釋迦牟尼佛演繹的第八識如來藏妙法，稱爲他空見大中觀。正覺教育基金會即以此古今輝映的如來藏正法正知見，在眞心新聞網中逐次報導出來，將箇中原委「眞心告訴您」，如今結集成書，與想要知道密宗眞相的您分享。售價250元。

法華經講義：此書為平實導師始從2009/7/21演述至2014/1/14之講經錄音整理所成。世尊一代時教，總分五時三教，即是華嚴時、聲聞緣覺教、般若教、種智唯識教、法華時；依此五時三教區分為藏、通、別、圓四教。本經是最後一時的圓教經典，圓滿收攝一切法教於本經中，是故最後的圓教聖訓中，特地指出無有三乘菩提，其實唯有一佛乘；皆因眾生愚迷故，方便區分為三乘菩提以助眾生證道。世尊於此經中特地說明如來示現於人間的唯一大事因緣，便是為有緣眾生「開、示、悟、入」諸佛的所知所見——第八識如來藏妙真如心，並於諸品中隱說「妙法蓮花」如來藏心的密意。然因此經所說甚深難解，真義隱晦，古來難得有人能窺堂奧；平實導師以知如是密意故，特為末法佛門四眾演述《妙法蓮華經》中各品蘊含之密意，使古來未曾被古德註解出來的「此經」密意，如實顯示於當代學人眼前。乃至〈藥王菩薩本事品〉、〈妙音菩薩品〉、〈觀世音菩薩普門品〉、〈普賢菩薩勸發品〉中的微細密意，亦皆一併詳述之，開前人所未曾言之密意，示前人所未見之妙法。最後乃至以〈法華大義〉而總其成，全經妙旨貫通始終，而依佛旨圓攝於一心如來藏妙心，厥為曠古未有之大說也。平實導師述，共有25輯。每輯300元。

西藏「活佛轉世」制度—附佛、造神、世俗法：歷來關於喇嘛教活佛轉世的研究，多針對歷史及文化兩部分，於其所以成立的理論基礎，較少系統化的探討。尤其是此制度是否依據「佛法」而施設？是否合乎佛法真實義？現有的文獻大多含糊其詞，或人云亦云，不曾有明確的闡釋與如實的見解。因此本文先從活佛轉世的由來，探索此制度的起源、背景與功能，並進而從活佛的尋訪與認證之過程，發掘活佛轉世的特徵，以確認「活佛轉世」在佛法中應具足何種果德。定價150元。

真心告訴您(二)—達賴喇嘛是佛教僧侶嗎？補祝達賴喇嘛八十大壽：這是一本針對當今達賴喇嘛所領導的喇嘛教，冒用佛教名相、於師徒間或師兄姊間，實修男女邪淫，而從佛法三乘菩提的現量與聖教量，揭發其謊言與邪術，證明達賴及其喇嘛教是仿冒佛教的外道，是「假藏傳佛教」。藏密四大派教義雖有「八識論」與「六識論」的表面差異，然其實修之內容，皆共許「無上瑜伽」四部灌頂爲究竟「成佛」之法門，也就是共以男女雙修之邪淫法爲「即身成佛」之密要，雖美其名曰「欲貪爲道」之「金剛乘」，並誇稱其成就超越於（應身佛）釋迦牟尼佛所傳之顯教般若乘之上；然詳考其理論，則或以意識離念時之粗細心爲第八識如來藏，或以中脈裡的明點爲第八識如來藏，或如宗喀巴與達賴堅決主張第六意識爲常恆不變之眞心者，分別墮於外道之常見與斷見中；全然違背 佛說能生五蘊之如來藏的實質。售價300元。

涅槃—解說四種涅槃之實證及內涵：眞正學佛之人，首要即是見道，由見道故方有涅槃之實證，證涅槃者方能出生死，但涅槃有四種：二乘聖者的有餘涅槃、無餘涅槃，以及大乘聖者的本來自性清淨涅槃、佛地的無住處涅槃。大乘聖者實證本來自性清淨涅槃，入地前再取證二乘涅槃，然後起惑潤生捨離二乘涅槃，繼續進修而在七地心前斷盡三界愛之習氣種子，依七地無生法忍之具足而證得念念入滅盡定；八地後進斷異熟生死，直至妙覺地下生人間成佛，具足四種涅槃，方是眞正成佛。此理古來少人言，以致誤會涅槃正理者比比皆是，今於此書中廣說四種涅槃、如何實證之理、實證前應有之條件，實屬本世紀佛教界極重要之著作，令人對涅槃有正確無訛之認識，然後可以依之實行而得實證。本書共有上下二冊，每冊各四百餘頁，對涅槃詳加解說，每冊各350元。

佛藏經講義：本經說明爲何佛菩提難以實證之原因，都因往昔無數阿僧祇劫前的邪見，引生此世求證時之業障而難以實證。即以諸法實相詳細解說，繼之以念佛品、念法品、念僧品，說明諸佛與法之實質；然後以淨戒品之說明，期待佛弟子四眾堅持清淨戒而轉化心性，並以往古品的實例說明，教導四眾務必滅除邪見轉入正見中，然後以了戒品的說明和囑累品的付囑，期望末法時代的佛門四眾弟子皆能清淨知見而得以實證。平實導師於此經中有極深入的解說，總共21輯，每輯300元，於2019/07/31開始發行。

我的菩提路第五輯：林慈慧等人著。書中詳敘學佛一路之辛苦萬端，直至得遇正法之後如何修行終能實證，現觀眞如而入勝義菩薩僧數。本輯亦錄入一位明心後又再眼見佛性的實證者，文中詳述見性之過程，並說明見性後的情況。古來能得明心又得見性之祖師極寡，禪師們所謂見性者往往屬於明心時親見第八識如來藏具備能使人成佛之自性，即名見性，例如六祖等人，但非《大般涅槃經》中所說之「眼見佛性」之實證。今本書提供眼見佛性證量之見性報告一篇，以饗讀者。全書384頁，300元。

修習止觀坐禪法要講記：修學四禪八定之人，往往錯會禪定之修學知見，欲以無止盡之坐禪而證禪定境界，卻不知修除性障之行門才是修證四禪八定不可或缺之要素，故智者大師云「性障初禪」；性障不除，初禪永不現前，云何修證二禪等？又：行者學定，若唯知數息，而不解六妙門之方便善巧者，欲求一心入定，未到地定極難可得，智者大師名之爲「事障未來」：障礙未到地定之修證。又禪定之修證，不可違背二乘菩提及第一義法，否則縱使具足四禪八定，亦不能實證涅槃而出三界。此諸知見，智者大師於《修習止觀坐禪法要》中皆有闡釋。作者平實導師以其第一義之見地及禪定之實證證量，曾加以詳細解析。將俟正覺寺竣工啓用後重講，不限制聽講者資格；講後將以語體文整理出版。欲修習世間定及增上定之學者，宜細讀之。平實導師述著。

解深密經講記：本經係　世尊晚年第三轉法輪，宣說地上菩薩所應熏修之唯識正義經典，經中所說義理乃是大乘一切種智增上慧學，以阿陀那識—如來藏—阿賴耶識爲主體。禪宗之證悟者，若欲修證初地無生法忍乃至八地無生法忍者，必須修學《楞伽經、解深密經》所說之八識心王一切種智；此二經所說正法，方是眞正成佛之道；印順法師否定第八識如來藏之後所說萬法緣起性空之法，是以誤會後之二乘解脫道取代大乘眞正成佛之道，尚且不符二乘解脫道正理，亦已墮於斷滅見中，不可謂爲成佛之道也。平實導師曾於本會郭故理事長往生時，於喪宅中從首七開始宣講，於每一七各宣講三小時，至第十七而快速略講圓滿，作爲郭老之往生佛事功德，迴向郭老早證八地、速返娑婆住持正法。茲爲今時後世學人故，將擇期重講《解深密經》，以淺顯之語句講畢後，將會整理成文，用供證悟者進道；亦令諸方未悟者，據此經中佛語正義，修正邪見，依之速能入道。平實導師述著，全書輯數未定，每輯三百餘頁，將於未來重講完畢後逐輯出版。

阿含經講記—小乘解脫道之修證：數百年來，南傳佛法所說證果之不實，所說解脫道之虛妄，所弘解脫道法義之世俗化，皆已少人知之；從南洋傳入台灣與大陸之後，所說法義虛謬之事，亦復少人知之；今時台灣全島印順系統之法師居士，多不知南傳佛法數百年來所說解脫道之義理已然偏斜、已然世俗化、已非眞正之二乘解脫正道，猶極力推崇與弘揚。彼等南傳佛法近代所謂之證果者多非眞實證果者，譬如阿迦曼、葛印卡、帕奧禪師、一行禪師……等人，悉皆未斷我見故。近年更有台灣南部大願法師，高抬南傳佛法之二乘修證行門爲「捷徑究竟解脫之道」者，然而南傳佛法縱使眞修實證，得成阿羅漢，至高唯是二乘菩提解脫之道，絕非究竟解脫，無餘涅槃中之實際尙未得證故，法界之實相尙未了知故，習氣種子待除故，一切種智未實證故，焉得謂爲「究竟解脫」？即使南傳佛法近代眞有實證之阿羅漢，尙且不及三賢位中之七住明心菩薩本來自性清淨涅槃智慧境界，則不能知此賢位菩薩所證之無餘涅槃實際，仍非大乘佛法中之見道者，何況普未實證聲聞果乃至未斷我見之人？謬充證果已屬逾越，更何況是誤會二乘菩提之後，以未斷我見之凡夫知見所說之二乘菩提解脫偏斜法道，焉可高抬為「究竟解脫」？而且自稱「捷徑之道」？又妄言解脫之道即是成佛之道，完全否定般若實智、否定三乘菩提所依之如來藏心體，此理大大不通也！平實導師為令修學二乘菩提欲證解脫果者，普得迴入二乘菩提正見、正道中，是故選錄四阿含諸經中，對於二乘解脫道法義有具足圓滿說明之經典，預定未來十年內將會加以詳細講解，令學佛人得以了知二乘解脫道之修證理路與行門，庶免被人誤導之後，未證言證，干犯道禁，成大妄語，欲升反墮。本書首重斷除我見，以助行者斷除我見而實證初果為著眼之目標，若能根據此書內容，配合平實導師所著《識蘊眞義》《阿含正義》內涵而作實地觀行，實證初果非為難事，行者可以藉此三書自行確認聲聞初果為實際可得現觀成就之事。此書中除依二乘經典所說加以宣示外，亦依斷除我見等之證量，及大乘法中道種智之證量，對於意識心之體性加以細述，令諸二乘學人必定得斷我見、常見，免除三縛結之繫縛。次則宣示斷除我執之理，欲令升進而得薄貪瞋痴，乃至斷五下分結…等。平實導師述，共二冊，每冊三百餘頁。每輯300元。

喇嘛教修外道雙身法，墮識陰境界，非佛教

弘揚如來藏他空見的覺囊派才是真正藏傳佛教

總經銷： 飛鴻 國際行銷股份有限公司

231 新北市新店市中正路 501 之 9 號 2 樓

Tel.02－82186688（五線代表號） Fax.02-82186458、82186459

零售：1.全台連鎖經銷書局：

三民書局、誠品書局、何嘉仁書店

敦煌書店、紀伊國屋、金石堂書局、建宏書局

諾貝爾圖書城、墊腳石圖書文化廣場

2.台北市：佛化人生 大安區羅斯福路 3 段 325 號 6 樓之 4 台電大樓對面

3.新北市：春大地書店 蘆洲區中正路 117 號

4.桃園市：御書堂 龍潭區中正路 123 號

5.新竹市：大學書局 東區建功路 10 號

6.台中市：瑞成書局 東區雙十路 1 段 4 之 33 號

佛教詠春書局 南屯區永春東路 884 號

文春書店 霧峰區中正路 1087 號

7.彰化市：心泉佛教文化中心 南瑤路 286 號

8.高雄市：政大書城 苓雅區光華路 148-83 號

明儀書局 三民區明福街 2 號\

青年書局 苓雅區青年一路 141 號

9.宜蘭市：金隆書局 中山路 3 段 43 號

10.台東市：東普佛教文物流通處 博愛路 282 號

11.其餘鄉鎮市經銷書局：請電詢總經銷飛鴻公司。

12.大陸地區請洽：

香港：樂文書店

旺角店 :香港九龍旺角西洋菜街 62 號 3 樓

電話 :(852) 2390 3723 email: luckwinbooks@gmail.com

銅鑼灣店 :香港銅鑼灣駱克道 506 號 2 樓

電話 :(852) 2881 1150 email: luckwinbs@gmail.com

廈門：廈門外圖臺灣書店有限公司

地址：廈門市思明區湖濱南路809 號 廈門外圖書城3 樓 郵編：361004

電話：0592-5061658（臺灣地區請撥打 86-592-5061658）

E-mail：JKB118@188.COM

13.美國：世界日報圖書部：紐約圖書部 電話 7187468889#6262

洛杉磯圖書部 電話 3232616972#202

14.國內外地區網路購書：

正智出版社 書香園地 http://books.enlighten.org.tw/

（書籍簡介、經銷書局可直接聯結下列網路書局購書）

三民 網路書局 http://www.sanmin.com.tw

誠品 網路書局 http://www.eslitebooks.com

博客來 網路書局　http://www.books.com.tw
金石堂 網路書局　http://www.kingstone.com.tw
飛鴻 網路書局　http://fh6688.com.tw

附註：1.請儘量向各經銷書局購買：郵政劃撥需要八天才能寄到（本公司在您劃撥後第四天才能接到劃撥單，次日寄出後第二天您才能收到書籍，此六天中可能會遇到週休二日，是故共需八天才能收到書籍）若想要早日收到書籍者，請劃撥完畢後，將劃撥收據貼在紙上，旁邊寫上您的姓名、住址、郵區、電話、買書詳細內容，直接傳眞到本公司 02-28344822，並來電 02-28316727、28327495 確認是否已收到您的傳眞，即可提前收到書籍。 2.因台灣每月皆有五十餘種宗教類書籍上架，書局書架空間有限，故唯有新書方有機會上架，通常每次只能有一本新書上架；本公司出版新書，大多上架不久便已售出，若書局未再叫貨補充者，書架上即無新書陳列，則請直接向書局櫃台訂購。 3.若書局不便代購時，可於晚上共修時間向正覺同修會各共修處請購（共修時間及地點，詳閱**共修現況表**。每年例行年假期間請勿前往請書，年假期間請見共修現況表）。 4.郵購：郵政劃撥帳號 19068241。 5.正覺同修會會員購書都以八折計價（戶籍台北市者爲一般會員，外縣市爲護持會員）都可獲得優待，欲一次購買全部書籍者，可以考慮入會，節省書費。入會費一千元（第一年初加入時才需要繳），年費二千元。**6.尚未出版之書籍，請勿預先郵寄書款與本公司，謝謝您！** 7.若欲一次購齊本公司書籍，或同時取得正覺同修會贈閱之全部書籍者，請於正覺同修會共修時間，親到各共修處請購及索取；**台北市讀者**請洽：103 台北市承德路三段 267 號 10 樓（捷運淡水線 圓山站旁）請書時間：週一至週五爲 18.00~21.00，第一、三、五週週六爲 10.00~21.00，雙週之週六爲 10.00~18.00 請購處專線電話：25957295-分機 14（於請書時間方有人接聽）。

敬告大陸讀者：

大陸讀者購書、索書捷徑（尚未在大陸出版的書籍，以下二個途徑都可以購得，電子書另包括結緣書籍）：

1.廈門外國圖書公司：廈門市思明區湖濱南路 809 號 廈門外圖書城 3F
郵編：361004 電話：0592-5061658 網址：http://www.xibc.com.cn/

2.電子書：正智出版社有限公司及正覺同修會在台灣印行的各種局版書、結緣書，已有『**正覺電子書**』陸續上線中，提供讀者於手機、平板電腦上購書、下載、閱讀正智出版社、正覺同修會及正覺教育基金會所出版之電子書，詳細訊息敬請參閱『正覺電子書』專頁：http://books.enlighten.org.tw/ebook

關於平實導師的書訊，請上網查閱：

成佛之道 http://www.a202.idv.tw

正智出版社 書香園地 http://books.enlighten.org.tw/

中國網採訪佛教正覺同修會、正覺教育基金會訊息：

http://big5.china.com.cn/gate/big5/fangtan.china.com.cn/2014-06/19/content 32714638.htm

http://pinpai.china.com.cn/

★ 正智出版社有限公司售書之稅後盈餘，全部捐助財團法人正覺寺籌備處、佛教正覺同修會、正覺教育基金會，供作弘法及購建道場之用；懇請諸方大德支持，功德無量。

★ 聲 明 ★

本社於 2015/01/01 開始調整本目錄中部分書籍之售價，以因應各項成本的持續增加。

＊ 喇嘛教修外道雙身法、墮識陰境界，非佛教 ＊

＊ 弘揚如來藏他空見的覺囊派才是真正藏傳佛教 ＊

售後服務—換書啓事（免附回郵） 2017/12/05

《楞伽經詳解》第三輯初版免費調換新書啓事：茲因 平實導師弘法早期尚未回復往世全部證量，有些法義接受他人的說法，寫書當時並未察覺而有二處（同一種法義）跟著誤說，如今發現已將之修正。茲爲顧及讀者權益，已開始免費調換新書；敬請所有讀者將以前所購第三輯（不論第幾刷），攜回或寄回本公司免費換新；郵寄者之回郵由本公司負擔，不需寄來郵票。因此而造成讀者閱讀、以及換書的不便，在此向所有讀者致上萬分的歉意，祈請讀者大眾見諒！

《楞嚴經講記》第 14 輯初版首刷本免費調換新書啓事：本講記第 14 輯出版前因 平實導師諸事繁忙，未將之重新閱讀而只改正校對時發現的錯別字，故未能發覺十年前所說法義有部分錯誤，於第 15 輯付印前重閱時才發覺第 14 輯中有部分錯誤尚未改正。今已重新審閱修改並已重印完成，煩請所有讀者將以前所購第 14 輯初版首刷本，寄回本公司免費換新（初版二刷本無錯誤），本公司將於寄回新書時同時附上您寄書來換新時的郵資，並在此向所有讀者致上最誠懇的歉意。

《心經密意》初版書免費調換二版新書啓事：本書係演講錄音整理成書，講時因時間所限，省略部分段落未講。後於再版時補寫增加 13 頁，維持原價流通之。茲爲顧及初版讀者權益，自 2003/9/30 開始免費調換新書，原有初版一刷、二刷書籍，皆可寄來本公司換書。

《宗門法眼》已經增寫改版爲 464 頁新書，2008 年 6 月中旬出版。讀者原有初版之第一刷、第二刷書本，都可以寄回本公司免費調換改版新書。改版後之公案及錯悟事例維持不變，但將內容加以增說，較改版前更具有廣度與深度，將更能助益讀者參究實相。

換書者**免附回郵**，亦無截止期限；舊書請寄：111 台北郵政 73-151 號信箱 或 103 台北市承德路三段 267 號 10 樓 正智出版社有限公司。舊書若有塗鴨、殘缺、破損者，仍可換取新書；但缺頁之舊書至少應仍有五分之三頁數，方可換書。所有讀者不必顧念本公司是否有盈餘之問題，都請踴躍寄來換書；本公司成立之目的不是營利，只要能眞實利益學人，即已達到成立及運作之目的。若以郵寄方式換書者，免附回郵；並於寄回新書時，由本公司附上您寄來書籍時耗用的郵資。造成您不便之處，再次致上萬分的歉意。

正智出版社有限公司 啓

換書及道歉公告

《法華經講義》第十三輯，因謄稿、印製等相關人員作業疏失，導致該書中的經文及內文用字將「**親近**」誤植成「清淨」。茲為顧及讀者權益，自 2017/8/30 開始免費調換新書；敬請所有讀者將以前所購第十三輯初版首刷及二刷本，攜回或寄回本社免費換新，或請自行更正其中的錯誤之處；郵寄者之回郵由本社負擔，不需寄來郵票。同時對因此而造成讀者閱讀、以及換書的困擾及不便，在此向所有讀者致上最誠懇的歉意，祈請讀者大眾見諒！錯誤更正說明如下：

一、第 256 頁第 10 行~第 14 行：【就是先要具備「**法親近處**」、「**眾生親近處**」；法**親近**處就是在實相之法有所實證，如果在實相法上有所實證，他在二乘菩提中自然也能有所實證，以這個作為第一個**親近**處——第一個基礎。然後還要有第二個基礎，就是瞭解應該如何善待眾生；對於眾生不要有排斥或者是貪取之心，平等觀待而攝受、親近一切有情。以這兩個**親近**處作為基礎，來實行其他三個安樂行法。】。

二、第 268 頁第 13 行：【具足了那兩個「**親近處**」，使你能夠在末法時代，如實而圓滿的演述《法華經》時，那麼你作這個夢，它就是如理作意的，完全符合邏輯去完成這個過程，就表示你那個晚上，在那短短的一場夢中，已經度了不少眾生了。】

正智出版社有限公司 敬啓

國家圖書館出版品預行編目(CIP)資料

法華經講義 / 平實導師述. -- 初版. -
- 臺北市 : 正智, 2015.05 面 ; 公分
ISBN 978-986-56553-0-3 (第一輯:平裝)
ISBN 978-986-56554-6-4 (第二輯:平裝)
ISBN 978-986-56555-6-3 (第三輯:平裝)
ISBN 978-986-56556-1-7 (第四輯:平裝)
ISBN 978-986-56556-9-3 (第五輯:平裝)
ISBN 978-986-56557-9-2 (第六輯:平裝)
ISBN 978-986-56558-2-2 (第七輯:平裝)
ISBN 978-986-56558-9-1 (第八輯:平裝)
ISBN 978-986-56559-8-3 (第九輯:平裝)
ISBN 978-986-93725-2-7 (第十輯:平裝)
ISBN 978-986-93725-4-1 (第十一輯:平裝)
ISBN 978-986-93725-6-5 (第十二輯:平裝)
ISBN 978-986-93725-7-2 (第十三輯:平裝)
ISBN 978-986-94970-3-9 (第十四輯:平裝)
ISBN 978-986-94970-7-7 (第十五輯:平裝)
ISBN 978-986-94970-9-1 (第十六輯:平裝)
ISBN 978-986-95830-1-5 (第十七輯:平裝)
ISBN 978-986-95830-4-6 (第十八輯:平裝)
ISBN 978-986-95830-9-1 (第十九輯:平裝)
ISBN 978-986-96548-1-4 (第二十輯:平裝)
ISBN 978-986-96548-5-2 (第二十一輯:平裝)
ISBN 978-986-97233-0-5 (第二十二輯:平裝)
ISBN 978-986-97233-2-9 (第二十三輯:平裝)
ISBN 978-986-97233-4-3 (第二十四輯:平裝)
ISBN 978-986-97233-6-7 (第二十五輯:平裝)
1. 法華部
221.5 104004638

法華經講義——第二十五輯

著述者:平實導師
音文轉換:章乃鈞、高惠齡、劉惠莉、蔡正利、黃昇金
校對:章乃鈞 陳介源 孫淑貞 傅素嫻 王美伶
出版者:正智出版社有限公司
電話:〇二 28327495 28316727(白天)
傳眞:〇二 28344822
111 台北郵政 73-151 號信箱
郵政劃撥帳號:一九〇六八二四一
正覺講堂:總機〇二 25957295(夜間)
總經銷:飛鴻國際行銷股份有限公司
231 新北市新店區中正路 501-9 號 2 樓
電話:〇二 82186688(五線代表號)
傳眞:〇二 82186458 82186459
初版首刷:二〇一九年五月三十一日 二千冊
初版四刷:二〇一九年七月十日 二千冊
定價:三〇〇元